CORA CAINTE A

A

CORA CAINTE AS TÍR CHONAILL

SEÁN MAC MAOLÁIN

Robert McMillen agus Pól Mac Fheilimidh a réitigh an t-eagrán seo

AN GÚM

BAILE ÁTHA CLIATH

An chéad eagrán 1933
An t-eagrán seo 1992

ISBN 1-85791-043-5

Dearadh: Caoimhín Ó Marcaigh
Clóchur: Computertype Ltd, Baile Átha Cliath
Clóbhualadh: Muintir Chathail Tta, Baile Átha Cliath

Le ceannach ón
Oifig Dhíolta Foilseachán Rialtais,
Sráid Theach Laighean,
Baile Átha Cliath 2
nó ó dhíoltóirí leabhar.

Orduithe tríd an phost ó
Rannóg na bhFoilseachán,
Oifig an tSoláthair,
4-5 Bóthar Fhearchair,
Baile Átha Cliath 2.

An Gúm, 44 Sráid Uí Chonaill, Uachtarach, Baile Átha Cliath 1.

Réamhrá

I dtrátha an ama inar scríobh mé *An Bealach Chun na Gaeltachta* gheall mé dá lán de lucht foghlamtha na Gaeilge go bhféachfainn le cnuasach measartha mór cor cainte a dhéanamh — cnuasach ina mbeadh bunús na gcor cainte a bhíos le cluinstin de ghnáth ag Gaeilgeoirí Thír Chonaill. Is é mo bharúil go bhfaighfear sin sa leabhar seo.

Ach ná samhladh aon duine domh go sílim an cnuasach seo a bheith iomlán. In áit ina mbíonn an Ghaeilge beo bríomhar, mar atá sí sa chearn de Rosa Thír Chonaill ina bhfuarthas formhór a bhfuil sa leabhar seo, in áit ar bith mar sin bíonn mionchora cainte chomh tiubh leis an fhéar. Gheofaí a oiread den chineál sin cor cainte i mbaile amháin i dTír Chonaill agus nach gcoinneodh cúig leabhar den tsórt seo iad. Ach dálta na seandaoine féin tá na seanfhocla agus na seanráite maithe ag imeacht de réir a chéile agus caillfear de réir a chéile iad. Ina dhiaidh sin, tá fairsingeach mór acu le fáil go fóill agus ba cheart féacháil lena gcruinniú agus lena gcur i gcló sula n-imí siad. Agus níl ach aon áit amháin agus aon dóigh amháin ina dtiocfadh an cnuasach a dhéanamh i gceart — i gcroílár na Gaeltachta agus am mór fada a bheith ag lucht an chnuasaigh le haghaidh na hoibre. Bheadh sé de dhíth orthu tamall a chaitheamh i gcuideachta an ghabha, tamall i gcuideachta an tsaoir, tamall i gcuideachta an fhíodóra agus tamall i gcuideachta an iascaire. Chaithfeadh siad cluas le héisteacht a chur orthu féin ar bainis agus ar baisteadh, ar aonach agus ar margadh, ar faire, ar tórramh, agus i ngach lúb chuideachta ina gcasfaí iad.

Agus ó tharla ag tabhairt comhairle uaim mé ní miste domh, dar liom, a iarraidh ar dhaoine gan a bheith ag dúil go bhfaighidh siad sa leabhar seo gach casadh dá mbaintear as gach cor cainte dá bhfuil ann. Tuigtear nach bhfuil ach an t-aon chor cainte in 'Cad é a thug ort sin a dhéanamh?' agus 'Cad é a bhéarfadh orm sin a dhéanamh?'. An té a léifeas 'go dtug Máire iarraidh ar an uisce choisricthe' má chuala sé riamh go dtug duine inteacht eile iarraidh ar an uisce bheatha tá dúil agam nach bhfeicfear dó gur thirim an mhaise domhsa gan trácht ar an uisce bheatha fosta.

Seán Mac Maoláin
Mí na Nollag, 1930

Réamhrá an Dara hEagrán

Foilsíodh *Cora Cainte as Tír Chonaill* an chéad uair bunús seasca bliain ó shin agus is iomaí sin athchló a cuireadh air. Bhí sé ina leabhar tagartha ag Ultaigh ar feadh i bhfad. Agus cé gur do lucht foghlamtha na Gaeilge a chnuasaigh Seán Mac Maoláin na cora cainte níorbh iad an lucht foghlama amháin a bhain tairbhe as an leabhar. Bhíodh cainteoirí dúchais ag saibhriú a gcanúna as ó thráth go chéile fosta. Déanta na fírinne, stórchiste de Ghaeilge Thír Chonaill atá ann. Idir chora cainte agus abairtí míniúcháin tá níos mó Gaeilge ann ná mar a gheofaí ag aon chainteoir dúchais amháin dá oilte.

Is fada *Cora Cainte as Tír Chonaill* as cló anois. Níl ach corrchóip de ar fáil thall is abhus. An chorrchóip sin féin tá sí ina hearra coimhthíoch ag formhór lucht léite na Gaeilge sa lá atá inniu ann. Ní hamháin go bhfuil an caighdeán úr litrithe agus an cló rómhánach in úsáid le beagnach dhá scór bliain ach tá ainchleachtadh ar léitheoirí an lae inniu leis an leagan amach bhrúite atá ar na samplaí a cnuasaíodh faoi na ceannfhocail éagsúla sa leabhar. San eagrán seo tá na samplaí leagtha amach ina gceann is ina gceann ionas gurb fhusa a n-aimsiú faoi na ceannfhocail.

Chuir muid romhainn san eagrán seo téacs Sheáin Mhic Mhaoláin a chaighdeánú a oiread agus a thiocfadh linn gan cur isteach ar an chanúint. Níor fhéach an Maolánach sa chéad áit le tuairisc iomlán a thabhairt ar chanúint Thír Chonaill. Ba é ba chuspóir dó samplaí de chaint Thír Chonaill a chur síos i scríbhinn de réir litriú an lae agus iad a mhíniú. Dá réir sin níor fhéach muidne le tuairisc a thabhairt ar chanúint Thír Chonaill an lae inniu san eagrán seo. Is é rud a d'fhéach muid le téacs an Mhaolánaigh a dhéanamh soléite inúsáidte ag léitheoirí an lae inniu. Níor chiorraigh muid a théacs diomaite de bheagán athrá a bhaint as. Áit ar bith ar mheas muid cúis a bheith aige leis an athrá d'fhág muid ann é.

Ach cad chuige eagrán úr de *Cora Cainte as Tír Chonaill*? Cad chuige ar dóigh linn gur fiú eagrán úr de leabhar a rinneadh sa chéad áit le freastal ar mhodh teagaisc nach bhfuil i dtreis a thuilleadh? Lena chois sin, go leor den saol a bhfaighimid léargas air sa téacs níl sé le fáil aon áit in Éirinn a thuilleadh gan trácht ar Ghaeltacht Thír Chonaill. Taobh amuigh de shaothar Mháire agus de shaothar scríbhneoirí Ultacha a linne níl mórán iomrá anois ar athphrátaí, ar scillingeacha, ar bhatálacha cocháin nó leoga ar an uisce choisricthe. Ní ar a shon sin ná ar son ráiteachais a chuirfí de ghlanmheabhair i seomraí ranga a rinne muid an t-eagrán seo ach ar son an tsaibhris Ghaeilge a dtig le foghlaimeoirí de gach cineál tarraingt air ionas go gcuirfidh siad lena stór focal agus go mbeachtóidh siad a stíl chainte nó scríbhneoireachta. Leabhar tagartha atá ann a gcaithfear leas tuisceanach a bhaint as má táimid ag dúil le saol an lae inniu a phlé go beacht dúchasach sa Ghaeilge.

Nuair a rinne Seán Mac Maoláin na cora cainte seo a chnuasach chonacthas dó go raibh 'na seanfhocla agus na seanráite maithe ag imeacht de réir a chéile' agus gur 'cheart féacháil lena gcruinniú agus lena gcur i gcló sula n-imí siad'. Má bhí siad ag imeacht an t-am sin féadaimid a bheith cinnte de go bhfuil mórán acu ar shiúl anois. Iarracht atá san eagrán seo ar an fhaill a thabhairt do dhaoine, idir chainteoirí dúchais agus fhoghlaimeoirí dara teanga, le greim a fháil ar chuid de shaibhreas sinseartha chanúint Thír Chonaill sula gcaillfear ar fad é.

Táimid fíorbhuíoch de Mhicheál Ailf Ó Murchú, Ollscoil Uladh, Cúil Raithin, a roinn a chomhairle go fial linn agus muid ag cur tús leis an obair eagarthóireachta, agus de Gareth Whittaker, Leabharlann Láir Bhéal Feirste, a chuidigh go mór linn ó thaobh na ríomhaireachta de.

Robert MacMillen
Pól Mac Fheilimidh
Feabhra 1992

A

Abair
'Cad é an teach galánta atá ag muintir Mhánais, a Mhicheáil!' 'Abair sin, a Shéamais!' i.e. féadann tú sin a rá, a Shéamais, nó is acu atá an teach galánta.

Cad é a dúirt sé leis sin? i.e. cad é an freagar a thug sé air sin nó cad é an bharúil a thug sé dó sin?

Tá sin 'all right' mar a deir an Béarla, i.e. mar a deir lucht an Bhéarla — mar a deirtear i mBéarla.

Is é an t-earra daor é, mar a dúirt Seoirse leis an uisce bheatha, i.e. mar a dúirt sé fá dtaobh den uisce bheatha.

Abair amhrán, i.e. cuir guth le hamhrán.

Cá mhéad amhrán a dúirt Aodh aréir? i.e. cá mhéad amhrán a cheol sé?

Abar
Chuaigh an bhó in abar, i.e. chuaigh a cosa i bhfostú sa talamh bhog agus ní tháinig léi a dtarraingt aníos.

Chuaigh tú in abar sa scéal, i.e. chuaigh tú fríd an scéal. Níor inis tú go beacht nó go hiomlán é.

D'fhág siad san abar sinn, i.e. níor chuidigh siad linn le sinn a thabhairt amach as an chruachás ina rabhamar.

Ábhaillí
Bhí an leanbh ag ábhaillí ar na prátaí, i.e. ag breith ar na prátaí agus á gcaitheamh uaidh — ag úthairt leo.

Abhainn
Duine plásánta Aoidín. Chuirfeadh sé thar an abhainn tirim thú, i.e. bhéarfadh sé tréan plámáis agus dea-chomhairle duit ach ba ghaiste a dhéanfadh sé sin ná a dhéanfadh sé gar a mbeadh maith ann duit.

Ábhar
Is breá an t-ábhar fir an gasúr beag udaí, i.e. éireoidh sé aníos ina fhear bhreá go fóill, slán a bheas sé.

Chan i bhfad uaithi a mhothaigh sí an t-ábhar, i.e. is aici féin féin agus chan ag duine ar bith eile a bhí ábhar a bróin, a caointe, etc.

Abhóg
Ní bearach drochadhainte é ach ina dhiaidh sin tá abhóg bheag ann, i.e. ní gnách leis a bheith drochadhainte (namhadach) ach, mar sin féin, níl sé iontaofa amach is amach. Tig cuil troda air corruair.

Abhras
D'fhéad tú fanacht sa bhaile ar scáth a raibh de abhras leat ar ais, i.e. níorbh fhiú duit imeacht mar mhaithe leis an méid éadála a thug tú chun an bhaile de thairbhe do thurais.

Achasán
Is maith an té atá ag tabhairt achasáin domh! i.e. an té atá ag fáil loicht orm, níl sé féin saor ón locht chéanna.

Sin mar a rinne mé an obair chéanna do Phádraig agus ní thug sé achasán riamh domh dá thairbhe, i.e. níor dhúirt Pádraig riamh liom nach raibh mé ag déanamh na hoibre ar an dóigh cheart.

Achomair
Níl mé ró-achomair ag an obair seo, i.e. níl lámh rómhaith agam ar an obair seo.

Achrannach
Ní thig an Ghaeilge le Seán ach go hachrannach, i.e. ní thig leis í a labhairt go réidh nó go beacht.

Acht
Thug mé an t-airgead dó ar acht nach n-iarrfadh sé a thuilleadh orm, i.e. ar an choinníoll nach n-iarrfadh.

Aclaí
Imigh leat síos chun na farraige agus gabh amach a shnámh. Déanfaidh sé aclaí thú, i.e. déanfaidh an snámh umhal sna cnámha thú.

Bia bog dea-bhlasta, déarfaí gurb é a luífeadh go haclaí ar ghoile duine.

Acmhainn
Tá eagla orm go bhfuil siad sin ag gabháil thar a n-acmhainn, i.e. go bhfuil siad ag déanamh níos mó, nó ag caitheamh níos mó, ná atá siad ábalta a dhéanamh nó a chaitheamh le ceart.

Níl acmhainn mhór fuaicht agam, i.e. ní thig liom mórán fuaicht a fhuilstin.

Ach tá acmhainn mhaith teasa agam, i.e. ach ní ghoilleann teas réasúnta ar bith orm.

Níl acmhainn ar bith grinn ag Fearghal, i.e. níl dúil ar bith i ngreann aige. Tig fearg air nuair a théitear a dhéanamh grinn leis.

Adharc
Tá siad in adharca a chéile, i.e. tá siad ag bruíon le chéile.

Adhmad
Is orthusan ba troime a leag sé adhmad, i.e. bhuail sé iadsan le buillí, nó le caint, ní ba troime ná a bhuail sé aon duine eile.

Admhaigh
'Is fearr an pháighe atá ag oibrithe anois ná a bhí acu roimhe seo, a Néill.' 'Admhaím, a Chonaill, ach is daoire achan chineál dá mbíonn le ceannacht acu,' i.e. bheirim isteach gur fearr an pháighe atá acu, a Chonaill, ach, etc.

Aer
Tá amharc aeir agus iontais agat anseo, i.e. tá tír bhreá fhoscailte anseo agus tú san áit a bhfeicfidh tú í.

Ag
Mura bhfuil ag Dia beidh drochgheimhreadh ann, i.e. mura sábhála Dia ar anás sinn.

Tá cupla orlach agam ort, i.e. tá mé cupla orlach níos airde ná thú.

Tá sin aici leo, i.e. má tá sí cosúil leo sa dóigh sin ní hiontas ar bith é. Tá sí muinteartha dóibh.

Aghaidh
Thugamar ár n-aghaidh ar an bhaile, i.e. thiontaíomar thart bealach an bhaile.

Níl an oiread sin de dhá aghaidh orm, i.e. níl mé chomh fealltach sin.

Tá sí ar aghaidh bisigh anois, i.e. tá an chuid is measa den tinneas thairsti anois.

Aibéil
A leithéid de aibéil chainte is a thug sí domh! i.e. cad é an chaint díomúinte a dúirt sí liom!

Aibhléis
I lár na haibhléise, i.e. i lár na farraige móire.

Aibhleog
Dóigheadh ina n-aibhleoga iad, i.e. dóigheadh iad go dtí nach raibh iontu ach aibhleoga.

Aice[1]
Is é Séamas atá in aice liomsa, i.e. is é Séamas, mo dhearthháir, is deise domh in aois.

Bhí sin in aice lena gcroí, i.e. ba é sin an rud a thaitin leo.

Bhí sin in aice a thola, i.e. ba mhaith leis an seans a fháil le sin a dhéanamh.

Aice²
Aicí crúbóg, i.e. na háiteacha ina bhfaightear na crúbóga.

Aicearra
Ghearr siad aicearra, i.e. chuaigh, nó tháinig, siad bealach gairid.

Aicearra na nAitheanta, i.e. Dia a ghrá os cionn gach uile ní agus do chomharsa mar thú féin.

Aicearrach
Is iomaí rá deas aicearrach sa Ghaeilge, i.e. is iomaí rá gairid bríomhar sa Ghaeilge. (Is aicearraí an Ghaeilge ná an Béarla ar dhóigheanna.)

Aicearracht
An mbeadh tú ag teacht go Béal Feirste in aicearracht? i.e. an mbeidh tú ag teacht roimh i bhfad?

Aicíd
Tá go leor ar do aicíd, i.e. tá a lán daoine eile sa dóigh a bhfuil tú.

Is uathu a thógamarna an aicíd, i.e. is uathu a fuair sinne í.

Aicíd leitheadach go maith í sin, i.e. tá an dóigh nó an nós sin le fáil i mórán áiteacha.

Aiféaltas
Chuir sin aiféaltas orm, i.e. chuir sé cineál de fhaitíos, de náire agus de leisc orm.

Aifir
Nár aifrí Dia orm é, i.e. go maithe Dia domh é.

Ní aifríonn Pádraig a dhath ar aon duine, i.e. ní choinníonn sé istigh olc nó díoltas do dhuine ar bith.

Aifreannach
Aifreannach maith Séamas, i.e. is annamh nach mbíonn Séamas ag an Aifreann.

Aigeantach
Duine aigeantach, i.e. duine éadromchroíoch.

Port aigeantach, i.e. port gasta beo.

Aigne
Tá aigne mór inniu ort, i.e. tá neart croí agat inniu.

Tá sé ag gabháil chun aigne, i.e. tá sé ag éirí éadromchroíoch.

Aile
An t-eagar a chuirtear ar fhóide imeall na cruaiche sa dóigh ina gcoinníonn siad a chéile ina n-áit. An té a bhíos ag cur an eagair sin orthu deirtear gur 'ag cur aile ar an mhóin' a bhíos sé.

Ailp
Cnap mór feola, éisc, etc.

D'íosfadh sé ailp ar bith a chasfaí air, i.e. d'íosfadh sé a sháith de bhia ar bith a gheobhadh sé.

Ailse
Drochfhás angúil san fheoil. Deirtear go dtógfadh seanphíopa cailce í ar phuisín an té a bheadh á chaitheamh go bunáiteach.

Áiméar
Fuair mé an t-áiméar agus d'fhreastail mé é, i.e. níor lig mé tharam an seans.

Aimhréiteach
Chuaigh an snáth chun aimhréitigh, i.e. chuaigh sé fríd a chéile sa dóigh ar dhoiligh a réiteach.

Théid sé chun aimhréitigh sa Ghaeilge, i.e. tig amanna air nach dtig an Ghaeilge leis ach go hachrannach.

Aimirneach
'Ná bí chomh haimirneach sin.' Déarfaí sin le duine a bheadh ag ithe go cíocrach.

Aimlithe
Bíonn cuma aimlithe ar an tír sa gheimhreadh, i.e. cuma bhocht gan bhláth.

Aimsir
Níl an bhó ach leath aimsire, i.e. níl sí ach leath ama ionlao.

Ainchleachtadh
Beidh ainchleachtadh ort sa teach úr, i.e. beidh an teach úr coimhthíoch agat.

Tiocfaidh an obair sin ainchleachta orthu, i.e. beidh siad cineál ciotach ag an obair sin de dhíobháil cleachta.

Aineolaí
Ní aineolaí ar bith is ceart a bheith i gceann na hoibre sin, i.e. obair í sin nach dtiocfadh le duine a dhéanamh gan eolas maith a bheith aige uirthi.

Ainghléas
Chuaigh an glas, an clog, etc. in ainghléas, i.e. chuaigh an glas, an clog, etc. as ordú.

Aingí
Nach é atá aingí! i.e. nach beag an rud a ghoilleas air.

Aingiall
Is tú an t-aingiall! i.e. is tú an duine garbh míréasúnta.

Ainm
Tá mé in ainm is a bheith ag obair, i.e. má tá mé ag obair féin, níl mé ag déanamh móráin.

'An bhfuil scian agat?' 'Tá an t-ainm agam', i.e. tá scian agam ach níl mórán maithe inti.

Ainnise
Níor fágadh riamh le hainnise iad, i.e. ní fhaca aon duine riamh gortach, ceachartha nó truaillí iad.

Aíochtach
Bhí an fear bocht ag gabháil thart ag aíochtaigh, i.e. ag gabháil ó theach go teach ag iarraidh lóistín.

Aird
Cé a bhéarfadh aird airsean? i.e. ní chuirfeadh duine céillí ar bith suim ina chuidsean cainte.

Airí
Is maith an airí ort sin, i.e. is maith a thuill tú sin.

Fuair siad a oiread is ab airí orthu, i.e. a oiread agus ab fhiú iad.

Ní tháinig de airí riamh orthu ach greasáil mhaith a bhualadh orthu, i.e. níl a dhath is mó atá tuillte acu ná greasáil mhaith.

Airíoch
Duine a fhágtar i mbun tí nó talaimh le haire a thabhairt dó.

Airleacán
Is tú an t-airleacán, i.e. is tú an duine saoithiúil, ealaíonta, cleasach.

Airneál
Suigh agus déan d'airneál, i.e. ná himigh roimh am luí. (Déarfaí sin le duine a thiocfadh isteach i ndiaidh na hoíche agus a bheadh ag brath imeacht go luath.)

Airnéis
Ainm greannmhar a bheirtear ar mhíola.

Airteagal
Tháinig airteagal ar an tsagart, i.e. tháinig gairm air a ghabháil chuig duine a bhí i gcontúirt báis.

Aiste
Ní raibh aiste ar bith ar an iasc inniu, i.e. ní raibh fonn ar bith orthu breith ar an bhaoite.

Áit
Thug sé an t-airgead domh in áit na mbonn, i.e. ní dhearn sé moill dá laghad leis.

Fágfaidh siad in áit do charta thú, i.e. ní thabharfaidh siad cabhair ar bith duit nuair a bheas tú i gcruachás.

D'fhág an croí a áit agam, i.e. baineadh léim as mo chroí le heagla nó le scanradh.

Cuir do chroí in áit chónaithe, i.e. glac go réidh é. Ná bí do do bhuaireamh féin.

Tá eagla air agus é ina áit sin, i.e. tá eagla air agus ní gan ábhar.

Aithin

Níl ann ach go n-aithiním eatarthu, i.e. bheir sé obair domh iad a aithne ó chéile.

Is furasta a aithne nach bhfuil mórán le déanamh agat, i.e. an chuma atá ort d'inseodh sí do dhuine nach bhfuil mórán le déanamh agat.

D'aithneoinn a chraiceann ar chrann thall in Albain, i.e. d'aithneoinn é ba chuma cad é an t-athrach cuma a bheadh air.

Aithním go bhfuair tú scanradh, i.e. aithním agus admhaím gur cuireadh eagla ort, mar a deir tú.

Aithne

Tá aithne shúl agam ar an fhear sin, i.e. tchím corruair é ach ní raibh mé ag caint leis riamh.

Tá na deich n-aithne agam air, i.e. tá seanaithne agam air, aithne mhaith.

Tá aithne agam air agus an dea-aithne fosta, i.e. tá a fhios agam gur duine maith é.

Bhí an duine bocht as aithne, i.e. bhí athrú chomh mór sin air is nach n-aithneofá é.

Allas

Bhí sé báite ina chuid allais, i.e. bhí sé ag cur allais go trom.

Tháinig an t-allas liom, i.e. thoisigh mé a chur allais.

Alt

Scéal a chur in alt a chéile, i.e. achan chuid de a chur ina háit féin — é a chur i gceann a chéile i gceart.

Altaigh

Altaigh do chuid, i.e. tabhair buíochas do Dhia ar son do thráth bia.

Má tá sláinte mhaith acu altaíodh siad í, i.e. tabhradh siad buíochas do Dhia ar a son.

Tá mé go maith, altú do Dhia.

Am

Is fearr a bheith in am ná in an-am, i.e. is fearr a bheith luath ná mall.

Ní am géibhinn am faltanais, i.e. ní ceart do dhaoine a bheith ag aifirt a dhath ar a chéile agus iad araon i gcruachás.

Bíonn sé tinn in amanna, i.e. bíonn sé tinn corruair.

Scríobhaim corrghiota idir amanna, i.e. scríobhaim giota anois is arís nuair a gheibhim faill.

Tá am luí domhain ann, i.e. tá sé chomh mall is gur cheart do achan duine a bheith ina luí.

Tá an t-am dearg acu rud inteacht a fháil le hithe, i.e. tá siad rófhada gan bhia.

Is é an t-am teannaidh ag na páistí é nuair a bhíos aon duine istigh, i.e. níl am ar bith is mó a ndéan na páistí callán nó crostacht ná an uair a bhíos duine nach den teaghlach é istigh.

Amach

Tá siad amach is isteach ag a chéile arís, i.e. théid siad isteach i dtithe a chéile i ndiaidh a bheith amuigh ar a chéile.

An fear amach, i.e. an fear atá i ndiaidh a ghabháil amach.

Tá sé ina lá bhreá amach, i.e. tá sé ina lá bhreá ar fad.

Ní raibh aon duine anseo amach ó Sheán, i.e. ní raibh aon duine anseo diomaite de Sheán.

Níor thrácht mé ar an scéal le haon duine amach uait féin, i.e. níor labhair mé air le duine ar bith ach leat féin.

Amh
Tá blas amh air sin, i.e. tá blas leamh samhnasach air.

Amhail
Thug mé in amhail sin a rá leis, i.e. tháinig sé chun an bhéil agam sin a rá leis. Bhí sé ar bharr mo theanga agam a rá leis ach níor dhúirt mé é. (Deirtear 'chuir mé in amhail' fosta.)

Amharc
Tá amharc de dheas dó aige, i.e. ní léir dó an rud nach mbíonn dá chóir.

Ní rachainn ar a n-amharc nó ar a n-éisteacht, i.e. ní rachainn dá gcóir ar chor ar bith.

Bhainfeadh sé an t-amharc as do shúil agat, i.e. bheadh eagla ort amharc air, bheadh sé chomh scáfar sin. (Déarfaí an rud céanna le ní ar bith a mbeadh dealramh iontach as.)

Amhlaidh
Tá mise leat amhlaidh, i.e. tá mise go díreach cosúil leat féin sa dóigh a deir tú.

Amhlánta
Duine amhlánta, i.e. duine a bheadh garbh, aingiallta, ciotach ag obair.

Amhlóir
Duine amhlánta.

Ampla
Bhí siad iontach bocht agus fuair siad dornán airgid a thóg as an ampla iad, i.e. as an drochdhóigh a bhí orthu.

Amscaí
Tá sí sin iontach amscaí, i.e. níl sí glan nó ordúil.

Amuigh
Ta siad amuigh ar a chéile, i.e. níl siad mór le chéile.

Tá amuigh is istigh ag fiche acra talaimh aige, i.e. tá tuairim is ar fhiche acra aige.

Is é Pádraig an fear is saoithiúla amuigh, i.e. níl aon duine chomh saoithiúil leis.

Is é sin an rud is nimhní amuigh, i.e. níl rud ar bith chomh nimhneach leis.

Tháinig Niall a chuidiú linn agus má tháinig féin bhí sin amuigh aige, i.e. ba é a cheart a theacht nó chuidíomarna leis-sean.

Anabaí
Leanbh beag anabaí, i.e. leanbh beag nach mbíonn ag fás nó ag éirí láidir mar ba cheart.

Anacair
'Cad é an anacair atá ort?' Déarfaí sin le duine a bheadh ag cneadaigh mar a bheadh saothar mór á dhéanamh aige.

Anáil
Chuaigh an deoch lena anáil, i.e. chuaigh sí bealach na scamhán.

Fuair sé an anáil leis arís, i.e. tháinig an anáil chuige mar ba cheart.

Bhí a n-anáil i mbarr a ngoib leo, i.e. bhí gearranáil orthu le heagla nó i ndiaidh rása a dhéanamh.

Tá anáil bhreá sa teach seo, i.e. tá fad agus fairsingeach ann agus neart aeir.

Anairí
'Nach é an t-anairí é.' Déarfaí sin fá dhuine a dearn tú gar dó agus a rinne dochar inteacht duit ina dhiaidh sin.

Anall
Ó am inteacht atá thart go dtí an t-am i láthair a chiallaíonn 'anall'.

Bhí sé mar sin riamh anall, i.e. riamh go dtí an t-am atá i láthair.

Anam
Bhí trua m'anama agam dó, i.e. bhí trua an-mhór agam dó.

Bhí eagla a hanama uirthi, i.e. bhí eagla an-mhór uirthi.

Theith siad lena n-anam, i.e. d'imigh siad lena mbeatha a shábháil.

Anás
Tá siad in anás, i.e. tá siad i gcruachás.

Tá mé in anás airgid, i.e. tá airgead de dhíth orm go mór.

Ní dhearn an fliuchadh lá anáis orm, i.e. ní dhearn sé dochar ar bith domh.

Anbhann
Duine anbhann, i.e. duine nach mbeadh ábalta anró nó masla ar bith a sheasamh.

Anbhás
Go sábhála Dia ar anbhás sinn, i.e. go sábhála Dia ar dhrochbhás sinn — bás taismeach.

Anchuma
Tháinig anchuma ar an fhear sin, i.e. tháinig cuma mhínádúrtha air.

Angadh
Chuaigh dealg ina chois agus rinne sí angadh inti, i.e. chuir an dealg an chos a dhéanamh silidh aige.

Níl deireadh leis an angadh má tá an cogadh thart féin, i.e. tá an nimh san fheoil ag daoine dá chéile go fóill d'ainneoinn go bhfuil an cogadh thart.

Aniar
Níl teacht aniar ar bith san éadach sin, i.e. níl caitheamh maith ann.

Bhéarfaidh sin an tsúil aniar aige, i.e. bhéarfaidh sin chuige féin é.

Aníos
Shíl siad nach raibh a dhath le theacht aníos nó anuas orthu, i.e. shíl siad nárbh fhéidir go mbéarfadh anás nó trioblóid ar bith orthu.

Annamh
Bhí mé mall ag an Aifreann inniu, rud ab annamh liom, i.e. rud nach n-éiríonn domh ach go hannamh.

'Tá Diarmaid mall ag cur na bprátaí i mbliana.' 'Muise, b'annamh leis!' i.e. ní scéal nua ar bith sin ag Diarmaid.

Is annamh duine nach ndéan dearmad corruair, i.e. níl mórán daoine nach ndéan dearmad.

Anonn
Is ionann 'anonn' agus 'ón am i láthair'.

Beidh sé buíoch díot lá is faide anonn, i.e. beidh buíochas aige ort san am atá le theacht — nuair a bheas sé níos sine.

Tá Séamas anonn go maith in aois, i.e. tá gearraois mhaith aige.

Creidim go bhfuil sé anonn go maith sa lá, i.e. go bhfuil cuid mhór den lá caite.

Bhí sé anonn go maith sa bhliain ag teacht chun an bhaile dóibh, i.e. bhí cuid mhaith den bhliain caite nuair a tháinig siad chun an bhaile.

Anordú
Fan ort go fóill, chan a thabhairt de anordú duit é, i.e. fan go fóill, más é do thoil é.

Anró
Bíonn anró mór ar na hiascairí sa gheimhreadh, i.e. bíonn saol crua acu le fuacht, le doineann, etc.

Anróiteach
Obair anróiteach í sin, i.e. obair í a mbíonn anró léi.

Anuas
Tá an sagart anuas ar an damhsa ghallda seo, i.e. tá sé ina éadan.

Tá, agus tá sé anuas ar an mhuintir a bhíos ag gabháil dó, i.e. bheir sé achasán do na daoine a bhíos á dhéanamh.

Bíonn an t-athair anuas ar na mic, i.e. bíonn sé trom nó crua orthu.

Aoibh
Tháinig aoibh as cuimse air, i.e. d'éirigh sé iontach pléisiúrtha.

Chuir an braon beag biotáilte aoibh air, i.e. rinne an deoch pléisiúrtha é.

'Tá aoibh ar Aifistín,' a deirtear nuair a thig aoibh ar dhuine i ndiaidh é a bheith faoi ghruaim.

Aoibhiúil
Duine aoibhiúil, i.e. duine suáilceach.

Aois
Cá haois thú? i.e. cad é an aois atá agat?

Tá cragaois mhaith ag an fhear sin, i.e. tá an fear sin anonn go maith in aois.

Is ionann aois domh féin agus dósan, i.e. an aois amháin, nó an aois chéanna, atá agam féin agus aigesean.

Aon
Níor mharaigh sé an t-éan ach chuaigh sé fá aon dó, i.e. ní raibh ann ach nár mharaigh sé an t-éan.

Aon ghnoithe
Ní raibh na bróga cóirithe ag an ghréasaí i ndiaidh mé mo chuid oibre a fhágáil agus a ghabháil suas d'aon ghnoithe fána gcoinne, i.e. chuaigh mé suas mar mhaithe leis an ghnoithe sin agus chan le gnoithe ar bith eile.

Aontíos
Tá siad in aontíos le chéile, i.e. sa teach amháin atá siad ina gcónaí.

Aon turas
D'fhan siad anseo aréir go raibh sé i ndiaidh a dó dhéag agus agamsa le bheith i mo shuí go luath inniu. Shílfeá gur d'aon turas a rinne siad é, i.e. shílfeá gur cionn is an t-éirí luath a bheith le déanamh agam a d'fhan siad chomh mall sin.

Dá measadh siad go gcuirfeadh sé míshásamh ar bith ort dhéanfadh siad de lom aon turais é, i.e. dhéanfadh siad é le tréan diabhlaíochta ort.

Ná creid Pádraig. Níl sé ach d'aon turas ort, i.e. níl sé ach á rá sin le greann a bhaint asat.

Aos
Beidh an gasúr sin ina fhear mhaith má aostar air, i.e. má bhíonn sé saolach, má mhaireann sé.

Ar
Chonaic mé sin ar an pháipéar, i.e. léigh mé sin 'sa' pháipéar nuachta.

Cuir gráinnín siúcra nó braon bainne ar an tae.

Ní dhéanfainn sin ar a bhfaca mé riamh, i.e. ní dhéanfainn sin dá dtugtaí domh a bhfaca mé riamh.

Sin agat Pádraig ar a bhfaca tú riamh, i.e. tá sin go díreach cosúil le rud a dhéanfadh Pádraig.

Cad é tá ort? i.e. cad é tá cearr leat?

Cad é an chaint atá ort? i.e. cad chuige a bhfuil tú ag déanamh a oiread cainte?

Níl fáil air, i.e. ní thig a fháil.

Níor mhaith liom a bheith ar an té a déarfadh sin leis, i.e. b'fhearr liom gur duine eile a déarfadh sin leis.

Tá Séamas Mór ar na fir is láidre sa chontae, i.e. is duine de na fir is láidre é.

Araicis
Bhí Máire ag teacht ar an traein agus chuaigh Sean chuig an stáisiún ina haraicis, i.e. le castáil

uirthi.

Is doiligh leis an dá dhream a theacht in araicis a chéile, i.e. is doiligh leo géilleadh ar bith a dhéanamh le chéile agus socrú a dhéanamh.

Arán
Ní choinnítear cuimhne ar an arán a itheadh, i.e. ghní daoine dearmad den mhaith a rinneadh dóibh.

Tá siad in arán chrua, i.e. tá siad i gcruachás.

Áras
Thugamar áras an tí don duine bhocht, i.e. dídean an tí.

Tá Micheál bocht gan áras anois, i.e. tá sé gan ionad cónaithe.

Ard
Scairt sé chomh hard agus a bhí ina chloigeann, i.e. chomh hard agus a tháinig leis.

Theith siad go hard acmhainneach, i.e. d'imigh siad leis an eagla chomh tiubh agus a tháinig leo.

Ardaigh
Chonaic mé ag ardú an chaoráin é, i.e. chonaic mé ag gabháil suas an caorán é.

D'ardaigh sé leis a mhála, i.e. thug sé leis a mhála agus d'imigh sé.

Ármhach
Rinneadh ármhach ar na bradáin anuraidh, i.e. maraíodh cuid mhór acu.

Árthach
Soitheach nó bád nó curach.

As
Bhí an Ghaeilge ag Niall as a leanbaíocht, i.e. tógadh Niall leis an Ghaeilge.

Ní thig liom an rá sin a mhíniú ach tuigim as, i.e. tuigim an bhrí atá leis.

Tharla ann iad agus níor tharla as iad, i.e. tharla go raibh siad san áit (nó sa chontúirt) agus chaithfeadh siad a ndícheall a dhéanamh in áit a bheith ag mairgnigh cionn is gur casadh ansin iad.

Cad é tá astu sin agaibh? i.e. cad é a gheibh sibh ar son na rudaí sin (stocaí, cuir i gcás) a dhéanamh?

'Ní has don tábla a bhfuil sibh ag tarraingt air.' Deirtear sin le duine a bhíos ag gabháil chun bia agus iad ocrach géarghoileach.

Chuaigh an tine as, i.e. fuair an tine bás.

Cuir as an choinneal, i.e. múch an choinneal.

Asal
Ní rachainn fá bhúir asail dóibh, i.e. ní rachainn ar a n-amharc nó ar a n-éisteacht.

Ascallán
Ascallán féir, i.e. a oiread féir agus a d'iompródh duine faoina ascaill.

Athchogaint
Tá an t-eallach ag athchogaint, i.e. tá siad ag cogaint a gcodach athiarraidh.

Athiarraidh
Pósadh an fear sin athiarraidh, i.e. pósadh arís é.

Athlasadh
Ghearr Séamas a mhéar agus bhí sé ag cneasú ach chuaigh salachar sa chneá agus rinne sé sin í a athlasadh, i.e. chuir an salachar an chneá chun dainséir arís.

Athleagadh
Bhí sé ag fáil bhisigh ach rinneadh é a athleagadh, i.e. tháinig rud inteacht air a rinne tinn athiarraidh é.

Athphrátaí
Talamh ar baineadh barr prátaí de an bhliain roimh ré.

Is é an t-athair ar athphrátaí é, i.e. tá sé go díreach cosúil lena athair ar gach uile dhóigh.

Athrach
Níor chleacht mé a athrach, i.e. ní raibh cleachtadh riamh agam ar rud ar bith eile. (Is ionann 'athrach' agus rud ar bith amach ón rud ar leith a mbítear ag caint air.)

Dheamhan d'athrach féin a rinne sin, i.e. dheamhan duine a rinne sin ach tú fein.

Tá sin chomh dóiche lena athrach, i.e. ní dóichí rud ar bith eile ná sin.

Is cuma cad é deir tú tá a fhios agamsa a athrach, i.e. is cuma cad é a deir tú tá a fhios agamsa nach bhfuil an scéal mar sin.

Ní bheidh tú ábalta ar a athrach de dhóigh, i.e. ní bheidh tú ábalta a dhéanamh ar dhóigh ar bith eile.

Dá ndéantaí sin i bhfad ó shin bheadh athrach scéil anois ann, i.e. dá ndéantaí sin ní bheadh an scéal mar atá sé anois.

Athsmaoineamh
Bhí rún agam a ghabháil go Baile Átha Cliath ach rinne mé athsmaoineamh agus ní dheachaigh mé, i.e. smaoinigh mé athuair.

Athuair
Níor dhúirt sé sin liom an chéad uair ach dúirt sé é nuair a bhí mé ag caint leis athuair, i.e. an dara huair.

B

Bac[1]
Balla áit na tine i dteach.

Bac[2]
Ní bhacfaidh sin duit a theacht chun an bhaile go luath, i.e. ní choinneoidh sin ó theacht chun an bhaile go luath thú.

Ní bhacfadh an amaidí dóibh sin a dhéanamh, i.e. bheadh siad amaideach go leor le sin a dhéanamh.

Níor bhac duit do chóta mór a bheith leat nuair a tháinig an fhearthainn ort, i.e. ba mhaith duit go raibh do chóta mór leat.

Bacadradh
Is ionann 'ag bacadradh' agus 'ag siúl go bacach'.

Bacaí
Tá céim bheag bhacaí san fhear sin, i.e. tá an fear sin cineál beag bacach.

Ní bhíonn bacaí ar bith ina chuid cainte, i.e. tig an chaint leis réidh go leor.

Bacán
An bata nó an t-iarann a sháitear sa talamh le téad bó, caorach, etc. a choinneáil.

Bacán do láimhe, i.e. an sciathán ón uillinn go dtí ceann na láimhe.

Bachlóg
Tá bachlóg ar a theanga, i.e. tá sé bliotach ina chuid cainte. Ní chuireann sé an tuaim cheart leis na focail.

Báchrán
Luibh a fhásas ar chaorán. Ólann daoine sú báchráin san earrach lena gcuid fola a ghlanadh.

Bacóg
Bacóg mhóna, i.e. a oiread móna agus a d'iompródh duine ar bhacán a láimhe.

Bagánta
Seanduine bagánta, i.e. seanduine bríomhar beo.

Baicle
Scaifte beag daoine.

Tháinig na daoine ina mbaiclí

beaga, i.e. ina dtriúir agus ina gceathrair agus dá réir sin.

Báigh
Abair léi an tine a bháthadh, i.e. abair léi an tine a chur as le huisce.

Ag báthadh lín, i.e. ag cur lín ar maos i bpoll uisce.

Tá an tír faoi bháthadh, i.e. tá an tír faoi uisce.

Bail
Bhí mo rothar chóir a bheith ó mhaith ach chuir mé bail air, i.e. bhí mo rothar chóir a bheith amú ach chóirigh mé é.

Cuirfidh seisean a bhail féin ar an scéal, i.e. bhéarfaidh seisean a insint féin (an ceann a fhóireas dó) ar an scéal.

Thug na páistí drochbhail ar mo chuid leabharthaí, i.e. mhill na páistí mo chuid leabharthaí orm.

Thug na saighdiúirí drochbhail ar na príosúnaigh, i.e. thug na saighdiúirí drochúsáid do na príosúnaigh.

Thig leo a rogha bail a thabhairt orthu, i.e. thig leo déanamh leo mar is mian leo.

Bailc
Déanfaidh sé bailc roimh i bhfad, i.e. cuirfidh sé cith trom in aicearracht.

Baile
An bhfuil Seán fá bhaile? i.e. an bhfuil Seán de chóir an bhaile?

Tá deireadh an tsaoil de chóir baile, i.e. tá deireadh an tsaoil de dheas dúinn.

An gháir a thóg siad, chluinfeá míle ó bhaile í, i.e. chluinfeá an gháir míle ón áit ina raibh siad.

Baileabhair
Ná déan baileabhair díot féin, i.e. ná déan amadán díot féin.

Baile Átha Cliath
Níor smaointigh mé ó Bhaile Átha Cliath isteach go mbeadh siad ag teacht inniu, i.e. níor shamhail mé ar chor ar bith go mbeadh siad ag teacht inniu.

Bain
Bain as, i.e. imigh leat go gasta.

Bhain sé as amach, i.e. d'imigh sé gan moill a dhéanamh.

Shíl mé nach mbainfimis an baile amach choíche, i.e. shíl mé nach bhfaighimis a ghabháil a fhad leis an bhaile choíche.

Cad é a bhain an gréasaí amach as do bhróga a chóiriú? i.e. cad é an méid airgid a d'iarr an gréasaí ort ar son do bhróga a chóiriú?

Ná bain do na leabharthaí sin ar chor ar bith, i.e. lig do na leabharthaí sin.

Bheadh siad anseo murab é gur bhain rud inteacht dóibh, i.e. bheadh siad anseo murab é go dtáinig rud inteacht orthu a choinnigh iad.

Níl a fhios agam cad é a bhainfeadh dóibh, i.e. níl a fhios agam cad é a thiocfadh orthu.

An rud nach mbaineann duit ná bain dó, i.e. an rud (nó an duine) nach gcuireann chugat nó uait ná cuir chuige nó uaidh.

Cá bhfuil siad ag baint fúthu? i.e. cá bhfuil siad ar lóistín?

Bhain seisean faoi i dtigh Phádraig anuraidh, i.e. d'fhan sé ar lóistín i dtigh Phádraig anuraidh.

Ní bhaineann an scéal sin liom ar chor ar bith, i.e. ní de mo ghnoithese an scéal sin.

Cad é an bhaint atá agaibhse leis an scéal? i.e. cad é an chuid de bhur ngnoithese atá ann?

Bainimis nó caillimis, tabhraimis

iarraidh air, i.e. bíodh an bhua againn nó ná bíodh, féachaimis leis.

Tá achan lá ag baint a chuid féin asam, i.e. níl aon lá dá bhfuil ag teacht nach bhfágann a bheagán nó a mhórán de thuirse orm de réir a chéile. (Is minic a deirtear sin mar fhreagar ar 'Cad é mar atá tú ag cur isteach?' nó 'Cad é an saol atá agat?')

Bainis
Níorbh fhearr liom a bheith ag gabháil chun bainise ná a bheith á dhéanamh sin, i.e. níl obair ar bith ab fhearr liom ná í sin.

Bairille
Tá sin ar na bairillí go fóill, i.e. níl an scéal sin socair go fóill. Níl a fhios cad é mar a rachas sé.

Baist
Baisteadh an áit as an tobar, i.e. tugadh ainm an tobair ar an áit.

Baisteadh
Ar bheir baisteadh ar an leanbh? i.e. an raibh an leanbh beo go dtí gur baisteadh é?

Baisteadh tuata, i.e. baisteadh a dhéanfadh duine diomaite de shagart.

Báiteach
Tá cuma bháiteach ar an ghealach, i.e. tá cuma na fearthainne uirthi.

Ball
Ball éadaigh, i.e. cóta, bríste, hata, etc.

Ball trioc, i.e. tábla, cathaoir, leaba, etc.

Bhí Séamas anseo ar ball, i.e. bhí sé anseo tamall beag ó shin.

Tiocfaidh siad ar ball, i.e. i gceann tamaill bhig.

Balla beag
Binn bheag de bhalla a bhíos ag cos leapa i gcisteanach agus í ina scáth agus ina taca ag an leaba.

Ballaíocht
Thug mé ballaíocht dó, i.e. bhí mé ag déanamh gurbh é a bhí ann ach ní raibh mé cinnte.

Ballaíocht aithne, i.e. sórt aithne nach mbíonn rómhór.

Ballán
Beidh na Sasanaigh ar bhallán stéille an mhadaidh an uair sin, i.e. beidh a neart agus a maoin chóir a bheith caillte acu.

Ballóg
Ballaí seantí gan ceann orthu.

Balscóid
Balscóidí, i.e. áiteacha beaga thall agus abhus i gcuibhreann coirce, prátaí, etc. nach bhfásfadh an barr mar ba cheart.

Thit an aicíd ina balscóidí, i.e. tháinig an aicíd ar na prátaí, etc. in áiteacha thall agus abhus.

Banaí
Banaí mór Seoirse, i.e. fear mór i measc na mban Seoirse. Is maith le Seoirse a bheith i gcuideachta ban.

Bánaigh
Bhánaigh sé an teach, i.e. chuir sé amach a raibh de dhaoine istigh.

Bang
'An bhfuil snámh agat?' 'Ó, dheamhan bang,' i.e. níl snámh ar bith ar chor ar bith agam.

Bannaí
Ligeadh an príosúnach amach ar bannaí, i.e. ligeadh an príosúnach amach ar acht go n-íocfadh sé féin nó duine eile ar a shon an oiread seo airgid mura gcuirfeadh sé le cé bith gealltanas a baineadh as.

Cé a chuaigh i mbannaí air? i.e. cé a thug gealltanas go n-íocfadh sé ar a shon mura gcuirfeadh sé lena fhocal?

Rachaidh mé i mbannaí go dtiocfaidh siad chuig an chéilí, i.e. tá mé chomh cinnte go dtiocfaidh siad agus go rachainn i mbannaí ar iad a theacht.

Baol
Ní raibh baol air sin a dhéanamh, i.e. ní raibh contúirt ar bith ann go ndéanfadh sé sin.

Níl sé baol ar chomh fuar agus a bhí sé inné, i.e. níl sé chóir a bheith chomh fuar agus a bhí sé.

Níl Séamas baol nó guais ar chomh haosta le Seán, i.e. níl sé chomh haosta le Sean fá ghiota mhór.

Bárcadh
Bhí Pádraig ag bárcadh allais, i.e. bhí sé ag cur allais go mór.

Barr
Rinne sé turas fada agus níl móran dá bharr aige, i.e. níor ghnóthaigh sé móran ar an tsiúl fhada a rinne sé.

Dá bhféachadh an bheirt rása le chéile ní thabharfadh aon duine acu mórán dá bharr don duine eile, i.e. bheadh siad chóir a bheith chomh gasta le chéile.

Níl barr do Niall tréan airgid a bheith aige, i.e. má tá tréan airgid ag Niall tá cuid mhaith de de dhíth air.

Tá an duine bocht chóir a bheith ag barr, i.e. tá sé chóir a bheith chomh holc agus a thig leis a bheith.

Tá siad ag breith barr ar a chéile, i.e. tá achan cheann acu níos deise ná a chéile.

Barra
Tanalacht i mbéal cuain.

Barrach
An chuid gharbh den líon.

Cuirfidh sin an lasóg sa bharrach arís, i.e. cuirfidh sin an troid nó an iaróg ar obair arís.

Barrach duimhche, i.e. fréamhacha seargtha muiríní nó féir a gheofaí fá dhumhaigh.

Barraíocht
Thug tú barraíocht domh, i.e. thug tú domh níos mó ná a bhí de dhíth orm.

D'ól Niall braon beag de bharraíocht, i.e. d'ól sé braon beag níos mó ná an ceart.

Tá trí bharraíocht ansin, i.e. tá a thrí oiread ansin agus atá de dhíobháil.

Barróg
Barróga geala, i.e. tonnta a mbeadh barr geal orthu.

Bás
Tá an bás ag Séamas, i.e. is gairid go bhfaighidh Séamas bás.

Tá seanduine eile le bás fosta, i.e. tá an bás ag seanfhear eile fosta.

Tá an bás ar iompar leis an fhear sin, i.e. tá rud ar an fhear sin a bhéarfas a bhás roimh i bhfad.

Fuair mé trí bhás ón bhuaireamh, i.e. bhí mé chomh buartha sin agus go raibh mé mar a bheinn tinn.

Ní thabharfaidh sin do bhás, i.e. ní bhfaighidh tú bás dá thairbhe sin.

Is é sin an rud a thug a bhás, i.e. is é sin an rud ba chiontaí lena bhás.

Batáil
Batáil chocháin, i.e. beairtín mór cocháin.

Batalach
Dá gcluinfeá ag batalaigh orm é! i.e. dá gcluinfeá é ag bagairt go ndéanfadh sé siúd agus seo orm — nó ag tabhairt gach dara focal domh.

Beadaí
Duine beadaí, i.e. duine a bheadh

bródúil nó duine nárbh fhurasta bia a thabhairt dó a shásódh é.

Beag
Is beag sin de, i.e. is beag an chuid sin den scéal i gcomórtas leis an chuid eile de.

Ní beag liom a bhfuil caite agam, i.e. tchítear domh go bhfuil go leor caite agam.

Ní beag a olcas, i.e. tá an scéal dona go leor gan a bheith níos measa ná sin féin.

Is beag orm an áit sin, i.e. tá fuath agam ar an áit sin.

Is beag áit is lú orm ná í, i.e. is annamh áit is mó a bhfuil fuath agam uirthi ná í.

Tráthnóna beag, i.e. an chuid is moille den tráthnóna.

(Is minic a bhaintear úsáid as 'beag' le tuilleadh brí a chur in aidiachtaí eile mar 'bocht', 'fuar', 'deileoir', etc. Cuir i gcás, 'bíonn cuma bheag aimlithe ar an tír sa gheimhreadh'.)

Beagán
'Char dhadaidh beagán!' Déarfaí sin nuair a d'iarrfadh duine, nó nuair a bhéarfadh sé leis, cuid mhaith de rud nár leis féin.

'Is trua gan cupla míle punta agam, a Shéamais.' 'Char dhadaidh beagán, a Phádraig.'

Béal
Tá béal bán go leor ag Pádraig, i.e. tá plásaíocht go leor aige.

Bíonn béal bocht ag Séamas ar fad, i.e. bíonn sé i gcónaí ag gearán nach mbíonn a sháith airgid aige.

Tá siad i mbéal na tíre, i.e. tá muintir na tíre uilig ag caint orthu. (Deirtear fosta 'tá siad tógtha i mbéal'.)

'Ná bí ag gabháil ar bhéala Dé.' Deirtear sin le daoine a ghníos barraíocht mairgní fá bhás duine eile. Is ionann 'ag gabháil ar bhéala De' agus ag cur do thola féin roimh thoil Dé.

Tá siad ag ithe bia as béal a chéile, i.e. tá siad an-mhór le chéile.

Thit sé ar a bhéal agus ar a shrón, i.e. thit sé agus a bhéal faoi.

Labhair siad as béal a chéile, i.e labhair siad i gcuideachta a chéile.

Béal gan smid, i.e. duine iontach tostach.

Béal beag, i.e. an chuid a ghnítear ar tús de stocaí. (Ní gnách an cineál lúbacha a bheith ann a bhíos sa chuid eile den stoca.)

Béal Thoraí, béal Áranna, etc. i.e. an chuid den fharraige atá idir Toraigh, Árainn, etc. agus tír mór.

Bealach
Níl a fhios agam cad é is bealach do Sheán, i.e. níl a fhios agam cad é an tír nó an áit a bhfuil Seán anois.

Tá cuid mhór bealaí i nDiarmaid, i.e. ní hionann mar a labhras Diarmuid le hachan duine. Labhrann sé de réir mar a fhóireas.

Bealachtach
Duine bealachtach, i.e. duine a déarfadh rud amháin liomsa agus a déarfadh a athrach leatsa, de réir mar a mheasfadh sé a bheith fóirsteanach.

Bealaithe
Éadach a bheadh salach ag bealadh nó ola déarfaí go raibh sé bealaithe.

Béalastán
Amadán de dhuine, go háirithe duine díomúinte.

Béalbhach
Béalbhach cléibh, i.e. an chuid den chliabh a bhíos thart fána bhéal.

Béalráiteach
Tá Máire iontach béalráiteach, i.e. tá barraíocht cainte aici.

Béalscaoilte
Duine béalscaoilte, i.e. duine nach dtiocfadh leis rún a dhéanamh ar scéal ar bith.

Bealtaine
Bhí mé idir dhá thine Bhealtaine, i.e. bhí mé idir dhá chruachás.

Bean
Bean de na girseacha, i.e. duine de na girseacha. (Deirtear fosta 'bean de na cailíní', 'bean de na mná'.)

Ag iarraidh mná, i.e. á hiarraidh le pósadh.

Ag gabháil chuig mnaoi, i.e. ag gabháil chun tí a dh'iarraidh mná.

Chuala mé go raibh Micheál ag mnaoi aréir, i.e. chuala mé gur iarr sé cailín lena pósadh agus go bhfuair sé í.

Beann
Dá mbeadh beann ar d'anam agat ligfeá den ól, i.e. dá mbeifeá ag smaointiú ar leas d'anama stadfá den ól.

Beannacht
'Caithfidh sé go raibh beannacht duine bhoicht inteacht agat,' a déarfaí le duine a thiocfadh slán as gábh nó a dtiocfadh ádh mór inteacht air.

Bearád
Bearád spéire, i.e. bearád geal a chaitheadh na seanmhná roimhe seo.

Bearád cac bó, i.e. bearád beag cruinn a chaitheadh na seandaoine.

Bearna
Bearna ghiorria, i.e. bearna nó scoilt sa phuisín uachtarach.

Bearnach
Duine bearnach, i.e. duine a mbeadh bearna ina chár as siocair cuid de na fiacla a bheith caillte aige.

Bearrtha
Tá Dónall iontach bearrtha sa teanga, i.e. labhrann sé go géar ar dhaoine, go minic ina láthair.

Béasaí
Gheobhaidh tú greasáil mura n-athraí tú béasaí, i.e. buailfear thú mura stada tú a dhéanamh an rud atá tú a dhéanamh anois.

Beatha
Baineann siad a mbeatha den talamh, den fharraige, etc. i.e. ag baint barr den talamh, ag iascaireacht, etc., an gléas beatha atá acu.

Thig le Pádraig a bheatha a thabhairt i dtír i gceart mar sin, i.e. thig leis a bheith beo maith go leor ar an dóigh sin.

Is é do bheatha, i.e. fáilte romhat.

Beathach
Ar bheathach capaill is mó a bheirtear 'beathach' i dTír Chonaill.

D'imigh Micheál ag marcaíocht ar dhroim beathaigh, i.e. ar bheathach capaill.

Beathach éisc, i.e. aon iasc amháin.

Béim
Idir dhá cheann an bhéim, i.e. go díreach leath bealaigh idir bás agus biseach, idir bua agus díomua, etc. (Deirtear 'idir dhá cheann an mhaide tomhais' fosta.)

Beir
Béarfaidh an oíche ar an bhealach ort, i.e. tiocfaidh an oíche ort agus tú ar an bhealach.

Beir as, i.e. bí ar shiúl.

Is fada go mbeire sin ar an chéad cheann a d'inis tú, i.e. is iomaí bréag a d'inis tú riamh agus sin ceann acu.

Beo
Níl beo ar Dhonnchadh ach ag obair, i.e. ní bhíonn sé sásta gan a bheith ag obair.

Ní fhaca mé a leithéid le mo bheo, i.e. ní fhaca mé a leithéid ó rugadh mé.

Ní raibh ann ach gur imigh Micheál lena bheo, i.e. dhóbair go mairbhfí é.

Bheadh curach beo san áit a gcaillfí bád mór, i.e. thiocfadh curach as an chontúirt a bháfadh bád mór.

Beochadh
Tá tú i do shuí ansin ag iarraidh a bheith ag beochadh bruíne, i.e. ag iarraidh troid a chur ina suí.

Beochán
Beochán tine, i.e. tine bheag íseal lag.

Bia
Ba é an bia geal acu é, i.e. ba é sin an rud a thaitin leo.

Dhéanfadh Eoin bia míoltóg de Dhónall, i.e. ba bheag an mhaith Dónall dá dtéadh Eoin á bhualadh.

Biatachas
Nigh sé an tábla nuair a bhí an biatachas thart, i.e. nuair a bhí an tráth bia thart.

Binid
'Chonaic mé Nóra ag amharc ar hata iontach deas sa tsiopa. B'fhéidir go gceannódh sí é.' 'Ceannóidh, leoga, má chuir sí a binid ann,' i.e. má thug sí an spéis cheart dó beidh sé aici ar dhóigh inteacht.

Binn[1]
An rud nach binn le duine ní chluin sé é.

Tá Máire chomh binn leis na cuacha, i.e. tá guth deas binn ag Máire ag gabháil cheoil.

Binn[2]
Éadan bruaigh dhomhain charraigigh.

Chuaigh an gamhain le binn, i.e. thit sé le binn.

An té a bheadh idir bun agus barr binne agus nach mbeadh ábalta a ghabháil suas nó anuas, déarfaí go raibh sé 'i nglas binne'.

'Binn' a bheirtear ar bhalla cinn nó tóin tí nó ar bhalla a bheadh idir dhá sheomra.

Biongadh
Shíl mé go scanródh an gasúr roimh an mhadadh ach dheamhan biongadh a baineadh as, i.e. ní dhearn an gasúr bogadh ar bith le heagla.

Bhí mé ag iarraidh an chloch sin a bhriseadh ach ní tháinig liom biongadh a bhaint aisti, i.e. ní tháinig liom a bogadh.

'Cuirfidh sin biongadh fríothu.' Déarfaí sin fá rud ar bith a chuirfeadh foilsceadh nó fuadar faoi dhaoine.

Bláfaireacht
Níl bláfaireacht ar bith san fhear sin, i.e. ní bhíonn bláth nó slacht ar a chuid oibre nó fonn air a chuid oibre a dhéanamh go bláfar.

Bláfar
Duine bláfar, i.e. duine a dhéanfadh a chuid oibre go deas dea-lámhach.

Blagaid
Tá blagaid ag teacht ort, i.e. tá tú ag cailleadh ghruaig do chinn.

Blandar
Ní raibh Éamann ag brath a theacht liom chun an bhaile ach fuair mé a bhlandar sa deireadh, i.e. d'éirigh liom é a mhealladh liom.

Blaosc
An cumhdach crua a bhíos ar uibh.

Thógfadh an callán atá agaibh blaosc na cloigne de dhuine, i.e. tá a oiread gleo agaibh agus a dhéanfadh duine éadrom sa cheann.

Blár
Machaire lom gan scáth gan foscadh.

Fágadh an duine bocht ar an bhlár, i.e. fágadh gan chuidiú nó cúnamh dá laghad é.

Blindeog
Fear mar a bheadh seanchailleach ann.

Bliocht
'Is fada a bliocht ólta.' Déarfaí sin fá bhó a bheadh tirim nó de dheas dó i ndiaidh a bheith ag tabhairt bainne ar feadh tamaill fhada.

Blióg
Níl i nDiarmaid ach blióg de dhuine, i.e. ní fear fearúil ar chor ar bith é. Tá cuid mhór den sclábhaí ann.

Bloscarnach
Shéid an bhloscarnach ag na páistí nuair a chonaic siad na húlla, i.e. thoisigh siad a dh'oibriú a gcuid puisín mar a bheadh siad ag ithe ar mhéad agus a chuir na húlla cíocras orthu.

Bob
Bhuail na gasúraí bob ar Mhicheál, i.e. d'imir siad cleas air.

Bobaireacht
Ag bobaireacht ar dhuine, i.e. ag imirt cleas air.

Bocht
Ba bhocht liom an duine bocht a fhágail gan chuidiú, i.e. níor mhaith liom é a fhágáil mar sin.

Bodhránacht
Tháinig mé chun an bhaile le bodhránacht an lae, i.e. nuair a bhí an lá ag bánú.

Bog[1]
(Baintear úsáid as 'bog' mar réimír sa dóigh ar beag nach ionann é agus 'leath'.)

Bogbhuachaill, bogchailín, bogsheanduine, etc. i.e. gasúr atá ag éirí ina bhuachaill, girseach ag éirí ina cailín, fear ag gabháil anonn go maith in aois, etc.

Bhí Éamann ar bogmheisce, i.e. bhí braon maith ólta aige ach gan é ar meisce amach.

Tugadh bogmharú ar Chonall, i.e. buaileadh a sháith air.

Bog[2]
Bog leat, i.e. imigh leat.

Bhí Seoirse bogtha go breá, i.e. bhí a sháith ólta aige.

Bogadh
Níl aon bhogadh dá gcuireann sé de nach bhfuiltear á choimhéad, i.e. níl aon rud dá ndéan sé nach bhfuiltear á thabhairt fá dear.

Bogadúradh
Ní le bogadúradh a dhéanfar an obair sin, i.e. ní gan saothar a dhéanfar í.

Boglach
Tá dúil mhór sa bhoglach aige, i.e. is annamh a bhíos turadh ann ar an aimsir seo.

Boilg
Tonn ag briseadh ar charraig mhara.

Cad é an bhoilg atá ort anois? i.e. cad é an trioblóid atá ort anois? (Le páistí is mó a deirtear sin.)

Cuirfidh Donnchadh trí bhoilg de féin nuair a chluinfeas sé sin, i.e. beidh sé cineál tinn le héad nó le fearg.

Boilgearnach
An t-oibriú a ghní an t-aer ar an

uisce ag teacht aníos dó i ndiaidh cloch titim san uisce.

Boilgeog
Cruinneog nach mbíonn uirthi ach craiceann tanaí uisce agus í folamh taobh istigh.

Bolg
Bíonn Liam ar shiúl ar a bholg ar fad, i.e. ar shiúl ag ithe is ag ól a bhfaigheann sé ó dhaoine eile.

Bolgam
Lan béil.

'Is deas do bholgam cainte.' Déarfaí sin le duine a déarfadh droch-chaint inteacht.

Bolscaire
Páiste a bheadh ag béicigh agus ag caoineadh, nó duine a bheadh ag síorchaint agus gan mórán céille lena chuid cainte.

Bomaite
Beidh mé leat i mbomaite, i.e. beidh mé leat anois díreach.

Bómán
Is tú an bómán de dhuine, i.e. is tú an duine maoldéanta. Níl gaisteacht ar bith ionat.

Bómánta
D'éirigh Aindrias iontach bómánta, i.e. d'éirigh sé sa dóigh nach raibh tabhairt fá dear ar bith ab fhiú ann.

Bonn[1]
Fuair sé an talamh gan pingin gan bonn, i.e. fuair sé in aisce é.

Bonn[2]
Bhain mé na bonnaí as, i.e. d'imigh mé faoi dheifre.

Chuaigh sé isteach sa chró ar a cheithre boinn, i.e. chuaigh sé isteach ag siúl ar a lámha agus ar a chosa.

Tá siad ag titim bonn ar bhonn le chéile, i.e. tá an aois ag luí orthu araon i gcuideachta a chéile.

Bonnachán
Féasta beag a bheadh ag daoine faoi choim.

Bord
Bhí siad ar bhord a bheith ag imeacht, i.e. bhí siad ar tí imeacht.

B'éigean dúinn cupla bord a chaitheamh, i.e. b'éigean dúinn seoladh ar fiar cupla uair in áit a tharraingt go díreach ar bhun ár gcúrsa.

Bordach
Bhí an bradán ag bordaigh ar dheich bpunta, i.e. chóir a bheith deich bpunta.

Borraigh
Is mór a bhorraigh na daoine sin, i.e. is mór a bhisigh siad sa tsaol, a chruinnigh siad maoin.

Bos
Thógfadh siad Micheál ar a mbosa, i.e. dhéanfadh siad gar ar bith dó, tá an oiread sin measa acu air.

Tá do rogha ar do bhois agat, i.e. thig leat do rogha rud a dhéanamh gan duine ar bith ag cur chugat nó uait.

Tá achan chineál ar aghaidh boise acu fá choinne na bainise, i.e. tá achan rud réidh acu fána coinne.

Braich
Bhí Nóra ar sheol na bracha ag imeacht, i.e. bhí sí ag imeacht agus í sásta go n-éireodh a turas léi.

Braichlis
An t-ainm a bheirtear ar ábhar uisce bheatha sula gcuirtear an deasca ann.

Bráid
Níor fágadh fear ar bráid, i.e. buaíodh ar, nó cuireadh an tóir ar, a raibh de fhir ann.

Bráighe
Coirce nach líonann an grán aige mar is ceart.

Tá an fear sin ina bhráighe, i.e. tá sé ó mhaith.

Braodar
Níor chuir an obair a dhath de bhraodar ort, i.e. d'éirigh leat an obair a dhéanamh gan mórán saothair.

Brath
Cad é tá tú ag brath a dhéanamh? i.e. cad é is mian leat a dhéanamh?

Ní ligfeadh an náire domh a bheith á mbrath, i.e. ba náir liom a bheith ag glacadh rudaí uathu in aisce nó róshaor.

Brathladh
Cuir brathladh ar na páistí sin, i.e. lig scread bhagarthach orthu.

Cuirimse fiche brathladh orthu, i.e. bagraímse le scread mar sin go minic orthu.

Bratóg
Giota de éadach stróctha.

Breabhsánta
'Cad é mar atá Mánas?' 'Tá sé go breabhsánta,' i.e. tá sé go bríomhar beo.

Breacadh
Dathanna ar shoithí, ar éadach, etc.

Bréag
Níor mhaith liom bréag a chur ar aon duine, i.e. níor mhaith liom bréag a inse ar dhuine ar bith.

Níor mhaith liom a rá gurb é Séamas a rinne sin leisc bréag a chur air, i.e. ar eagla go gcuirfinn bréag air.

Bréagach
Thug sé bréagach domh, i.e. dúirt sé liom go raibh mé bréagach.

Breast
'Breast tú!' Déarfaí sin le duine a dhéanfadh rud gan náire, rud a chuirfeadh samhnas ort, nó a dhéanfadh droch-chaint. (Is dóiche gur 'beir as tú' (imigh leat) atá ann.)

Bréid
Éadach beag a chuirfeadh duine ar mhéar a bheadh gearrtha, etc.

Breith
Ní bhíonn leathphingin ag breith ar an leathphingin eile acu, i.e. caitheann siad an t-airgead nó bíonn sé de fhiacha orthu é a chaitheamh chomh tiubh géar agus a gheibh siad é.

Brí
Níor fhan brí cait ionam, i.e. d'éirigh mé an-lag.

Briolscaire
Duine ráscánta luathchainteach.

Bris
Bhéarfaidh tú an bhris isteach go fóill, i.e. an obair a lig tú chun deiridh, gheobhaidh tú í a dhéanamh go fóill.

An té a bheadh thíos le drochmhargadh is é 'a luífeadh faoina bhris'.

Briseadh
'Chan a bhriseadh do scéil é,' a deir duine a bhriseas isteach ar scéal duine eile le ceist a chur air nó le rud inteacht a rá a bhaineas leis an scéal.

Brocach
Duine brocach, i.e. duine a mbeadh lorg an ghalair bhric ar a chraiceann.

Báinín brocach, i.e. éadach olla a mbíonn dath cineál liath air.

Broid
Bhroid sé mé agus d'iarr orm a bheith i mo thost, i.e. bhuail sé buille beag éadrom orm i ngan fhios do na daoine eile.

Broidearnach
Bualadh na cuisle a mhothódh duine san áit a mbeadh sé gearrtha nó loite, go háirithe nuair a bheadh

an chneá ag déanamh silidh.

Broideog

Cuid de shnáth a bheadh ní ba chaoile ná an chuid eile cionn is gur baineadh tarraingt tobann as nuair a bhíthear á shníomh.

Broinn

Bhí sin as broinn leis, i.e. bhí sé mar sin ó rugadh é.

Brosna

Cipíní a gheofaí ar an talamh i gcoill.

Bruicíneach

Cineál de fhiabhras a thig ar pháistí agus a dtig baill dhearga amach ar a gcraiceann leis.

Bruicíneach bhréagach, i.e. baill bheaga bhuí ar chraiceann duine. Ar dhaoine rua is mó a bhíos siad.

Brúigh

Ní bhrúfaidh mise comhrá ar bith orthu, i.e. mura maith leo a bheith ag caint liom ní dhéanfaidh mé mórán cainte leo.

Bhrúfadh Séamas a n-easnacha ar a chéile, i.e. bhuailfeadh nó ghreadfadh Séamas amach is amach i dtroid iad. (Is minic a deirtear 'brúfaidh mé d'easnacha ar a chéile' mar bhagairt.)

Bruith

Ní raibh Nuala agus Sábha mór le chéile agus nuair a bhí damhsa i dtigh Shábha chuir Nuala damhsa ar bun ina teach féin le bruith thoinne, i.e. le holc ar Shábha.

Tá eagla orm nach bhfuil sé ach ag bruith fearthainne, i.e. tá eagla orm nach bhfuil sa teas gréine atá ann ach comhartha go gcuirfidh sé gan mhoill.

Brúitín

Prátaí brúite.

Bruscar

Giota briste de adhmad gan mhaith. Is minic a bheirtear an t-ainm ar dhaoine gan mhaith.

Bruth

Tháinig bruth dearg amach ar mo chraiceann, i.e. tháinig cuid mhór ball beag dearg nó goiríní orm.

Bua

Muise, sin bua amháin atá ag an áit seo. Tá sí breá folláin, i.e. sin rud amháin maith a bhaineas léi.

Sin bua atá ag Eoin. Tá foighid mhaith aige, i.e. sin pointe maith i nádúr Eoin.

Caithfidh gur fágadh de bhua ar Tharlach a bheith i gcónaí ag gearán, i.e. caithfidh sé go bhfuil sé de chinniúint air.

Buaigh

Bhuaigh le Séamas an talamh a fháil sa deireadh, i.e. d'éirigh leis a fháil.

Is doiligh buachan ar an tsuaimhneas, i.e. is beag rud is fearr ná an suaimhneas.

Buail

Bhuail Séamas a sháith ar Phádraig, i.e. thug Séamas greadadh maith do Phádraig. (Deirtear fosta 'bhuail sé leithead a chraicinn air', 'bhuail sé lán a léine air', etc.)

Buail do chos air sin, i.e. ná trácht air sin níos mó; déan rún air.

'Níl ann sin ach buail an ceann agus seachain an muineál,' a deir duine nuair is mian leis a rá gurb ionann brí don rud a dúirt sé féin agus an rud a dúirt duine eile d'ainneoin go raibh an duine eile ag maíomh nárbh ionann. (Níor dhúirt sé gur mise a bhuail é ach go raibh mé sa láthair an uair a buaileadh é. Cad é tá ansin ach 'buail an ceann agus seachain an muineál'?)

Bhuailfeadh Seán amach Niall i ngnoithe foghlama, i.e. ní bheadh

Niall inchurtha le Seán i ngnoithe foghlama.

'Bhuail sin amach troid choileach agus rása cearc,' a deirtear le scéala ar bith iontach.

Chonaic mé Séamas agus a cheann is a chosa buailte ar a chéile leis an ualach a bhí air, i.e. bhí Séamas chomh crom sin faoin ualach is go raibh a cheann chomh híseal lena chosa.

Tá mo dhá thaobh buailte ar a chéile leis an ocras, i.e. tá mé chomh folamh sin agus go bhfuil mo dhá thaobh ag teacht go dtí a chéile.

Bhuail ocras, tart, tinneas, brón, cumha, etc. iad, i.e. tháinig ocras, tart, etc. orthu.

Níor bhuail na scadáin an béal ach go héadrom, i.e. ní tháinig mórán acu isteach sa bhéal.

Buaile

'Níl an dara suí sa bhuaile ann,' a deir duine nuair a bhíos sé de fhiacha air rud áirithe a dhéanamh agus gan rogha aige a athrach sin a dhéanamh.

Buailteachas

Tá an t-eallach amuigh ar buailteachas, i.e. amuigh ar féarach sa tsamhradh.

Buair

Bhuairfeadh Máire thú le ceisteanna, i.e. thuirseodh sí thú ag cur ceisteanna ort.

Buaireamh

Cad é tá ag cur bhuartha ort anois? i.e. cad é an trioblóid atá ort?

Cad é a bhí ag cur bhuartha ar Shéamas anocht? i.e. cad é an t-ábhar comhrá a bhí aige? Cad é a bhí sé a rá?

Shíl mé nach dtáinig mo bhuaireamh ar aon duine riamh, i.e. shíl mé nach dtáinig buaireamh ar dhuine ar bith riamh a bhí chomh holc leis an bhuaireamh a tháinig ormsa.

Buan

Bhí an obair déanta fada buan roimhe sin againn, i.e. bhí sé déanta i bhfad roimhe sin againn.

Rinne sé lá buan fearthainne inné, i.e. níor stad sé ach ag cur i rith an lae.

'Ní buan gach ní a chaitear.' Déarfaí sin le duine a bhíos ag ceasacht fá bhall éadaigh, etc. a bheith caite. Is ionann sin agus a rá nach dual do rud ar bith mairstin choíche.

Buanaí

Is doiligh corrán maith a fháil do dhrochbhuanaí, i.e. an té nach mbíonn lámh mhaith ar a chuid oibre aige, bíonn locht i gcónaí ar an uirnéis aige. (Deirtear fosta, 'is doiligh a sháith de chorrán', etc.)

Buanaigh

'Go mbuanaí Dia bia agus deoch agat,' a deirtear mar bhuíochas ar son tráth bia.

Buanfas

Níl buanfas ar bith sa mhóin, san éadach, etc. sin, i.e. níl teacht aniar (caitheamh) maith ann.

Buí

Ba bhuí bocht leo an seans a fháil, i.e. bhí lúcháir mhór orthu an seans a fháil.

Builbhín

Builbhín aráin, i.e. bollóg aráin.

Builbhín thrí bpingine, i.e. builbhín a chosnaíonn trí phingin.

Buille

Thug an fear meisce iarraidh de bhuille orm, i.e. thug sé iarraidh mé a bhualadh.

Bhuail mé buille de bhata air, i.e.

bhuail mé le bata é.

'Cuir buille beag uirthi,' a déarfadh duine le duine eile ag iarraidh air rámha a chur amach agus iomramh.

Buille luath, buille mall, i.e. cineál beag róluath, nó rómhall.

Ba deas do bhuille ráca! i.e. is tú a dhéanfadh do leas, dá ndéanfá sin! (Deirtear 'buille rámha' sa dóigh chéanna.)

Buíocán

An chuid bhuí de uibh.

Buíochas

'Tá do chuid is do bhuíochas agat,' a deirtear le duine a thairg rud inteacht do dhuine eile nár ghlac é ach a bhí buíoch dó mar an gcéanna.

Bulaí

Bulaí fir atá i Niall, i.e. scoith nó togha fir é.

Bulaíocht

Níl bulaíocht ar bith air, i.e. níl sé chomh maith agus gur fiú mórán cainte a dhéanamh air.

Bun

Bun na gaoithe, i.e. an aird as a mbíonn an ghaoth ag teacht.

Tá an ghaoth ar bhun mhaith anocht, i.e. tá sí in aird mhaith.

Níl an ghaoth ag déanamh bun in áit ar bith, i.e. níl sí ag cónaí i bhfad in aird ar bith.

Má ghní sí bun san aird a bhfuil sí anois beidh aimsir mhaith againn.

Bhí na gasúraí ag brath snámh amach go dtí an bád ach bhí sruth láidir ag gabháil síos san am agus chuaigh siad suas an cladach giota an chéad uair mar gheall ar bun a dhéanamh, i.e. mar gheall ar a bheith a fhad suas agus nach dtabharfadh an sruth síos thar an bhád iad.

Tharraing Séamas an biseach as an bhanc ach d'fhág sé bun an airgid istigh, i.e. d'fhág sé istigh an t-airgead a raibh sé ag fáil an bhisigh air.

Bunfhear nó bunbhean, i.e. fear nó bean fá thuairim 60 bliain d'aois.

Bunbhríste, i.e. bríste nach mbeadh úr nó caite.

Bhí a fhios ag an cheannaitheoir go raibh an t-airgead de dhíth ar na daoine agus go gcaithfeadh siad an t-eallach a dhíol. Mar sin de, shuigh se ina mbun, i.e. ní thug sé dóibh ach luach íseal. (Nuair a bhaineas ceannaitheoir nó a leithéid úsáid as riachtanas nó anás duine le tuilleadh buntáiste a fháil dó féin bíonn sé 'ag suí i mbun' an duine sin.)

Níl bun ar bith ar an aimsir go fóill, i.e. níl sí socair mar is ceart.

Caithfidh mise fanacht i mbun an tí, an eallaigh, etc., i.e. caithfidh mé fanacht leis an teach, an eallach, etc. a choimhéad.

Beidh mé ina bhun sin duit choíche, i.e. beidh mé go maith duit choíche dá thairbhe sin.

Bunadh

Tá a bhunadh uilig marbh, i.e. tá a chuid daoine muinteartha uilig marbh.

Bundún

'Tá bundún air.' Deirtear sin fá dhuine a bhaineas fad mór as scéal ar bith a bhíos le hinsint aige nó a chuireas leis cuid mhór nach mbíonn ag baint leis ó cheart.

Bunús

'An labhrann muintir na háite seo Gaeilge?' 'Labhrann a mbunús í,' i.e. labhrann an mhórchuid acu í.

C

Cabaí
Duine beag seanaimseartha cainteach, go háirithe duine a mbíonn smigead beag géar air.

Cabhair
Ní cabhair ar bith domh Séamas, i.e. ní bhfaighidh mé cuidiú ar bith ó Shéamas.

Nuair a thig cabhair tig dhá chabhair, i.e. nuair a thig an t-ádh ar dhuine is minic a thig cuid mhaith de air.

B'fhearr duit cabhair an fhir sin ná a chealg, i.e. b'fhearr duit an fear sin a bheith i do leith ná é a bheith i d'éadan.

Cabhsa
Cosán ón bhealach mhór go dtí teach.

Cadhnaíocht
Bíonn Donnchadh i gcónaí ar thús cadhnaíochta, i.e. is cuma cad é a bhíos ar obair is é Donnchadh a chuireas tús air agus a bhíos mar cheann feadhain ar na daoine eile.

Cadránta
Duine cadránta, i.e. duine righin stálaithe.

Cáfraith
Sórt bracháin a ghnítear de mhin chátha.

Caibín
Smigead beag géar.

Cáidheach
Nach cáidheach an aimsir í, i.e. nach fliuch salach an aimsir í.

Caidirne
Chuir Tarlach inár n-éadan go dubh is go bán ach fuaireamar a thabhairt chun caidirne sa deireadh, i.e. d'éirigh linn a mhealladh sa dóigh a dtáinig sé linn, nó ar aontaigh sé linn, sa scéal fá dheireadh.

Caifeach
Duine caifeach, i.e. duine a chuirfeadh airgead, etc. amú. Duine nach mbeadh a sháith críonnachta nó tábhachta ann.

Caileannógach
An salachar glas a fhásas ar uisce mharbh.

Caill
Nuair a thig caill tig dhá chaill, i.e. nuair a thig drochádh ar dhuine is minic a leanas sin dó.

'Cad é mar tá tú?' 'Dheamhan a bhfuil de chaill orm,' i.e. níl a dhath cearr liom.

Fuair Pádraig buille de chamán ach ní shílim go bhfuil caill air, i.e. ní shílim go bhfuil sé gortaithe nó loite go mór.

B'fhurasta a aithne go raibh caill ar an lá, i.e. bhí cuma chomh garbh nó chomh dubh dorcha ar an lá agus go n-aithneofá nach n-imeodh sé gan taisme a éirí do dhuine inteacht.

Cáin
Cáintear daoine a mbeirtear orthu ag déanamh póitín, i.e. baineann lucht an dlí airgead díobh.

Cáipéis
An bhfuil cáipéis mhór déanta? i.e. an bhfuil mórán damáiste déanta?

Níor chuir siad an cháipéis sin díobh riamh, i.e. ní tháinig siad chucu féin riamh i ndiaidh an cháipéis sin a theacht orthu.

Cairde
Cuireann Micheál cairde ar achan rud dá mbíonn le déanamh aige, i.e. cuireann sé ar gcúl a chuid oibre.

Min chairde, i.e. min a gheofaí ar cairde — gan díol ar a son go ceann tamaill.

Caismirneach
Ag lúbadh agus ag casadh anonn is anall.

Cáiteach
Leadhb mhór éadaigh, páipéir, etc.

Thug fear an dlí cáiteach mhór domh agus d'iarr orm m'ainm a chur leis.

Caith
Chaith mé mo theanga ar Sheán ag iarraidh air stad, i.e. dúirt mé a dtáinig liom le Seán ag iarraidh air stad.

Níor fhág siad a dhath ar bith nár chaith siad suas le chéile, i.e. achasán ar bith dá raibh acu le tabhairt, thug siad dá chéile é.

An méid airgid a bhí ag Pádraig chuir sé chun a chaite é, i.e. chaith sé an t-airgead.

Cáitheadh
Cáitheadh na farraige, i.e. ceo uisce a shíobfadh an ghaoth den fharraige.

Cáithnín
Thug tú cáithnín do Mhánas nuair a chuir tú an cheist sin air, i.e. chuir tú ceist air nach mbíonn sé ábalta a fhuascailt gan cuid mhór smaointe a dhéanamh uirthi.

Caithréimeach
Is é Cathal an fear a bhí caithréimeach ag muintir Bhéal Feirste, i.e. is do Chathal a thug muintir Bhéal Feirste an urraim agus an t-ómós.

Cál
Cál, agus ní cabáiste, a deirtear i dTír Chonaill.

Cál faiche, i.e. neantóg choitianta.

Calc
Calc toite, i.e. néal mór ramhar dubh toite.

Callán
Gleo mór cainte, etc.

Camán
Tá gnoithe na gcustam idir chamáin arís, cluinim, i.e. cluinim go bhfuil gnoithe na gcustam faoi dhíospóireacht arís, ach gan é socair go fóill.

Cambús
Thóg siad cambús millteanach, i.e. rinne siad callán as cuimse.

Camlinn
Mionchuan beag ar loch, etc.

Camóg
Camóga cléibh, i.e. poill bheaga a bhíos i gcliabh cupla orlach faoin bhéalbhach.

Camóg ara, i.e. taobh an chinn os cionn chnámh an ghéill.

Can
Is iomaí focal a chanfar air sin, i.e. dhéanfar cuid mhór cainte air.

Tá sin canta, i.e. is fada ráite é go bhfuil sin amhlaidh.

Canach
Planda a fhásas fá shléibhte. Bíonn bláth geal bán mar a bheadh olann mhín ann air.

Canna
Tá Séamas ar na cannaí, i.e. tá Séamas ar meisce.

Canúint
Is iomaí smaointiú a thig in intinn duine nach mbíonn dul aige canúint a chur air, i.e. bíonn a lán smaointe in intinn duine nach dtig leis a nochtadh nó a míniú do dhaoine eile.

Caoin
Chaoin Máire uisce a cinn, i.e. chaoin Máire a seansáith.

Caolaigh
'Is mór a chaolaigh an gasúr sin.' Déarfaí sin le gasúr nó le girseach a bheadh ag éirí ard agus caol.

Caor
D'imigh sé mar a bheadh caor thine

ann, i.e. d'imigh sé mar a beadh splanc soilse ann.

Tá caorthacha farraige ann, i.e. tá tréan farraige móire ann.

Caorán

Leadhb de thalamh dhomasaí ina luí bán agus gan ag fás air ach fraoch agus féar garbh.

Capall

'Capall' a bheirtear ar láir i dTír Chonaill.

Cár

Ní fhéadann siad a bheith olc do Dhónall nó is é a choinnigh an cár iontu, i.e. is é Dónall a choinnigh beo iad, a choinnigh airgead nó bia leo.

Tá an fharraige ina cár gheal, i.e. tá an fharraige tógtha go maith agus na tonnta ag briseadh uirthi.

Tá mo chár ag greadadh ar a chéile leis an fhuacht, i.e. tá mo chuid fiacal uachtarach agus mo chuid fiacal íochtarach ag bualadh ar a chéile ar mhéad agus atá mé ar crith leis an fhuacht.

Bhí Mánas ag gearradh a cháir ar mhéad agus a bhí de chorraí air, i.e. bhí sé ag brú a chuid fiacal ar a chéile.

Chuir sé cár air féin, i.e. chuir sé cuma mhíshásta ar a aghaidh.

Cardáil

Spíonadh olla le cardaí a mbíonn spíonta orthu.

Is iomaí cardáil a rinneadh ar an scéal sin, i.e. is iomaí díospóireacht a rinneadh air.

Carghas

An bhfuil tú ag déanamh an Charghais ar an tobaca? i.e. ar stad tú de chaitheamh tobaca as siocair an Carghas a bheith ann?

Cársán

An glór mar a bheadh feadalach bheag ann a bhíos i nduine a mbíonn gearranáil air de ghnáth.

Cart

Bhí tuile mhór san abhainn agus chart sí léi ar casadh ina bealach, i.e. scuab sí léi iad.

D'fhág siad Seán in áit a charta, i.e. d'fhág siad é san áit a dtáinig an t-anás air agus ní thug siad cuidiú ar bith dó.

Cas

Dá gcastaí Séamas anseo cad é an greann a bheadh againn! i.e. dá seoltaí Séamas go dtí an áit seo nach againn a bheadh an greann!

Dá gcastaí dornán airgid ag duine is iomaí rud a thiocfadh leis a dhéanamh, i.e. dá mbeadh sé d'ádh ar dhuine airgead a bheith aige thiocfadh leis corr-rud a dhéanamh nach dtiocfadh leis a dhéanamh gan é.

Nach mairg nár casadh mo chóta mór liom, i.e. nach trua nach raibh sé d'ádh orm mo chóta mór a bheith liom.

Cás

Thit Pádraig den rothar agus dá mbeadh sé ina mhuinín sin níor chás é, ach ní raibh nó ghortaigh sé a chos, i.e. mura n-éiríodh dó ach titim den rothar ní bheadh an scéal chomh holc.

Casla

Mionchuan beag.

Cat

'Níor chríonna an cat ná an coimhéadaí.' Déarfaí sin nuair a dhéanfadh duine coimhéad chomh maith sin agus nach n-éireodh leis an té a bheadh ag iarraidh breith air nó bob a bhualadh air.

Bhainfeadh sin gáire as cat, i.e. tá sin chomh greannmhar agus go ndéanfadh cat féin gáire faoi.

Catach
Duine catach, i.e. duine a mbíonn gruaig chasta air.

Ceachartha
Is í Máire atá ceachartha. Goilleann sé uirthi luach leathphingine a thabhairt uaithi.

Cead
'Is iontach go bhfuair tú cead ó do mhuintir sin a dhéanamh.' 'Níor chuir mé ina gcead é,' i.e. níor iarr mé cead orthu.

A chead agat sin a dhéanamh, i.e. féadann tú, ba cheart duit, sin a dhéanamh.

'Tá na gasúraí ag troid.' 'A chead acu. Ní dhéanfaidh siad mórán dochair dá chéile.'

'I gcead dá chóta,' a deirtear nuair a bhítear ag caint ar shagart, go háirithe nuair a bhítear ag fáil loicht air. Is ionann é agus a rá nach le heasurraim ar bith atáthar ag caint air.

Ceadaithe
Níor cheadaithe liom ar a bhfaca mé riamh fearg a chur air, i.e. b'fhearr liom a bhfaca mé riamh a chailleadh ná fearg a chur air.

Céadéaga
Ná habair sin le Micheál nó cuirfidh tú sna céadéaga é, i.e. cuirfidh tú ar leathmhire é.

Ceal
Níor chuir mise ceal ar bith san airgead, i.e. níor chaith mé, nó níor choinnigh mé agam féin, cuid ar bith den airgead.

Céalacan
'Na céalannaí' a deirtear.

Ar na céalannaí ba cheart an stuif sin a chaitheamh, i.e. ar maidin sula n-itheadh duine bia ar bith ba cheart dó é a chaitheamh.

Ceamach
Ceamach de dhuine, i.e. duine tuatúil neamhintleachtach.

Ceann
Chuaigh siad i gceann oibre, i.e. thoisigh siad a dh'obair.

Tá Seosamh i gceann a phinn arís, i.e. tá Seosamh ar obair ag scríobh arís.

Ní thiocfadh leat stiúir a chur ar an scaoth páistí sin gan a bheith i gceann bata orthu, i.e. ní thiocfadh leat iad a choinneáil suaimhneach gan bata a bheith agat agus tú ag baint úsáide as corruair.

Cé a chuirfeas ceann ar an phaidrín? i.e. cé a chuirfeas tús ar an phaidrín agus a déarfas na hurnaithe a deirtear ina dhiaidh?

Ní thig Pádraig anseo ach uair i gceann na míosa, i.e. ní thig sé ach uair sa mhí.

Shílfeá gur stócach óg i gceann a chúig bliana déag é, i.e. shílfeá nach bhfuil sé ach cúig bliana déag d'aois.

Bhí cupla céad duine i láthair, ar an cheann chaol de, i.e. bhí cupla céad ann mura raibh níos mó ann.

B'fhéidir go raibh dhá chéad go leith ann ach má bhí is é an ceann amuigh de é, i.e. b'fhéidir go raibh dhá chéad go leith ann ach is cinnte nach raibh níos mó ná sin ann.

Bíonn Eoghan amuigh agus a dhá cheann i dtalamh ó mhaidin go hoíche, i.e. ní stadann Eoghan ach ag obair amuigh.

Fuair na príosúnaigh a gceann, i.e. tugadh cead a gcinn dóibh. (Deirtear fosta 'fuair siad a gceann leo' agus 'ligeadh a gceann leo'.)

Ceann urra an tí, i.e. fear an tí nó cibé duine a ghníos a ionad.

Ceann feadhain na n-óglach, i.e. ceannfort na n-óglach.

Tá Donnchadh ina cheann mhaith mná, i.e. tá Donnchadh go maith dá bhean.

Dúirt Séamas nár cuireadh suas ceann confach roimhe i dteach ar bith nuair a bhí sé ar a sheachnadh, i.e. dúirt Séamas nár mhothaigh sé aon duine ag doicheall roimhe nuair a bhí sé ar a sheachnadh.

Thóg na gasúraí eile ceann corr do Niall, i.e. bhíodh na gasúraí eile i gcónaí ag gabháil dó, sáite as, ag magadh air, etc.

Chuir sé an cupa ar a cheann ach ní raibh sé ábalta a raibh ann a ól an chéad uair agus b'éigean dó a ghabháil ina cheann athuair, i.e. chuir sé an cupa lena bhéal ach ní tháinig leis a raibh ann a ól gan stad agus b'éigean dó toiseacht air uair eile.

Ceann na láimhe, i.e. an áit a dtig an sciathán agus an lámh go dtí a chéile — caol na láimhe.

Ceann tuí, i.e. cumhdach tuí ar theach. Teach ceann tuí.

Ceann sclátaí, i.e. cumhdach sclátaí ar theach.

Ceannaigh
Is daor a cheannaigh siad an siúl sin, i.e. chuaigh siad amach a dhéanamh pléisiúir ach tháinig an fhearthainn nó mí-ádh inteacht eile orthu agus níor mhó an só ná an t-anró.

Rud ar bith a ghní duine agus a mbíonn sé thíos leis, deirtear gur daor a cheannaíos sé é.

Ceannascach
Duine ceannascach, i.e. duine neamhchotúil dána tugtha don mháistreacht.

Ceannbheart
Hata, bearád, etc.

Ceannchosach
Nach ramhar an cheannchosach atá ar Thadhg, i.e. nach é Tadhg atá ramhar fá cheann na coise, thart fán mhurnán.

Ceannóga
Na sifíní a bheadh scaipthe ar chuibhreann coirce i ndiaidh an coirce a bhaint agus a thógáil.

Ceanrachán
Ceanrachán eallaigh, i.e. eallach beag bocht.

Bheirtear ceanrachán ar dhuine nach mbíonn dóigh rómhaith air fosta. (Is dócha gur as 'ceanrach' (sórt sriain) a tháinig an focal agus nach raibh ciall chomh dímheasúil sin leis ó thús.)

Ceansú
Níl muintir an stócaigh sin ábalta ceansú ar bith a bhaint as, i.e. ní thig leo stiúir ar bith a chur air, tá sé chomh dalba domhúinte sin.

Cearc
Is trom cearc i bhfad, i.e. ghoillfeadh meáchan circe féin ar dhuine dá n-iompródh sé i bhfad í.

Bhí sé ag gabháil thart mar a bheadh cearc ghoir ann, i.e. bhí sé ag gabháil thart leis agus cuma mhíshuaimhneach air.

Deirtear le duine neamhbhuartha nach bhfuil 'a dhath ag cur bhuartha air ach oiread leis na cearca'.

Ag cur cosa crainn faoi na cearca, i.e. ag déanamh scéimeanna móra gan gléas ar bith lena gcur i ngníomh.

Cearmansaíocht
Chuaigh Diarmaid chun cearmansaíochta orainn, i.e. chuaigh sé a dhéanamh achan rud

nár mhaith linn é a dhéanamh.

Cearr
Tá cearr bheag ar an fhear sin, i.e. tá easpa bheag céille air.

Ceart
Ba é mo cheart gan dearmad a dhéanamh de Phádraig, i.e. bhí Pádraig go maith domh agus ba náireach an mhaise domh dearmad a dhéanamh de nó leithcheal a dhéanamh air.

Níl aon duine ag an fhear bhocht le ceart a sheasamh dó, i.e. níl duine ar bith aige lena chosaint ar éagóir.

An ceart choíche a thabhairt do Shéamas, ní raibh sé riamh truaillithe, i.e. má bheirtear a cheart dó, má instear an fhírinne air, ní bheifear ábalta a rá go raibh sé truaillithe.

Ceart Eaglaise, i.e. an cháin a thógtaí don Eaglais Bhunaithe (Eaglais na hÉireann).

Ba cheart do Shéamas a rá nárbh eisean a rinne é, i.e. de réir an scéil a chuala mé dúirt Séamas nárbh é a rinne é.

Cearthaí
Tháinig cearthaí mhór ar Aodh nuair ab éigean dó labhairt os coinne an oiread sin daoine, i.e. chuaigh sé fríd a chéile sa dóigh nach raibh a fhios aige cad é a bhí sé a dhéanamh.

Labhair sé fríd chearthaí, i.e. bhí cearthaí air agus é ag labhairt.

Ceasaí
Cineál de dhroichead ar shruthán nó ar dhíog.

Chuaigh Mánas cineál beag thar an cheasaí, i.e. rinne sé rud inteacht nach raibh go díreach indéanta aige nó dúirt sé rud inteacht nach raibh inráite.

Céasla
Rámha gairid a mbíonn bos leathan air agus a bhíos ag fear curaigh.

Céaslóireacht
Ag tiomáint curaigh le céasla.

Ceathrú
Caith chugainn cupla ceathrú, i.e. abair cupla ceathrú d'amhrán.

Ar ceathrúin, i.e. ar lóistín.

Lig do rámha le ceathrú, i.e. tóg isteach do rámha agus fág ina luí le taobh an bháid é.

Ceilt
Níl mórán ceilte ar Eoghan, i.e. is beag rud nach bhfuil eolas ag Eoghan air.

Níl ceilt a dhath ar bith i bPeadar, i.e. ní thig le Peadar rún a dhéanamh ar a dhath ar bith.

D'fhéad siad a ngreann a cheilt ar an duine bhocht, i.e. d'fhéad siad gan a bheith ag déanamh grinn de nó ag magadh air.

Ceirteach
Cuir ort do cheirteach, i.e. cuir ort do chuid éadaigh.

Ceirtlín
Ceirtlín cháil, i.e. an méid cáil a bhíos ar ghas amháin.

Ceirtlín rópa nó snátha, i.e. rópa nó snáth casta thart ar a chéile sa dóigh a mbíonn sé ina liathróid Rinneadh ceirtlín de Mhánas, i.e. fuair Mánas buille, nó tháinig rud inteacht eile air, a d'fhág ina luí ina chnap gan mhothú é.

Ceo
Cuireadh an tóir ar na péas le ceo cloch, i.e. caitheadh an oiread sin cloch orthu gurbh éigean dóibh teitheadh.

Ceo bruithne, i.e. ceo a thig le haimsir the.

Ceobháisteach
Fearthainn éadrom mar a bheadh ceo ann.

Ceobhrán
Fearthainn bhog éadrom.

Cha
Is ionann 'cha' nó 'chan' agus 'ní' ach amháin nach leanann an aimsir fháistineach iad. 'Cha chuireann', 'chan ólann' a deirtear in ionad 'ní chuirfidh', 'ní ólfaidh'. Is ionann 'char' agus 'níor'.

Chomh
Tá Séamas ar fhear chomh fada coiscéim agus a chonaic mé riamh, i.e. bheir sé coiscéim chomh fada agus a chonaic mé fear ar bith riamh a dhéanamh.

Tá sé chomh haigeantach le meannán gabhair.

Chomh hainniseach leis an deoir.

Chomh haingiallta le beathach capaill.

Chomh haosta leis an cheo.

Chomh hard le binn an tí.

Chomh hata le bulla.

Chomh balbh le smután maide.

Chomh bán leis an tsneachta.

Chomh beag le dreoilín, le míoltóg.

Chomh bealaithe le him.

Chomh beannaithe le naomh.

Chomh bearnach le smután.

Chomh beo le heasóg.

Chomh binn leis na cuacha.

Chomh bithiúnta le cat.

Chomh bocht leis an deoir.

Chomh bodhar le cloch.

Chomh bog le brúitín.

Chomh bradach le cat.

Chomh bréagach le Graibín.

Chomh bréan le madadh.

Chomh bródúil le cat a mbeadh dhá ruball air.

Chomh buí le hór, le cois lacha.

Chomh caoch le bonn mo bhróige.

Chomh caol le slat, le snáthaid gan chró, le cú.

Chomh casta le hadharc reithe, le rópa.

Chomh cinnte is atá tú beo, is atá púdar i nDoire.

Chomh ciúin le tobar.

Chomh cnaptha le gráinneog fhéir.

Chomh colgach le cearc ghoir.

Chomh confach le peata seabhaic, le mac tíre, le mala easóg.

Chomh corr le corr móna.

Chomh corrach le curach.

Chomh cothrom le clár.

Chomh creapalta le seanchailleach.

Chomh críon le seang.

Chomh críonna le madadh rua.

Chomh crua le cloch.

Chomh cruinn le gráinneog fhéir.

Chomh cumtha le huibh.

Chomh daingean le bun crainn.

Chomh dall le bonn do bhróige.

Chomh dána le heasóg.

Chomh dearg le fuil, leis an tine, le rós.

Chomh deileoir (dearóil) le héan i mbarrach.

Chomh díreach le feagh.

Chomh domhain leis an fharraige.

Chomh dorcha le tóin an phoill.

Chomh druidte leis an bhalla, le cloch.

Chomh dubh le sméar, leis an bhac, leis an tsúiche.

Chomh héadrom le cleite.

Chomh héascaí leis na meannáin.

Chomh fada le lá samhraidh.

Chomh fairsing le féar, le móin.

Chomh falsa leis an mhadadh.

Chomh fíor leis an tsoiscéal.

Chomh folamh le fideog.

Chomh folláin le fia, le breac.

Chomh fuar leis an tsioc.

Chomh gann le mil.

Chomh gasta le giorria.

Chomh geal leis an tsneachta, le línéadach.

Chomh géar le snáthaid, le scian.

Chomh glan le fíoruisce.

Chomh glas le cuileann.

Chomh goirt leis an tsáile, le salann.

Chomh gorm le mála goirm, le smál.

Chomh greamaithe le bairneach ar chreig.

Chomh hionraice leis an ghrian, leis an ghealach.

Chomh hiontach leis an tsneachta dhearg.

Chomh híseal leis an tsalachar atá ar bhonn do bhróige.

Chomh lag le héan i mbarrach.

Chomh láidir le Cú Chulainn, le bun crainn, le beathach capaill.

Chomh lán leis an fharraige.

Chomh liath leis an iolar.

Chomh líonta le frog fómhair.

Chomh lom le hurlár an tí.

Chomh luathintinneach leis an ghaoth Mhárta.

Chomh maol leis an tuairnín.

Chomh marbh leis an tsioc.

Chomh meidhreach le puisín cait.

Chomh milis le mil.

Chomh mín le síoda.

Chomh mion le tobaca, le plúr, le luaith.

Chomh mór le cnoc, leis an Eargail.

Chomh namhadach le heascann nimhe.

Chomh hólta le píobaire.

Chomh ramhar le broc, le ministir.

Chomh righin le gad.

Chomh rógánta le madadh rua.

Chomh sean leis na cnoic, leis an cheo.

Chomh searbh le caorthainn.

Chomh sleamhain le ruball eascainn, le gloine.

Chomh tacúil le carraig.

Chomh tanaí le béal scine.

Chomh te leis an tine, le hiarann dearg.

Chomh teann le téad fidile.

Chomh tirim le púdar.

Chomh huaigneach leis an chill.

Chuig

Chugainn soir tigh Shéimí, i.e. bí liom soir tigh Shéimí.

Chugat! i.e. fág an bealach.

Cad chuige a bhfuiltear de sinn? i.e. cad é an úsáid atá leis?

'Bhí Sean do do iarraidh.' 'Cad chuige a raibh sé díom?' i.e. cad é an gnoithe a bhí aige liom?

Cad chuige a mbeifí díot mura mbeifeá ag obair? i.e. cad é an úsáid a bheadh leat mura mbeifeá ag obair?

Thóg Niall an focal chuige féin, i.e. shíl sé gur air féin a bhíothas ag caint.

Níor chuir mé chucu nó uathu, i.e. níor bhain mé leo ar chor ar bith.

Ní chuirim chuige nó uaidh, i.e. ní bhuairim mo cheann leis ar chor ar bith.

'Bhí Eoghan ina shuí roimh a cúig a chlog ar maidin.' 'An raibh? Muise, is maith chuige é!' i.e. b'annamh nach mbíodh sé ina shuí go luath. Mochóirí maith Eoghan.

Ciafart
Ná déan ciafart den leanbh, i.e. na bí ag gabháil dó, ag déanamh amadáin de.

Ciall
Cad é is ciall dó sin? i.e. cad é is brí nó is fáth dó.

Níl ciall agam dá leithéid sin, i.e. ní thuigim a leithéid sin ar chor ar bith.

Tá Seoirse ag titim ar a chiall, i.e. tá Seoirse ag éirí níos críonna. Tá sé ag fágáil na hamaidí ina dhiaidh.

Beir ar do chiall, i.e. coinnigh stiúir ort féin agus ná bíodh fearg ort.

Chuirfeadh siad do chiall ar do mhuin duit, i.e. chuirfeadh siad thú sa dóigh nach mbeadh a fhios agat cad é a bheifeá a dhéanamh.

Tá an máistir i mbarr a chéille ag na páistí, i.e. tá na páistí chomh místiúrtha agus go bhfuil an chiall chóir a bheith caillte ag an mháistir leo.

Ná tabhair do chiall i gceann chiall an pháiste, i.e. ná glac corraí leis an pháiste. Tá sé óg agus níl sé chomh céillí leatsa.

Tá Pádraig ar chiall na bpáistí, i.e. tá Pádraig chomh hamaideach nó chomh soineanta leis na páistí. Tá sé féin agus iad féin ar aon chiall amháin.

Tá Pádraig sa chiall is aigeantaí ag Caitlín, i.e. tá grá mór aige uirthi agus é chomh tógtha dá thairbhe sin is nach bhfuil a fhios aige cad é tá sé a dhéanamh.

Cian
Tógann tamall comhrá cian de dhuine, i.e. tógann tamall comhrá an buaireamh d'intinn duine agus cuireann sé an t-am thart go pléisiúrtha dó.

Ní fhaca mé leis na cianta thú, i.e. le tamall fada.

Cianach
Bhí an leanbh iontach cianach aréir, i.e. bhí se ag criongán go míshuaimhneach.

Ciapóga
Cad é na ciapóga a tháinig ort nuair a chuaigh tú ar seachrán? i.e. cad é an draíocht a tháinig ort?

Cine
Fear do chine, i.e. fear arb ionann sloinne dó féin agus duitse.

'Shílfeá nach raibh aon duine bocht ar a chine,' a déarfaí le duine a bheadh an-sásta de rud inteacht a fuair sé agus an-bhródúil as.

Cineál
Is é seo an t-ainm a bheirtear ar bhia nó ar dheoch níos fearr ná an rud coitianta. Bíonn 'cineálacha' ann oíche chinn féile nach mbíonn ann de ghnáth. 'Is é a bhfuil de chineál againn é,' a deir duine a bhíos ag tabhairt toit den phíopa, nó rud mar sin, do dhuine eile.

Cíocras
Chuir boladh an bhia cíocras orainn, i.e. tháinig ocras orainn nuair a mhothaíomar boladh an bhia.

Cion láimhe
An ceathrú cuid de lasta báid bhig.

Ciontaí
Níor mhaith liom a bheith i mo chiontaí le duine ar bith a chur a dh'ól, i.e. níor mhaith liom a bheith ciontach ina leithéid.

Ciotach
Duine ciotach, i.e. duine ar fusa dó obair a dhéanamh lena láimh chlé ná lena láimh dheis.

Nach ciotach a rinneadh an obair sin! i.e. nach olc a rinneadh í!

Ciotóg
An lámh chlé.

Cith
Aon chith amháin a fhliuch uilig iad, i.e. an locht atá ar dhuine acu, nó an dóigh atá aige, tá sé acu uilig.

Cithréim
Duine nach mbíonn lúth na gcos, na lámh, nó rud ar bith mar sin aige, bíonn cithréim air. 'Duine cithréimeach' a bheirtear ar dhuine nach mbíonn air ach leathlámh, leathchos, etc.

Ciumhais
Ciumhais bhlaincéid, i.e. brat amháin de bhlaincéad.

Ciúnas
Tá sé ag titim chun ciúnais, i.e. tá an aimsir ag éirí ciúin i ndiaidh na doininne.

Clab
Béal mór.

Druid do chlab! i.e. druid do bhéal!

Clabach
Clabach go leor atá an fharraige inniu, i.e. leathgharbh go leor atá sí.

Claitseach
Duine gan uchtach nó misneach.

Clamhairt
Bíonn siad ag clamhairt ar a chéile ar fad, i.e. bíonn siad i gcónaí ag bruíon le chéile.

Clamhsán
Stad den chlamhsán am inteacht, i.e. stad den ghearán agus den éileamh.

Claochlaitheach
Aimsir chlaochlaitheach, i.e. aimsir a bhíos ag athrach go minic.

Claochlú
Tá claochlú air, i.e. tá an aimsir ag athrach.

Claon
Tá sé claon beag ró-ard, i.e. tá rud beag de bharraíocht airde ann.

Clár
'D'fhág mé an clár is an fhoireann acu,' a déarfadh duine a ghlan a lámha amach as gnoithe inteacht ainneoin go mb'fhéidir go gcaillfeadh sé rud inteacht le linn sin a dhéanamh.

Dúirt sé amach os coinne cláir é, i.e. dúirt sé os coinne nó i láthair achan duine é.

Clárfhiacail
Na clárfhiacla, i.e. na fiacla leathana tosaigh sa chár uachtarach.

Clasach
Dheamhan deoir de a théid ar chlasaigh d'anála, i.e. ní rachaidh deoir de síos i do scornach. Ní bhfaighidh tú deoir ar bith le hól.

Cleacht
Ní hé sin an rud a chleacht Séamas, i.e. dóigh úr ag Séamas an dóigh sin.

Níor chleacht Pádraig a athrach, i.e. is í an dóigh sin agus ní dóigh ar bith eile a bhí aige, nó air, riamh.

Cleaicín
Scaifte beag daoine.

Cleas
Tá cleas sa mhóin, i.e. tá dóigh ar leith (an dóigh cheart) ann le móin a thiontú, a ghróigeadh, etc. (Ní bhíonn an cleas ag aineolaí.)

Cléir cháinte
'Is sibh an chléir cháinte!' Déarfaí sin le daoine a bheadh ag cáineadh daoine eile go mór.

Cleite
Níor baineadh cleite as Peadar, i.e. fuair Peadar a cheann leis. Ní dhearnadh a dhath air.

Cleiteáil
Déanamh stocaí, etc.

Cleitire
Duine beag éadrom.

Cliabhrach
Uachtar na colainne. An chuid den cholainn ina bhfuil na scamháin, an croí, etc.

Clibín
Moll tithe, bádaí, etc.

Bhí na bádaí uilig ina gclibín amháin, i.e. bhí siad uilig cruinn i gcuideachta a chéile.

Climreadh
An chuid dheireanach den bhleánach. An bainne a thig nuair a bhíos an bhó chóir a bheith blite.

Cliobóg
Capall (láir) óg.

Clis
Chlis sé amach as a chodladh, i.e. mhuscail sé de léim.

Bhain tú cliseadh asam, i.e. tháinig tú orm chomh tobann sin agus gur bhain tú léim asam.

Clismearnach
Is ionann 'ag clismearnaigh' agus 'ag cliseadh'.

Cloch
Bhainfeadh sé deoir as cloch, i.e. chuirfeadh sé cloch féin a chaoineadh.

Cloigeann
Bhí siad seacht gcloigne, aon chloigeann déag, fiche cloigeann, ann, i.e. seachtar, aon duine dhéag, fiche duine, a bhí ann.

Trí nó ceathair de chloigne fear, i.e. triúr nó ceathrar fear.

Clóigh
Ba doiligh lacha fhiáin a chló, i.e. ba doiligh tabhairt uirthi fanacht fá bhaile mar a dhéanfadh lacha eile.

Ní bheifí i bhfad do do chlósa leis an áit seo, i.e. ba ghairid go mbeifeása mar dhuine de mhuintir na háite.

Cloíte
Nach cloíte an mhaise dó é! i.e. nach é atá mífhearúil truaillithe agus a leithéid sin de rud a dhéanamh!

Níl aon bhall cloíte ina chorp, i.e. fear fearúil é. Ní ligfeadh a nádúr dó gan a bheith fearúil.

Clú
Is mór an clú duit a leithéid de obair a dhéanamh, i.e. is inmholta an obair a rinne tú agus is cóir do mholadh ar a son.

Cuirfidh Dónall a gclú leo, i.e. bhéarfaidh Dónall le hinse cad é an cineál daoine iad.

Nuair a chailleas duine a chlú caillidh sé a náire, i.e. nuair a ghníos duine rud dínáireach ní bhíonn a oiread ciall do náire fágtha aige ina dhiaidh.

Cluas
Thug an fear mór lán na gcluas dúinn, i.e. gheall an fear mór siúd agus seo dúinn. Chuir sé de go plásánta sinn.

Líon sé na cluasa againn, i.e. thug sé lán na gcluas dúinn.

Ní thug mé cluas róghéar don scéal, i.e. ní thug mé éisteacht rómhaith dó.

Ba cheart duit a leithéid sin a ligean thar do chluais, i.e. níor cheart duit suim ar bith a chur ann.

Lig mé an scéal isteach ar chluais agus amach ar chluais, i.e. rinne mé neamhiontas den scéal.

Cluimhreach
Cleiteacha.

Dá bhfeicfeá an ceo cluimhrí a d'éirigh in airde nuair a bhí na héanacha ag troid!

Leaba chluimhrí.

Cluimhrigh
Duine a bheadh ag cur neart éadaigh air féin sula dtéadh sé amach déarfaí go mbeadh sé 'a chluimhriú féin suas go maith'.

Clupaid
Cineál de roic an áit a mbeadh éadach fillte ar a chéile.

'Dhóbair go mbeadh an teach leis ina chlupaidí.' Déarfaí sin le duine a bhéarfadh ruaig ghasta amach gan amharc cad é a bhí sa chosán aige.

Cnádán
Cineál de luibh ar ghnách leis na páistí a bláth a chaitheamh ar a chéile gheall ar é a ghabháil i bhfostú i ngruaig a chéile.

Níl ann ach cnádán de dhuine, i.e. níl ann ach duine nach stadann ach ag gearán fá rudaí beaga neamhshuimiúla.

Cnag
An liathróid a bhíos ag lucht iomána.

Cnap
Tá an leanbh ina chnap chodlata, i.e. tá an leanbh marbh ina chodladh.

Thit an duine bocht ina chnap, i.e. thit sé maol marbh, gan mhothú.

'Bhí Séamas riamh tugtha don ólachán agus thug an duine bocht cnap dá chionn.' Déarfaí sin dá mbainfeadh taisme ar bith do Shéamas as siocair an ólacháin.

Cnapánach
Bhí saol beag cnapánach ag Donnchadh, i.e. saol garbh go leor.

Cnaptha
Duine cnaptha, i.e. duine a bheadh cruinn isteach ar a chéile mar a bheadh cruit air.

Cneá
B'fhada ón chneá an ceirín, i.e. an leigheas nó an cuidiú a bhí de dhíobháil ní raibh sé ar fáil de chóir baile.

Cnoc
Dá gcuirinn an cnoc beag i mullach an chnoic mhóir ní bheadh buíochas ar bith orm, i.e. ba chuma cad é a dhéanfainn ní bhfaighinn buíochas ar bith ar a shon.

Cnuasach
Tá muid ag gabháil isteach chun an oileáin a dhéanamh cnuasaigh, i.e. ag gabháil a chruinniú creathnaí (sórt duilisc), bairneach, faochóg, etc.

Cógas
Níl dochar i mbraon uisce bheatha a ól mar chógaisí, i.e. mar leigheas.

Coigeal
Ní fhéadann siad a bheith ag dúil le mise a ghabháil a chuidiú leo. Is é an dual is faide siar ar mo choigeal é, i.e. is é an rud deireanach a smaointeoinn air.

Coigil
Nár choiglí an Rí thú, i.e. stróic leat! Is cuma liom cad é a dhéanfaidh tú.

Ar choigil tú an tine? i.e. ar chuir tú bail uirthi sa dóigh a mbeadh sí beo go maidin?

Coigríoch
Is fada Séamas ar an choigríoch, i.e. is fada amuigh as a thír féin é.

Coill
Dá dtiteadh crann sa choill is ormsa a d'fhágfaí é, i.e. ba chuma cad é an drochrud a dhéanfaí déarfaí gur mise a rinne é.

Dá dtiteadh crann sa choill is ar Phádraig a thitfeadh sé, i.e. dá dtaradh mífhortún ar dhuine ar bith is ar Phádraig ba dóichí é a theacht.

Dá mbristí coill ar Eoghan ní

rachadh sé chun na scoile, i.e. ní rachadh sé chun na scoile ba chuma cad é an bualadh a dhéanfaí air.

Coim
Tháinig sé chun an bhaile le coim na hoíche, i.e. nuair a bhí sé ag éirí dorcha.

Tháinig siad faoi choim na hoíche, i.e. tháinig siad san oíche nuair nach bhfeicfí iad.

Rinneadh an obair sin faoi choim, i.e. rinneadh gan fhios nó faoi rún í.

Coimhéad
Chuaigh na stiléirí soir in áit a ghabháil siar agus chuir sin na péas thar a gcoimhéad, i.e. shíl na péas gur siar a rachadh na stiléirí agus, mar sin de, baineadh mealladh astu.

Baineann coimhéad maith an ceann den tubaiste, i.e. an té a bhíos réidh fá choinne na tubaiste ní ghoilleann sí air chomh mór agus dá dtigeadh sí go tobann air.

Bhí mé ag coimhéad ort, i.e. ag amharc ort.

Coimhlint
Bhí siad ag coimhlint le chéile, i.e. ag féacháil cé acu ba ghaiste.

Coimhthíoch
Strainséir.

Tá an duine bocht i lúb na gcoimhthíoch anois, i.e. tá sé i bhfad ó bhaile i measc na strainséirí.

Coimhthíos
Ní maith le muintir Thír Chonaill tú coimhthíos ar bith a dhéanamh leo, i.e. ní maith leo tú strainséir a dhéanamh díot féin leo.

Coimpléasc
An nádúr dó féin atá ag gach duine de thairbhe sláinte agus urra.

Coimrí
(Fá) choimrí Dé libh, i.e. go dtuga Dia slán go bun bhur gcúrsa sibh.

'Choimrí Dé thú!' Deirtear sin le duine nuair a ghní sé rud nach samhlófá d'aon duine ach dó féin.

Coincleach
An fhéasóg ghorm a d'fhásfadh ar arán, etc. nuair a d'fhágfaí i bhfad in áit thais é.

Coinleach
An chuid den choirce a fhágann an speal sa talamh ina diaidh.

'Dá bhfeicfeá an coinleach féasóige a bhí air!' Déarfaí sin le fear a bheadh coicís nó mar sin gan an fhéasóg a bhaint de.

Gealach na gcoinleach, i.e. gealach an fhómhair.

Coinneal
Ní choinneodh Niall coinneal do Mhánas ag obair, ag caint, etc., i.e. ba bhocht Niall ag obair, etc. le taobh Mhánais.

Bhí coinnle ar shúile Shéamais, i.e. bhí lasadh ina chuid súl le tréan feirge, lúcháire, etc.

Ba é an chológ ar an choinneal é, i.e. ba daor amach é. Níor chonradh ar bith é.

Coinnigh
Is doiligh bróga, éadach, etc. a choinneáil leis na páistí, i.e. an méid bróg, etc. a bhíos de dhíth ar na páistí, is doiligh a soláthar dóibh.

Coinneoidh an cupla scilling sin tobaca leat go ceann seachtaine, i.e. ceannóidh siad a oiread tobaca agus a bheas de dhíth ort go ceann seachtaine.

Cointinneach
Duine cointinneach, i.e. duine a bheadh i gcónaí ag cur in éadan daoine eile.

Coir
Níl coir ar bith sa bhuachaill sin, i.e. níl urchóid ar bith ann.

Duine gan choir, i.e. duine gan urchóid.

Níl coir ar an scéal sin, i.e. scéal maith go leor é.

'Cad é do bharúil de sin?' 'Níl coir air,' i.e. tá sé maith go leor.

Cóir[1]
Beidh an chóir leat siar, i.e. beidh an ghaoth leat siar.

Is maith an chóir an ciúnas, i.e. is fearr an ciúnas ná barraíocht córach (gaoithe).

'Fear cneasta Feilimí.' 'Muise, is leis ba chóir a rá,' i.e. is é sin an t-ainm ceart ar Fheilimí.

Nár chóir go dtiocfá ar cuairt chugainn? i.e. ba cheart duit a theacht.

Cóir[2]
De chóir an tí, i.e. cóngarach don teach.

De mo chóir, do chóir, etc. i.e. cóngarach domh, duit, etc.

Tá an fhearthainn chóir a bheith thart, i.e. is beag nach bhfuil an fhearthainn thart.

Cóirigh
Nach fada atá tú do do chóiriú féin, i.e. nach mór an méid ama atá tú a chaitheamh do do dhéanamh féin réidh.

Cé a chóirigh na bróga duit? i.e. cé a chuir dóigh ar na bróga?

Shíl mé go raibh siad sin ó cheap agus ó chóiriú, i.e. shíl mé go raibh siad a fhad techníd is nárbh fhéidir iad a chóiriú.

Cóireoidh Donnchadh an scéal, i.e. bhéarfaidh Donnchadh a inse féin ar an scéal.

Coirt
Tá Méabha bheag tinn. Amharc an choirt atá ar a teanga, i.e. amharc an cumhdach de stuif shalach atá ar a teanga.

Fágann tae coirt ar na soithí má fhágtar i bhfad iontu é.

Coisbheart
Éide na gcos, i.e. stocaí, bróga.

Coiscéim
Thug Tadhg iarraidh de bhuille orm agus theann mé coiscéim ar leataobh, i.e. thug mé coiscéim i leataobh leis an bhuille a sheachaint.

Coiscéim coiligh, i.e. spás nó seal an-ghairid ama.

Coiscreach
Féar fada garbh a fhásas fá imeall locha.

Coiscriú
Níor mhaith liom coiscriú a chur fúthu fán am seo de oíche, i.e. níor mhaith liom iad a chur ina suí, iad a chur thar a ndóigh.

Ní dhearn mé tormán ar bith leisc coiscriú a chur faoin té a bhí ina luí tinn, i.e. ar eagla go gcuirfinn fríd a chéile é.

Colm
Tá an colm (na coilmneacha) air san áit ar gearradh é, i.e. lorg na cneá.

Comaoin
Níorbh é mo chomaoin é gan cuidiú le Pádraig, i.e. níor cheart domh gan cuidiú leis nó ní bhíodh seisean gan cuidiú liomsa. (Déarfaí fosta 'b'olc mo chomaoin gan cuidiú leis.')

Thug mé comaoin Aifrinn don tsagart, i.e. thug mé ofráil airgid don tsagart agus d'iarr mé air Aifreann a léamh domh.

Comhairle
Déan do chomhairle féin, i.e. déan do thoil féin.

Is í do chomhairle féin is lú a chuirfeas corraí ort, i.e. is mó an sásamh a bhainfeas tú as do thoil féin a dhéanamh ná toil nó comhairle aon duine eile.

Tá Micheál ar chomhairle Shéamais, i.e. ghní Micheál de réir mar a iarras Séamas air.

Tá mé idir chomhairlí, i.e. níl mé cinnte cad é an rud is fearr domh a dhéanamh.

Tá mé idir dhá chomhairle, i.e. níl mé cinnte cé acu de dhá rud áirithe is fearr domh a dhéanamh.

Comhar
Tá siad i gcomhar a chéile, i.e. tá siad ag obair as lámha a chéile.

Déan comhar linn, i.e. tabhair dúinn cuid den rud atá tú a ithe, nó glac uainn cuid dá bhfuil againn.

Comharsanacht
Thug tú comharsanacht chrua domh i dteach an phobail inniu, i.e. bhrúigh tú aniar, nó siar, mé. Níor fhág tú mórán áite agam.

Comóradh
Bhí Éamann ag imeacht agus bhí Eoin á chomóradh soir an bealach mór, i.e. bhí Eoin (duine de mhuintir an tí a raibh Éamann ar cuairt ann) ag gabháil soir an bealach mór giota le hÉamann ag cur slán leis.

Compal
Níl a leithéid de fhear fán chompal seo, i.e. fán cheantar seo.

Conablach
Tá Pádraig sa bhaile le conablach míosa, i.e. tá an chuid is mó de mhí caite sa bhaile ag Pádraig.

Cónaí
Cha deachaigh sibh fá chónaí go fóill, i.e. cha deachaigh sibh a luí go fóill.

Cónaigh
Chónaigh an t-uisce ar an ísleacht, i.e. d'fhan an t-uisce san áit íseal.

Conáil
Tá mé conáilte leis an fhuacht, i.e. tá mé an-fhuar amach.

Chonálfadh sé na corra (sórt éisc) tá sé chomh fuar sin.

Shílfeá gur caora chonála é an dóigh a raibh sé ar crith, i.e. bhí sé mar a bheadh caora a chonálfaí.

Conamar
Rinne na páistí conamar den arán, i.e. bhris siad agus mhill siad an t-arán.

Confach
Duine confach, i.e. duine míphléisiúrtha.

Confadh
Cad é an confadh atá ort? i.e. cad é an drochaoibh atá ort?

Tháinig confadh ar an lá, i.e. d'éirigh an lá doineanta.

Cóngar
Tá cóngar móna anseo agat! i.e. tá an mhóin de do chóir anseo, nó tá bealach maith go dtí an mhóin anseo agat.

Ní bheadh moill ar dhuine braon uisce bheatha a dhéanamh anseo dá mbeadh na cóngair aige, i.e. b'fhurasta do dhuine uisce beatha a dhéanamh anseo dá mbeadh stil, etc. aige.

Conlán
Dhíol Seán an talamh ar a chonlán féin, i.e. dhíol sé an talamh dá dheoin féin, gan comhairle nó ordú ó dhuine ar bith.

Chan ag obair i gcomhar a bhí siad ach achan duine ar a chonlán féin.

Bhuail Séamas mé amach as maoil a chonláin, i.e. bhuail sé mé gan mé a dhath a dhéanamh air nó gan fearg ar bith dá bhfaca mise air go dtí sin.

Connadh
Adhmad fá choinne ábhar tine.

Cual connaidh, i.e. dornán cipíní a chuirfí ar an tine.

Conróideach
Duine conróideach, i.e. duine nárbh fhurasta cur suas leis.

Cor
Dheamhan cor a chuir an t-asal de i ndiaidh ar bhuail an gasúr air, i.e. níor bhog an t-asal ar chor ar bith.

Ní tháinig cor an fhocail eatarthu riamh, i.e. níor labhair aon duine acu focal gairgeach leis an duine eile riamh.

Dúirt sé le mo bhéal féin é gan cor a chur ann, i.e. dúirt sé liom féin féin é gan a oiread le focal amháin den scéal a athrach.

Déarfaidh mé le Pádraig é agus ní chuirfidh mé cor ann, i.e. déarfaidh mise leis é gan focal ar bith de a athrach nó féacháil le cuid ar bith den ghoimh a bhaint as an scéal.

Bhí Aoidín linn chun an bhaile mhóir ach chuireamar an cor air ina dhiaidh sin, i.e. chuamar i bhfolach air nó d'imíomar ar dhóigh inteacht air i ndiaidh a ghabháil chun an bhaile mhóir dúinn.

Ná cuir cor bealaigh ar bith ort féin ar mhaithe leis, i.e. ná gabh amach as do bhealach féin ar a shon.

Bhí an droichead leagtha agus chuir sin míle de chor bealaigh orainn, i.e. b'éigean dúinn a ghabháil bealach eile a bhí míle ní b'fhaide.

Cor thuathail de dhuine, i.e. duine fada crom anásta.

'An dtug sibh cor eile?' 'Thug. Tá an eangach curtha againn.' i.e. ar chuir sibh amach an eangach?

Cora
Moll cloch ó thaobh go taobh abhna.

Coradh
Bhí barraíocht siúil leis an charr agus ní tháinig leis an coradh a thabhairt, i.e. bhí sé ag gabháil go róghasta agus sháraigh air coinneáil le coradh an bhealaigh.

Cornaigh
Cornaigh suas an rópa, i.e. cas thart ar a chéile é. Déan ceirtlín de.

Corp
Corp an duine uasail Niall, i.e. duine uasal go fíor Niall.

D'imigh sé an méid a bhí ina chorp, i.e. chomh gasta agus a tháinig leis.

D'ith an madadh an chearc idir chorp agus chleiteacha, i.e. d'ith sé uilig an tsaoil í.

Caitheadh an gasúr thar a chorp den ghearrán iarainn, i.e. caitheadh in airde den ghearrán é agus baineadh tiontú sa titim as.

Thug sé a gcorp don fhear thíos, i.e. dúirt se 'bhur gcorp don diabhal' leo.

Corr¹
Níl ach braon beag uisce sa bhairille. Tóg aniar ar a chorr é go bhfaighe tú lán an channa a bhaint as, i.e. ar imeall a thóna.

Tá an t-airgead ar a chorr ag Séamas, i.e. tá airgead i dtaisce ag Séamas, na boinn (píosaí airgid) ina seasamh i gceann a chéile aige.

Tá na saighdiúirí ar a gcorr anocht, i.e. tá rud inteacht faoi na saighdiúirí anocht. Tá cuil oibre orthu.

Corr²
Ná bí corr, i.e. ná bí éagosúil le

hachan duine eile.

Corradh
Corradh le mí go Satharn seo a chuaigh thart, i.e. dornán laetha le cois míosa go Satharn seo a chuaigh thart.

Corradh le punta, corradh agus punta, i.e. punta agus airgead briste lena chois.

Corraí
Ghlac sé corraí, i.e. tháinig fearg air.

Corrchoigilt
Bladhaire gorm a thig ar thine mhóna corruair. Deirtear gur comhartha doininne é.

Corróg
Corróg chocháin, etc. i.e. sopóg mhór.

Corróg de chailín shoineanta, i.e. cailín mór maránta.

Córtha
Tá sé chomh córtha agatsa a ghabháil chun an aonaigh leosan, i.e. tá a oiread de cheart agatsa agus atá acusan a ghabháil chun an aonaigh.

'Fuair mé cuireadh chun na bainise agus ní raibh mé ag dúil leis.' 'Nach cinnte go bhfuair! Cér chórtha do dhuine eile?' i.e. cé an duine ba mhó a raibh ceart aige cuireadh a fháil?

Cos
Nach luath atá tú ar do chois inniu, i.e. nach luath a d'éirigh tú amach inniu.

Cad é tá ar cois anois? i.e. cad é tá ar siúl anois?

Tá an t-amhrán sin ag Eoin agus a thuilleadh lena chois, i.e. tá an t-amhrán sin aige agus amhráin eile fosta.

Thug sé punta don chailín le cois a tuarastail, i.e. thug sé a tuarastal agus punta eile di.

Tá cos amuigh agus cos istigh san uaigh ag Brian bocht, i.e. ní bheidh Brian i bhfad beo.

Tá an teach faoina chosa ag Aoidín, i.e. tá Aoidín chomh sotalach nó chomh dalba agus go sílfeá gurb é féin ceann urra an tí.

Ní bheidh moill ort a ghabháil ann nó beidh an bealach mór faoi do chois agat, i.e. ní bheidh sé de fhiacha ort an bealach mór a fhágáil le gabháil ann.

Gheibh cos ar shiúl rud nach bhfaigheann cos ina cónaí, mura bhfaighe sí ach dealg.

'Tá an teach leis ina chosa,' a deirtear le duine a shiúlas go garbh fríd an teach ag caitheamh i leataobh nó ag leagan a dhath a bhíos ina chosán.

'Tá an saol leo ina gcosa,' a deirtear le daoine a mbeadh gus nó bród as cuimse iontu.

Tá na cosa leat anois ach ná beirimse anseo arís ort, i.e. tá cead do chos agat an iarraidh seo.

Nuair a thosaigh na Gearmánaigh a throid chan ar leathchois a thosaigh siad, i.e. thosaigh siad dáiríre. Bhí gach uile chineál i ngléas acu.

Ní rachainn fad mo choise a dh'amharc orthu, i.e. níorbh fhiú liom mo chos a bhogadh le gabháil a dh'amharc orthu.

Ní thig liom cos a choinneáil leatsa, i.e. ní thig liom siúl chomh gasta leat.

Caithfear cos a chur as an obair gan mhoill, i.e. caithfear toiseacht ar dhóigh inteacht ar an obair roimh i bhfad.

Cosain
D'iarr Séamas ar Eoghan lá oibre a dhéanamh dó. Rinne Eoghan sin.

Ansin bhí lá cosanta ag Eoghan ar Shéamas.

Tabhair don bhuachaill cion a bhfuil cosanta aige, i.e. tabhair dó an méid airgid a shaothraigh sé uait.

Cosamar
Bíonn an tachrán i gcosamar Liam achan áit dá dtéid sé, i.e. bíonn an tachrán i gcónaí ina chuideachta.

Coscair
Choscair an toirneach na spéartha, i.e. chroith an toirneach na spéartha agus shuaith sí iad.

Choscródh an scéal sin clocha agus crainn, i.e. rud nach mbeadh croí ar bith aige (chan é amháin duine) chuirfeadh an scéal sin brón air.

Coscairt
'Tá an choscairt ann inniu.' Deirtear sin nuair a thoisíos an sneachta a leá.

Coscrach
Duine a ngoillfeadh anás nó brón nó pian duine eile go mór air, déarfaí gur duine coscrach é.

Cotadh
Ní ligfeadh an cotadh don ghasúr a theacht isteach, i.e. bhí sé chomh faiteach nó chomh cúthail sin nach dtiocfadh sé isteach.

Cothrom
Dhéanfadh an fear sin rud cothrom ar bith, i.e. is beag rud a smaointeodh duine air nach ndéanfadh an fear sin.

Tá muid i gcuid chothrom libh, i.e. tá muid chomh maith libh nó a fhad chun tosaigh libh.

Cotúil
Duine cotúil, i.e. duine a mbíonn cotadh air.

Crág
Lámh mhór nó lán láimhe.

Thug sé crág mhaith ar an teach sin, i.e. thug sé dornán maith airgid air.

Craiceann
Tá craiceann breá ar an fharraige inniu, i.e. tá sí breá ciúin.

Níl craiceann ar bith ar an scéal sin, i.e. níl cuma na fírinne ar an scéal sin.

Is le Séamas a thig craiceann a chur ar scéal, i.e. is leis a thig scéal a chur i gceann a chéile agus a inse go slachtmhar.

Déan an obair sin chomh gasta agus dá mbeadh tine ar do chraiceann, i.e. déan í chomh tiubh agus a thig leat.

D'aithneoinn do chraiceann ar chrann thall in Albain, i.e. d'aithneoinn thú ba chuma cad é an t-athrach cuma nó éide a chuirfeá ort féin.

Bhí fear bocht anseo aréir agus bhí darna achan bhall dá chraiceann ris, i.e. bhí achan pholl ina chuid éadaigh agus a chraiceann le feiceáil fríothu.

Tá mé fliuch go craiceann.

Bhainfeadh Dónall an craiceann den dearnaid tá sé chomh bearrtha sin sa teanga, i.e. labhrann sé chomh géar sin ar dhaoine.

Dheamhan buille a théid i do chraiceann inniu, i.e. ní bhuailfear aon bhuille amháin féin ort.

Is réidh agat stiall de chraiceann fir eile, i.e. tá tú iontach maith ag tabhairt uait, nó ag geallstan, rud nach leat féin ach le duine eile.

Tá dhá ghiall an fhir sin ag gabháil fríd a chraiceann le hainnise.

Sin agat bó fá chraiceann, i.e. sin agat bó ar fiú bó a thabhairt uirthi.

Craicneach
Obair nó fónamh craicneach, i.e. obair a bheadh déanta go maith.

Obair a mbeadh slacht uirthi.

Sin an scéal craicneach! i.e. sin scéal nach bhfuil cuma na fírinne air ar chor ar bith.

Cránaí
Cránaí fir, cránaí mná, cránaí rud ar bith, i.e. fear breá mór, etc.

Crann
Ní rachaidh mé ar mo chúl anois ann ó tháinig sé ar mo chrann, i.e. ó tharla gur ormsa a thit a dhéanamh.

Ní thabharfadh aon duine acu isteach gurbh é a sheal féin é cliabh móna a thabhairt chun tí agus chaith siad crainn air. Ar cheann Sheáin a thit sé, i.e. tharraing Seán an crann (cipín) ba mhó nó ba lú, de réir mar a bhí socair acu.

Crann do shláinte leat! i.e. go bhfaighe tú sláinte mhaith.

Tá sé ag gabháil as a chrann cumhachta le heagla, le lúcháir, nó le rud ar bith a thógfadh intinn duine, i.e. tá sé ag gabháil as a chiall le heagla, le lúcháir, etc.

Cranra
Áit chrua in adhmad nó craiceann ramhar crua ar lámha duine ag an obair.

Craoibhín
Ró fód móna a chuirfí ina sheasamh thart fá bhéal cléibh sa dóigh a gcoinneodh an cliabh níos mó ná a lán go béal. 'Cuir craoibhín air agus bíodh ualach maith leat!'

Craos
Chonaic an bhean siúil na páistí ag gáire agus thug sí aghaidh a craois orthu, i.e. thoisigh sí go tobann a thabhairt masla cainte do na páistí.

Creat
Chuir tú creat mhaith ar an obair sin, i.e. rinne tú go maith, go slachtmhar, í. D'fhág tú cuma bhláfar uirthi.

Creataí
Na slata nó scoilb a bhíos faoi na scratha ar theach ceann tuí.

Creathnach
Tá an toirneach creathnach, i.e. tá sí scáfar. Chuirfeadh sí eagla ort.

Creatlach
Fear ard caol meáite.

Creid
'An mbeidh Séamas abhus amárach?' 'Creidim go mbeidh,' i.e. is dóigh liom go mbeidh.

Cha chreidim nó chonaic mé inné thú, i.e. tá mé chóir a bheith cinnte go bhfaca mé thú.

Criathar
Rinneadh criathar den teach le piléir, i.e. polladh an teach uile go léir le piléir.

Tá an bád ina chriathar, i.e. tá sí lán poll.

Criathraigh
Bhí an ghaoth dár gcriathrú, i.e. bhí fuacht na gaoithe ag gabháil frínn.

Críoch
Cad é tá tú a chur i gcrích ar an aimsir seo? i.e. cad é an obair atá idir lámha agat?

Níl gnoithe na críche socair go fóill, i.e. níl ceist na teorann socair.

Bun trí gcríochann, i.e. an áit a dtig trí bhaile talaimh go dtí a chéile.

Claí na críche, i.e. an claí a bhíos idir dhá fheirm talaimh.

Críochantacht
Tá mé féin agus Donnchadh ag críochantacht le chéile, i.e. tá mo chuidse talaimh agus cuid Dhonnchaidh ag taobh a chéile. Níl eadrainn ach claí na críche.

Criongán
Caoineadh beag íseal nó fuaim a

bheadh cosúil leis sin.

Crith

Bhuail creatha fuaicht mé.

Croch[1]

Bhí Pádraig crochta leis an ghiota talaimh sin go dtí go bhfuair sé sa deireadh é, i.e. bhí a shúil ar an ghiota sin ar fad agus é ag iarraidh a fháil.

Ar chroch tú an stiúir? i.e. ar chuir tú an stiúir ina háit ar dheireadh an bháid?

Teilgeadh an duine bocht chun a chrochta, i.e. tugadh breithiúnas an chrochta air.

'Nach crochta an mhala í seo!' 'Tá sí chomh crochta le binn tí,' i.e. is géar amach an fhána atá inti.

Croch[2]

Croch de fhear, i.e. fear ard cromshlinneánach.

Crodh

Spré cailín.

Cró folaigh

Áit a mbeadh duine i bhfolach.

Croí

Tá a chroí ag Séamas, i.e. tá Séamas lán beochta.

Tá a gcroí ag gabháil amach ar a mbéal ag na páistí, i.e. tá na páistí lán croí agus aigne. (Deirtear fosta 'bhí a gcroí ag gabháil amach ar a mbéal leis an eagla'.)

Gheobhaidh tú sin fá chroí mhór mhaith, i.e. gheobhaidh tú é agus míle fáilte.

Cheannaigh mé punta ime ó Dhónall agus, leoga, ní dheachaigh sé fána chroí dó, i.e. thug sé meáchan maith mór domh.

D'fhág an croí a áit ag Máire nuair a chuala sí an scéal, i.e. baineadh léim as a croí.

Níl croí dreoilín ag an fhear sin, i.e. níl uchtach ar bith aige.

Chuaigh sé go dtí an croí ionam a leithéid de dhrochbhail a fheiceáil ar an duine bhocht, i.e. bhí trua i mo chroí agam dó.

Bhí rún croí agus intinne agam a ghabháil ann, i.e. ní raibh rún ar bith, dá laghad, agam gan a ghabháil ann.

Lucht an dá chroí, i.e. daoine a bheadh plásánta leat féin agus a d'fheannfadh le cúlchaint thú.

Croí na tíre, i.e. lár na tíre.

Croíán

Is tú an croíán! i.e. is tú 'an t-ógánach'!

Sin an croíán agat! i.e. sin 'an t-ógánach' agat!

Croisín

Bata a bheadh faoina ascaill ag duine bacach agus é ag baint taca as.

Croithleog

Craobhacha an choirce a bhfásann an grán orthu.

Cróloite

Tá Tomás ag coinneáil cróloite, i.e. tá sé cineál breoite agus gan é ag fáil bhisigh.

Crom

Chrom siad ar a gcuid oibre, i.e. chuaigh siad i gceann a gcuid oibre i ndiaidh stad di ar feadh tamaill.

Cronaigh

Ní chronaítear an tobar go dtrá sé.

Bhíthear ag cur cronaithe ort, i.e. do do chronú.

Dheamhan lá cronaithe a cuireadh orthu, i.e. níor cronaíodh ar chor ar bith iad.

Chronaigh mé Éamann ag an damhsa aréir, i.e. thug mé fá dear nach raibh Éamann ag an damhsa aréir.

Chronaigh Seán an mac ó d'imigh sé, i.e. bhí cuidiú an mhic de dhíth ar Sheán agus ní gan fhios do Sheán sin.

Cros
Chros an sagart ar an aos óg a ghabháil amach as an bhaile chuig damhsa, i.e. thoirmisc an sagart sin orthu.

Tá sin crosta, i.e. níl sé ceadmhach sin a dhéanamh.

Crosach
Tháinig Donnchadh agus Eoin crosach ar a chéile i dteach an damhsa, i.e. bhí duine acu ag gabháil in éadan an duine eile. Bhí siad ag ceapadh a chéile sa chomhrá, etc.

Crosóg
Ar chrosa beaga d'fheaghacha nó de chochán a ghnítear oíche Fhéile Bríde is minice a bheirtear crosóg.

Crosta
Tá an gasúr sin iontach crosta, i.e. tá sé i gcónaí ag gabháil do rud inteacht agus é go minic ag déanamh rudaí nach ceart dó a dhéanamh.

Crothán
Cumhdach éadrom cocháin nó muiríní a chroitear i mullach na tuí ar theach no ar chruach. Mar gheall ar cheangal maith a dhéanamh idir an tuí agus na rópaí a chuirtear an crothán idir an dá chuid.

Crothán léinn, creidimh, etc., i.e. rud beag léinn, creidimh, etc.

Crua
Tá crua ar na prátaí a bheith bruite go fóill, i.e. tá siad chóir a bheith bruite ach níl siad bruite mar is ceart go fóill.

'Gasúr maith crua Pádaí.' 'Sea, bhal.' 'Tá sé chomh crua le heasóg. Níl an gasúr sin eile comh cruadhéanta leis.'

Cruadlach
Cruadlach gaoithe, i.e. gaoth chrua ghéar.

Cruálach
Saol cruálach, i.e. saol crua anróiteach.

Cruatan
Ganntanas airgid, bia.

Crúb
Níor chroith siad crúb ina dhiaidh sin, i.e. chuir sin deireadh leo. Thug sé a mbás.

'Tá an teach leat i do chrúba.' Déarfaí sin le duine a shiúlfadh go hamhlánta fríd teach agus é ag leagan cathaoireacha, nó rud mar sin.

Crúbadán
Thit sé ina chrúbadán ar an urlár, i.e. spréadh amach ar an urlár é.

Cruinnbhallach
Cailín cruinnbhallach, i.e. cailín nach mbeadh róchaol nó róramhar.

Cruthaíocht
Ní fhaca mé i gceart thú ach d'aithin mé do chruthaíocht, i.e. d'aithin mé thú ar do dhéanamh, do shiúl, etc.

Cuach[1]
Ceoltóir binn déarfaí go raibh sé 'chomh binn leis na cuacha' nó 'go gcuirfeadh sé na cuacha a chodladh'.

Cuach[2]
Cuach suas an snáth sin, i.e. cas thart ar a chéile é.

Is mór an trua a bheith cuachta istigh ar a leithéid de lá bhreá.

Cuachóg
Ceirtlín bheag snátha.

Cuaichín
Bhí cuaichín cheoil thuas aige, i.e. bhí sé ag gabháil giota de amhrán.

Cuairt
Bhí Séamas anseo a trí nó a ceathair de chuarta, i.e. bhí sé anseo trí nó ceithre huaire, trí no ceithre hiarrata.

Cuibhreann
Cuibhreann talaimh, i.e. giota de thalamh a mbeadh claí thart air.

Cuid
Níor labhair sé focal nó cuid de fhocal, i.e. níor labhair sé ar chor ar bith.

Rinneadh dhá chuid den fhocal ina bhéal, i.e. ní raibh an focal ach leathráite aige nuair a tharla rud inteacht a chuir stad air.

Is í an chuid is lú den bhiotáilte an chuid is fearr di, i.e. dá laghad dá n-ólann duine den bhiotáilte is amhlaidh is fearr dó féin.

Níl Seán chomh gasta ná an cúigiú cuid déag de bheith chomh gasta le Donnchadh, i.e. níl Seán baol ar chomh gasta le Donnchadh.

Déan do chuid, i.e. ith do chuid bia.

Níl inti ach bean bhocht atá ag cruinniú a codach, i.e. a cuid bia.

Níl cuid na ranna ann de, i.e. níl a oiread de ann agus gur fiú a roinnt.

Níl cuid reáchtála ionam, i.e. níl a oiread brí ionam agus go dtiocfadh liom reáchtáil. (Deirtear 'cuid troda', etc. ar an dóigh chéanna.)

Bhí sé i ndiaidh cuid a anama a ghlacadh, i.e. bhí sé i ndiaidh an Chomaoin Naofa a ghlacadh.

Cuideachta
Bhí cuideachta mhór aréir againn, i.e. bhí greann mór againn.

Rinne sé sin de gheall ar an chuideachta, i.e. ar mhaithe leis an ghreann.

Cuidiú
Tabhair lámh bheag chuidithe dúinn, i.e. tabhair cuidiú beag san obair seo dúinn.

Tá an gasúr sin inchuidithe leat feasta, i.e. beidh sé ábalta cuidiú leat feasta. Beidh sé chomh maith leat féin ag obair.

Is gairid go raibh an chlann chun cuidithe ag Micheál, i.e. is gairid go raibh siad ábalta cuidiú leis ag obair nó a ghabháil a shaothrú sa dóigh a mbeidh siad ábalta cuidiú airgid a thabhairt dó.

Cuidiúil
Duine cuidiúil, i.e. duine nach ndéanfadh moill ag gabháil a chuidiú le duine eile.

Cuil
Nuair a chuireas duine brí ar leith i rud ar bith a bhíos sé a dhéanamh deirtear go mbíonn cuil air nó go mbíonn sé a dhéanamh go cuileadach, ach is mó a chuirtear in úsáid le fearg nó le rud ar bith eile é.

Dá bhfeicfeá an chuil a tháinig ar Thadhg nuair a cuireadh ina éadan, i.e. dá bhfeicfeá chomh tógtha agus a d'éirigh sé.

Bhí cuil an diabhail ar Mhánas anocht, i.e. b'fhurasta leis fearg a ghlacadh.

Bíonn an fear sin fá chuil ar fad, i.e. bíonn sé i dtólamh cineál confach.

Cuimhne
Tá cuimhne mhaith chinn ag Niall.

Ní raibh an fear sin ina chónaí anseo le mo chuimhnese, i.e. ní chuimhneach liomsa é a bheith anseo.

Ní raibh sé anseo le cuimhne chinn aon duine dá bhfuil beo.

Dóigh mhaith le teanga a

fhoghlaim steallta di a chur ar cuimhne, i.e. ráite a fhoghlaim ar do theanga.

Cuimil
B'fhearr liom Niall a chuimilt ná a scríobadh, i.e. b'fhearr liom é a choinneáil liom ná é a chur i m'éadan.

Cuimse
Tá sin as cuimse, i.e. scéal millteanach é sin.

Bhí fearthainn as cuimse aréir ann, i.e. bhí fearthainn throm amach ann.

Deirtear 'as cuimse maith', 'as cuimse olc', etc.

Cuing
Cuing locha, i.e. áit chúng ar loch. Áit nach mbeadh an loch mórán ní ba leithne ná sruthán maith.

Cuir
Tá sé ag cur (fearthainne).

Chuir sé braon beag aréir.

Thug sé in amhail a ghabháil a chur ar maidin, i.e. bhí cuma mhór fearthainne ar maidin air.

An fear a fuair bás Dé hAoine cuireadh Dé Domhnaigh é, i.e. adhlacadh Dé Domhnaigh é.

Ní chuireann siad chugam nó uaim, i.e. ní bhaineann siad domh ar dhóigh ar bith.

Rud ar bith dá dtéid Seoirse ina cheann is doiligh a chur de, i.e. is doiligh tabhairt air ligean dó.

B'fhurasta cur eatarthu, i.e. b'fhurasta a gcur in éadan a chéile.

Is mairg a chuirfeadh eadraibh, i.e. níor mhaith liom a bheith i mo chiontaí le sibh a chur in éadan a chéile.

Dá mbeadh sin déanta b'fhurasta cur leis, i.e. b'fhurasta tuilleadh a dhéanamh.

Má tá an t-airgead ag an chailín ní chuirfidh díobháil na gnaoi ó fhear í, i.e. gheobhaidh sí fear d'ainneoin nach bhfuil sí dóighiúil.

Chuir an fear sin bó ó mhargadh orm, i.e. bheadh an bhó díolta agam murab é rud inteacht a rinne seisean a chuir an seans de dhíobháil orm.

Bhí tuile chomh mór sin san abhainn is go raibh sí ag cur thairsti, i.e. bhí an t-uisce ag gabháil thar na bruacha.

Chuaigh an bainne a ghail agus bhí an pota ag cur thairis.

Bhí an sagart ag cur thairis fán troid a bhí ann, i.e. rinne sé cuid mhór cainte fán troid.

Bíonn sí sin i gcónaí ag cur thairsti fá rud inteacht, i.e. ní stadann sí ach ag caint ar rud inteacht.

Ní chuirfinn tharat é, i.e. ní abróinn nach tú a rinne é. Chuirfinn síos duitse chomh gasta le duine eile é.

An á chur síos domhsa a bheifeá? i.e. ag rá gur mise a rinne é?

Ní raibh eolas ar an damhsa aici ach bhí leisc uirthi cur suas don bhuachaill, i.e. níor mhaith léi a rá nach ndéanfadh sí damhsa leis.

Is doiligh cur suas le Peadar, i.e. is doiligh gan titim amach leis.

Bhí an glas curtha ach ní raibh eochair agam a scaoilfeadh nó a d'fhosclódh é.

Cad é a bhí ag teacht ar an mhadadh aréir? Ar mhothaigh tú ag cur i dtíortha é? i.e. ar mhothaigh tú an méid tafanna a rinne sé? (Rud ar bith a thógann callán mór mar sin bíonn sé 'ag cur i dtíortha'.)

Bhí an gasúr ag caitheamh an phíopa agus d'éirigh sé chomh tinn sin agus gur chuir sé amach (an bia a bhí ar a ghoile).

Cad é mar atá tú ag cur isteach? i.e. cad é an saol atá agat?

Cad é mar a chuir tú isteach an Nollaig? i.e. cad é mar a chaith tú an Nollaig?

Tá an cár ag cur ar an leanbh, i.e. tá na fiacla ag cur trioblóide air.

In áit a bheith ag socrú is é an rud atá sé ag cur air, i.e. ag éirí níos doineanta.

Níor chuir sé dadaidh air le tamall, i.e. níor éirigh sé a dhath ní ba doineanta le tamall.

Is maith a chuireann an dá fhidléir le chéile, i.e. is maith a choinníonn siad le chéile sa tseinm. Ní sheinneann siad níos gaiste ná níos fadálaí ná a chéile.

Tá teach breá acu agus achan chineál ann ag cur leis, i.e. tá achan rud dá bhfuil sa teach breá dá réir.

Níor chuir tú le do ghealltanas, i.e. níor chomhaill tú, níor chomhlíon tú, do ghealltanas.

Focal mór agus droch-chur leis, i.e. gealltanas maith mór agus gan é a chomhlíonadh.

Cúiseach

Duine beag cúiseach, i.e. duine beag bláfar air féin. Duine a choinneodh é féin glan sciobalta.

Tá Eoghan agus a dhream go cúiseach, i.e. tá dóigh bheag mhaith orthu.

Cuiseogach

Sílidh na daoine go bhfuil mil ar chuiseogaigh thall i Meiriceá, i.e. síleann siad go bhfuil achan chineál is fearr ná a chéile ag an mhuintir thall.

Cúiteamh

Bainfidh mé mo chúiteamh asat go fóill, i.e. bainfidh mé sásamh asat.

Cúl

Bhí sé ina luí ar chúl a chinn, i.e. bhí sé sínte siar ina luí.

Thit sé ar shlat chúl a chinn, i.e. thit sé siar díreach ar a fhad.

Tá cúl cinn maith ag Micheál, i.e. tá cuidiú maith ar a chúl aige.

Tá cúl gaoithe ag an áit seo, i.e. tá foscadh ón ghaoth aici.

Cúl gaoithe agus aghaidh gréine.

Bhí Peadar ar an bheathach agus girseach ar a chúla leis, i.e. bhí girseach ina suí ar a chúl.

Bhí sé ag siúl ar lorg a chúil, i.e. bhí sé ag siúl siar agus a aghaidh aniar.

An rud a bheas le rá ag Brian ní rachaidh sé ar chúl scéithe leis, i.e. déarfaidh sé leat féin é.

Cúlchaint, i.e. caint a ghnítear ar dhuine agus gan é féin a bheith i láthair.

Bhí mé ag cúlchoimhéad ar na gasúraí ag tabhairt leo na móna, i.e. bhí mé ag coimhéad orthu agus gan mé ar a n-amharc.

Bhíomar ag caint ar Mhicheál agus é ag cúléisteacht linn ar fad, i.e. bhí sé ag éisteacht linn gan fhios dúinn.

Shíl siad go raibh an cheist fuascailte acu ach ina áit sin bhí cúl a gcinn léi ar fad, i.e. níor thuig siad an cheist féin. Ní raibh siad ag dearcadh uirthi ar an dóigh a dtuigfeadh siad í.

Ní raibh Micheál againn le seachtain agus chuir sin cúl mór ar an obair, i.e. d'fhág sin chun deiridh leis an obair sinn.

Beidh sé dorcha anocht. Tá cúl mór ar an ghealach, tá a fhios agat, i.e. tá an ghealach chóir a bheith reaite.

Ní bheidh lán mara mór inniu ann. Tá cúl ar an rabharta.

Má dúirt Seán go ndéanfadh sé sin ní rachaidh sé ar a chúl ann, i.e.

déanfaidh sé é.

Má dúirt mé leat é chan ar chúl do chinn a dúirt mé é, i.e. dúirt mé i do láthair féin é.

Cúlaigh
Cúlaígí! Tá barraíocht siúil leis an bhád agus brisfear a toiseach ar an chreig, i.e. gabhaigí siar.

Níl ansin ach duine ag iomramh agus duine ag cúlú, i.e. duine ag milleadh na hoibre atá duine eile a dhéanamh.

Cúl éaga
Bhí iomrá mór ar Mhicheál aon uair amháin ach tá sé ar chúl éaga anois, i.e. ní chuirtear suim ar bith ann. Ní bhítear ag caint air anois ar chor ar bith.

Bhíomarna ar chúl éaga ag an chéilí, i.e. ba neamhshuimiúil sinne le taobh na ndaoine eile a bhí ag an chéilí. Níor cuireadh suim nó sonrú ionainn.

Tá an áit seo ar chúl éaga, i.e. tá sí scoite amach ó ghnoithe agus ó chóngair an tsaoil.

Cúlfhiacail
Focal ar bith, go háirithe focal géar a déarfadh duine go fuar fadálach gan cuil ar bith a chur air féin, deirtear go dtáinig sé leis aniar óna chúlfhiacail.

Cuma[1]
Chuir an strainséir cuma chomhrá air féin, i.e. rinne sé mar a bheadh sé ag brath comhrá a dhéanamh.

Tá cuma mhaith inniu ort, i.e. tá cuma ort go bhfuil tú go maith.

Tá cuma bhog ar an lá inniu, i.e. cuma na fearthainne.

Níl cuma nó déanamh ar an chulaith sin, i.e. níl sí déanta go maith nó go measartha.

Cuma[2]
Is cuma le Pádaí ach é féin a bheith maith, i.e. ní ghoilleann buaireamh duine ar bith ach a bhuaireamh féin ar Phádaí.

Tháinig máistir na scoile isteach orainn agus sinn ag déanamh réidh ár ndinnéir, agus char chuma sin ach an sagart a bheith isteach sna sála aige, i.e. bhíomar dona go leor agus an máistir a theacht orainn ach ba mhíle ba mheasa an sagart.

Tá Pádraig ar nós cuma liom cé acu a rachaidh sé nó nach rachaidh, i.e. níl fonn mór ar bith air a ghabháil.

Is cuma duit feasta, i.e. déanfaidh sin cúis. Ná bí ag buaireamh do chinn ag tabhairt a thuilleadh cuidithe domh. Thig liom féin an chuid eile den obair a dhéanamh.

Is cuma sa dífhortún fá dtaobh de, i.e. ní fiú buaireamh ar bith dá laghad a ghlacadh mar mhaithe leis.

Is cuma liomsa sa diabhal cad é a déarfaidh siad liom, i.e. ní thabharfaidh mé aird ar bith orthu is cuma cad é a déarfaidh siad liom.

Cumha
Na hÉireannaigh atá i Meiriceá nó i dtír choimhthíoch ar bith eile, tig cumha orthu nuair a smaointíos siad ar Éirinn.

Is measa cumha an duine bheo ná cumha an duine mhairbh, i.e. is goilliúnaí an chumha a bhíos ort i ndiaidh duine bheo ná a bhíos ort i ndiaidh duine mhairbh. An duine beo, bíonn cumha air féin chomh maith leatsa. Rud eile, is gaiste a gheibh do chumha i ndiaidh an duine mhairbh bás.

Cumhdach
Cumhdach Dé orainn! i.e. go sábhála Dia ar an chontúirt sinn.

Cumhúil
Rud cumhúil a bheith ag amharc

ar dhaoine ag imeacht ar coigríoch.

Duine cumhúil, i.e. duine atá tugtha don chumha.

Cumraíocht
Ní cumraíocht ar bith an scéal sin, i.e. ní scéal a cumadh gan fírinne ar bith a bheith ann.

Bhí éan ar a chumraíocht istigh san uibh, i.e. éan iomlán cumtha.

Cumtha
Cailín deas cumtha, i.e. cailín deas caoindéanta gan cuma gharbh dá laghad uirthi.

Cúnglach
Níor fhan mé ag muintir Shéamais ach seachtain. Níor mhaith liom a bheith ag déanamh cúnglaigh orthu, i.e. ag tógáil áite sa teach agus é cúng go leor acu féin.

Is fairsing Dia sa chúnglach.

Cuntar
Bhí am anróiteach go leor ag Séamas ag obair i Meiriceá ach deir sé go rachadh sé fríd arís ar chuntar a bheith ábalta deireadh a shaoil a chaitheamh faoi shó sa bhaile, i.e. ar shon a bheith, ar acht go mbeadh sé, ábalta sin a dhéanamh.

Cuntas
Nuair a bhíos duine ag fáil bháis deirtear go bhfuil sé 'ar a chuntas'.

Cúpla
Beirt a tháinig chun a tsaoil i gcuideachta a chéile as an aon bhroinn.

'An cúpla' a bheirtear ar an dá mhaide agus iad snaidhmthe ina chéile a bhíos ag coinneáil suas taobhán tí.

Curaíocht
Talamh a mbíonn barr curtha ann.

Cúram
Tá cúram mór ar Sheoirse, i.e. tá a sháith ar a chúram aige, páistí nach bhfuil in inmhe saothrú dóibh féin, etc.

Cad é mar atá do chúram? i.e. cad é mar atá do chlann nó do chéile agus do chlann?

Cúramach
Tá an gasúr sin iontach cúramach ag Séamas, i.e. bheir Séamas aire mhór don ghasúr.

Cur amach
Níl a chur amach féin i bPádraig, i.e. tá nádúr maith ag Pádraig ach ní ligeann an faitíos dó a thaispeáint mar is ceart.

Curca
Moll beag cleiteach ina sheasamh ar cheann circe, etc. Bheirtear an t-ainm céanna ar ghruaig mná nuair a bhíos sí cruinn i gcuideachta i mullach a cinn aici.

Curcaí
Bean bheag éadrom, go háirithe bean a mbeadh a cuid gruaige ina curca aici.

Cúrsa
Cúrsa damhsa, i.e. tamall damhsa.

An ndéanfaidh tú an cúrsa seo? i.e. an damhsa seo.

Rith siad cúrsa dlí fán talamh sin, i.e. bhí siad tamall i ndlí le chéile fá dtaobh de.

Cad é an cúrsa atá fút anois? i.e. cá fhad ó bhaile atá tú ag gabháil?

Is fada go raibh muid ag bun ár gcúrsa, i.e. is fada go raibh muid ag deireadh ár n-astair.

Cuthrán
Cuthrán móna, i.e. giota beag cruinn de fhód mhóna.

D

Dáil
'Níl sé i ndáil nó i ndúchas acu sin a rá liomsa.' An té a bheadh ag

maíomh gur dhaoine iad nach raibh a muintir chomh fiúntach lena mhuintir féin a déarfadh sin. Is ionann é agus a rá nach bhfuil siad chomh huasal de thairbhe treibhe nó dúchais leis.

Dáimh

Ba cheart domh dáimh a bheith agam le duine as an tír sin. Sin an áit ar tógadh mé féin, i.e. comhbhá a bheith agam leis.

Is dona do dháimh, i.e. ní cosúil duit go bhfuil mórán grá ar do mhuintir féin agat.

Níor imir Pádraig dáimh ar bith liomsa riamh, i.e. ní dhearn Pádraig liomsa riamh mar ba cheart do dhuine a dhéanamh lena mhuintir féin.

Daingean

Bhí na Gaill ag déanamh daingin nuair a fuair siad na Gaeil in adharca a chéile, i.e. bhí na Gaill á ndéanamh féin láidir.

Daingniú

'Ní raibh an toirneach ach ag daingniú na haimsire.' Déarfaí sin nuair a thiocfadh aimsir mhaith i ndiaidh na toirní le cois í a bheith ann sula dtáinig an toirneach.

Dall

Níor dhall Eoghan an doras seo le bliain, i.e. ní raibh Eoghan sa teach seo le bliain.

Idir dall agus dorchadas, i.e. clapsholas na hoíche.

Dallamullóg

Ní chuirfidh tú dallamullóg ar bith ormsa le do chuid scéalta bréagacha, i.e. ní dhallfaidh tú ar an fhírinne mé.

Dálta

Chonaic mé Micheál ag gabháil chun Aifrinn inniu agus, ár ndálta féin, ní raibh sé róluath, i.e. bhí sé go díreach cosúil linn féin — cineál beag mall.

Tá mo dhálta féin ort. Is doiligh do chur i do shuí ar maidin, i.e. tá tú tromchodlatach, go díreach cosúil liom féin.

B'fhéidir go n-éireodh duit dálta mar a d'éirigh do Phádraig, i.e. an rud a d'éirigh do Phádraig, b'fhéidir go n-éireodh sé duitse fosta. (Deirtear fosta 'b'fhéidir go n-éireodh dálta Phádraig duit'.)

Tá dálta an tsaoil ar Thomás. Caitheann sé a saothraíonn sé, i.e. caitheann Tomás a chuid airgid uilig, go díreach mar a ghní cuid mhór daoine eile.

Rinne Mánas dearmad airgead ar bith a thabhairt leis chun aonaigh. Is cuimhneach liom féin a ghabháil chun aonaigh lá agus, a dhálta sin, nuair a chuir mé mo lámh i mo phóca ní raibh a dhath airgid liom, i.e. mar a tharla i gcás Mhánais.

Dán

Is é an dán doiligh le cuid de na daoine mórán saothair a fháil ón Ghaeilge, i.e. is í an Ghaeilge an dual is faide siar ar a gcoigeal.

Daoine

Na daoine beaga, i.e. na sióga.

Daoirse

Chuaigh achan chineál chun daoirse in aimsir an chogaidh, i.e. d'éirigh achan chineál daor.

Thairg Séamas cúig chéad ar an talamh agus gan é ag brath a cheannacht ar chor ar bith. Ní raibh sé ach á chur chun daoirse ar dhaoine eile, i.e. ní raibh sé ach á dhéanamh daor ar an mhuintir a cheannódh é.

Daonán

'Ní ceart duit barraíocht daonáin a dhéanamh.' Déarfaí sin leis an té a dhéanfadh cuid mhór caointe i ndiaidh bás duine mhuinteartha.

Daor
Má ghní tú sin beidh daor ort, i.e. íocfaidh tú go daor as. Ní ligfear leat é gan sásamh a bhaint asat.

Is daor a cheannaigh Pádraig an damhsa. Fuair sé teas is fuacht agus tá slaghdán trom ó shin air.

Daoraí
Bhí Éamann ar an daoraí aréir, i.e. bhí sé ar mire le tréan feirge.

Rachaidh Peadar ar an daoraí má deir tú sin leis, i.e. glacfaidh sé fearg mhillteanach.

Daorthach
Níl siad sin ach ag daorthach mhagaidh ort, i.e. níl siad ach ag magadh ort chomh tiubh agus a thig leo.

Dara
'Ní raibh an dara suí sa bhuaile ann,' a déarfadh duine nuair a bheadh sé ag inse gurbh éigean dó rud áirithe a dhéanamh cionn is nach dtáinig leis a athrach a dhéanamh.

Dath
Chuir Liam trí dhath de féin nuair a chonaic sé na saighdiúirí ag tarraingt air, i.e. tháinig trí dhath ar a aghaidh i ndiaidh a chéile.

Ba deas a bheith ag amharc ar an fharraige tráthnóna an dóigh a raibh sí ag cur dathanna di, i.e. ag caitheamh dathanna.

D'fhan na páistí amuigh go dtí go raibh dath na ndaol orthu leis an fhuacht.

'Cad é tá ort?' 'Níl a dhath orm,' i.e. níl rud ar bith orm.

'Cad é tá sa bhocsa sin?' 'A dhath ar bith,' i.e. níl rud ar bith ar chor ar bith ann.

An bhfuil a dhath airgid agat? i.e. an bhfuil airgead ar bith agat?

De
('Do' is minice a chluintear i dTír Chonaill.)

Bhí Eoin ina shuí ag an tine agus na bróga de, i.e. bhí a chuid bróg bainte de aige.

Shíl siad gur den chluiche é, i.e. shíl siad gur chuid den chluiche a bhí ann.

'Chan de dhuine a gháire,' a deir duine nuair a fhiafraíos duine eile de cad é na gáirí atá air.

Den fhaichill an coimhéad, i.e. ní thig le duine a bheith faichilleach gan a bheith coimhéadach.

Cér díobh thú? i.e. cé an dream nó cine daoine a bhfuil tusa ar dhuine acu?

Is cuma liomsa sa dóigh sin de, i.e. má dhearcaim mar sin ar an scéal is cuma liom cad é mar a rachas sé.

I dtaca liom féin de, tá mé sásta go leor, i.e. tá mé sásta i mo thaobh féin den scéal.

Chuaigh sé go Leitir Ceanainn de shiúl oíche, i.e. shiúil sé i ndiaidh na hoíche.

Chuaigh mé trasna na habhna de chosa tirime, i.e. gan mo chosa a fhliuchadh.

Fuair sé buille de chamán, i.e. buaileadh le camán é.

Buille de bhata, buille de chasúr, etc. (Buille bhata, etc. a deirtear.)

Bean de na cailíní, i.e. duine de na cailíní.

Fear de na buachaillí, i.e. duine de na buachaillí.

Sin a raibh de, i.e. chuir sin deireadh leis an scéal.

Tá eagla orm gur sin a mbeidh de, i.e. tá eagla orm go gcuirfidh sin deireadh leis an scéal.

Ní raibh de sin ach sin, i.e. chuir sin (an méid a d'inis mé) deireadh leis an scéal.

Déag
Gasúr nó girseach sna déaga de bhlianta, i.e. gasúr nó girseach os cionn deich mbliana de aois.

Dealán
Dealramh den ghrian.

Cith is dealán, i.e. aimsir a mbeadh fearthainn agus grian ag teacht go tiubh i ndiaidh a chéile.

Chuir sé dealán ar a phíopa, i.e. dhearg sé an píopa.

Dealú
Bhí Seoirse agus Sinéad pósta ach fuair siad dealú ó chéile, i.e. fuair siad cead scaradh ó chéile.

Déan
Dhéanfainn amach go bhfuil céad meáchain sa mhála sin, i.e. de réir mo bharúlasa bheadh céad meáchain ann.

Rinne siad amach an bhó bhán a dhíol agus an ceann eile a choinneáil, i.e. shocair siad sin eatarthu féin.

Tá Pádraig ag déanamh as dó féin anois, i.e. tá sé ag obair dó féin, ar son a láimhe féin.

Déanadh achan duine as dó féin, i.e. tabhradh achan duine aire dó féin.

Caithfidh sé go bhfuil Donnchadh ag déanamh de sa tsiopa, i.e. caithfidh sé go bhfuil sé ag gnóthú ar an tsiopa.

Beidh siad ag déanamh prátaí a fhad is a mhairfeas na loirgneacha glas, i.e. ní thiocfaidh stad ar fhás na bprátaí a fhad is a choinneos na loirgneacha an dath glas.

'Rinne sé lá breá ó mhaidin.' 'Tá eagla orm go ndéanfaidh sé tráthnóna fliuch.'

Déanfaidh an gasúr sin fear maith go fóill, i.e. éireoidh sé ina fhear mhaith.

Is de a rinneadh an fear breá, i.e. is é a d'éirigh ina fhear bhreá.

Nach olc an déanamh a tugadh ar an chulaith sin! i.e. nach í atá déanta go holc!

Tá siad sin chomh déanta le hobair chrua is nach ndéan sí a dhath orthu, i.e. tá siad chomh cleachta léi.

Tá mise seandéanta leis sin, i.e. tá neart cleachta agamsa air sin.

Chonaic mé ag déanamh ar theach Eoghain iad, i.e. chonaic mé iad ag tarraingt ar theach Eoghain.

Tá tú ann! Bhí mé ag déanamh go dtiocfá anocht, i.e. bhí mé ag smaointiú go dtiocfá anocht.

Agus deir tú liom go raibh braon ólta aige. Bhí mé ag déanamh air sin, i.e. bhí mé ag smaointiú gur mar sin a bhí an scéal.

Rinne sé gáire, casachtach, méanfach, srólfach, etc.

Deán
Sruthán a fhágtar i dtrá i ndiaidh an lán mara a ghabháil amach.

Déanfasach
Duine déanfasach, i.e. duine a ghní cuid mhór oibre nach dtiocfadh le duine ar bith eile a dhéanamh chomh maith leis — más fíor dó féin. (Bheirtear 'giolla an déanfais' ar a leithéid sin de dhuine.)

Deann
Chuaigh dealg i mo chois agus chuir sé deann fríd mo chroí, i.e. chuaigh an phian go dtí an croí ionam.

Dear
Thug mé sin fá dear, i.e. chonaic mé, nó chuala mé, sin.

Níl a dhath de thabhairt fá dear

sa duine bhocht, i.e. níl maith ar bith ann ag tabhairt rudaí fá dear.

Dearbhaigh
Dhearbhaigh mise do Sheán nach raibh tú istigh, i.e. dúirt mé achan rud leis a chuirfeadh in iúl dó nach raibh tú istigh.

Dúirt Dónall gur ón taobh amuigh a briseadh an fhuinneog agus de dhearbhú an scéil thaispeáin sé domh an chloch a tháinig isteach fríthi, i.e. lena chruthú.

Dearcach
Duine dearcach, i.e. an té a bheadh maith ag smaointiú ar an rud ab fhearr do dhuine a dhéanamh i gcás ar bith.

Dearcadh
Níl a dhath de dhearcadh san fhear sin, i.e. ní smaointíonn sé ar rud ar bith ach an rud a gcaithfidh sé smaointiú air dá ainneoin.

Dearg[1]
Bhí achan scread dhearg aige, i.e. bhí sé ag screadaigh go mór.

Beidh an cogadh dearg ann nuair a chluinfeas siad sin, i.e. beidh fearg mhór orthu nuair a chluinfeas siad sin.

Tá am luí dearg ann, i.e. tá sé i ndiaidh am luí nádúrtha.

D'éirigh Séamas chomh dearg le meadar fola, i.e. las sé go bun a chluas.

Tá an t-ádh dearg ort, i.e. tá ádh as cuimse ort.

Tá sé ar deargmhire, i.e. ar mire amach.

Dearg[2]
Dearg do phíopa, i.e. las do phíopa.

Dearmad
Ní hé sin do dhearmad, i.e. ní heagal duit dearmad a dhéanamh de sin.

'Tá sé ag cur arís.' 'Muise, ní hé sin a dhearmad,' i.e. rómhinic a bhíos sé ag cur.

Shílfeá go raibh siad iontach buartha nuair a fuair an seanduine bás ach ní raibh siad i bhfad á ligint ar dearmad, i.e. ní raibh siad i bhfad go dearn siad dearmad de.

Mo dhearmad! An bhfuair sibh scéala ar bith ó Aodh? i.e. bhí rún agam a fhiafraí an bhfuair sibh scéala agus dhóbair go ndéanfainn dearmad de.

Deas[1]
Ba deas mo mhargadh fanacht sa bhaile agus gan a theacht amach a leithéid de lá báistí, i.e. b'fhearr i bhfad domh fanacht sa bhaile.

Ba deas liom tú a fheiceáil faoi do chliabh, i.e. ba ghreannmhar liom é.

Nár dheas a luífeadh buille ar an fhear udaí! i.e. nach mbeadh cathú ort buille a bhualadh air!

Deas[2]
Cá deas duit é? i.e. cad é an gaol is cóngaraí atá agat leis? Nó cad é chomh cóngarach duit is atá sé ina chónaí?

Cá deas dúinne muintir Dhónaill? i.e. cad é an gaol is cóngaraí atá againn le muintir Dhónaill?

Níl an obair déanta ach tá sí sna pointí is deise dó, i.e. níl ach fíorbheagán gan déanamh di.

Más deas do dhuine a chóta is deise dó a léine, i.e. ainneoin go bhféadfadh duine dúil mhór a bheith aige sa té nach raibh gaolmhar dó b'fhearr leis a mhuintir féin ina dhiaidh sin.

Deasach
Cé acu deasach nó ciotach a oibríonn tú? i.e. cé acu leis an láimh dheas nó leis an láimh chlé is réidhe a oibríonn tú?

Deasóg
An lámh dheas.

Deil
Bíonn achan chineál ar deil ag Pádaí, i.e. bíonn slacht ar achan rud dá ndéan Pádaí.

Tá an gearrán iarainn ar deil anois agat, i.e. tá an rothar i ngléas mhaith anois agat.

Cuir deil bheag thart ar an teach, i.e. réitigh suas an teach. Cuir achan rud ina áit féin.

Deilbh
Bhí deilbh bheag bhocht ar Phádraig inné, i.e. bhí cuma bhocht leatromach air.

Deileoir
Duine nach mbeadh acmhainn fuaicht aige, déarfaí go raibh sé deileoir.

Duine deileoir, i.e. duine bocht lag nach mbeadh a chosaint féin ann.

Deilín
Bíonn deilín sonraíoch ag Brian, i.e. bíonn an domhan cainte aige.

Tig an Ghaeilge leat ina deilíní, i.e. tig steallta móra Gaeilge leat go réidh.

Deilín na mbacach, i.e. an chaint a bhíos ar bharr a dteanga ag na bacaigh agus iad ag iarratas.

Déirc
Níl an dara déirc in Éirinn chomh mór leis an fhear bhocht sin, i.e. níl aon fhear in Éirinn is mó a bhfuil déirc de dhíth air nó is mó a thuilleas í ná an fear sin.

Deireadh
An bhfuil deireadh déanta agaibh? i.e. an bhfuil an obair uilig déanta agaibh?

Bhí cúig phunta aige i dtús na seachtaine agus chaith sé a dheireadh inné, i.e. chaith sé a raibh fágtha aige de inné.

Níl a ndeireadh amuigh as teach an phobail go fóill, i.e. níl na daoine uilig amuigh go fóill.

Má théid an scéal a fhad leosan ní chluinfear a dheireadh choíche, i.e. beifear ag caint air go ceann fada go leor.

Cuireadh amach an bád ar lorg a deiridh, i.e. cuireadh deireadh an bháid amach ar tús.

Chuir mé deireadh leis an obair inné, i.e. chríochnaigh mé an obair inné.

Tá an duine bocht i ndeireadh na péice, i.e. tá sé ó mhaith.

Chonaic mé an lá fá dheireadh é, i.e. chonaic mé é tá cupla lá nó mar sin ó shin.

Tháinig sibh fá dheireadh thiar thall, i.e. b'fhada a bhí sibh gan a theacht.

Bhaineamar deireadh dúile díbh, i.e. stadamar de bheith ag dúil le sibh a theacht ar chor ar bith.

Ní tháinig leo deireadh iontais a dhéanamh den scéal, i.e. ní tháinig leo stad de dhéanamh iontais de.

An seol deiridh, an rotha deiridh, etc.

Ní raibh ciall leis an obair sin ó thús deireadh, i.e. ní raibh ciall léi in am ar bith.

Is trua an té a dtitfidh do dheireadh air, i.e. is trua an té a chaithfeas cur suas leat i ndeireadh do shaoil.

Deis
Ar chuir tú deis ar na bróga? i.e. ar chóirigh tú iad?

Tá deis a labhartha ag Séamas, i.e. duine dea-chainteach é.

Tá áit bhreá ar dheis na gréine anseo, i.e. áit bhreá ar aghaidh na gréine.

Deoch
Ná himigh go n-ólaimid deoch an

dorais, i.e. an deoch dheireanach a óltar roimh imeacht chun an bhaile.

Deoin

Má imíonn Dónall chan dá dheoin a imeos sé, i.e. ní lena thoil a imeos sé.

Bhéarfaidh mise orthu a dhéanamh dá ndeoin nó dá n-ainneoin, i.e. is cuma cé acu a bheas siad sásta nó míshásta.

Deoir

Tháinig na deora le Máire, i.e. thosaigh na deora (caointe) a thitim léi.

D'aithin mé go raibh cumha ar Mhicheál nó chonaic mé na deora i gceann a chuid súl, i.e. chonaic mé uisce an chaointe cruinn ina shúile agus é réidh le titim.

Bhí deoir anuas againn aréir nuair a tháinig an cith mór, i.e. bhí ceann an tí ag ligean an uisce fríd ina dheora.

Bhí Niall beag amuigh faoin fhearthainn gan bearád air, agus tháinig sé isteach agus deoir as achan ribe de, i.e. bhí a cheann báite ag teacht isteach dó.

B'éigean deora codlata a thabhairt do shean-Donnchadh aréir, i.e. cógaisí dochtúra a chuirfeadh a chodladh é.

Níl deoir san fharraige inniu, i.e. níl bogadh inti.

Dhóbair

(Hobair a deirtear.)

Dhóbair go dtitfinn, i.e. is beag nár thit mé.

Dhóbair go mairbhfí mé, i.e. is beag nár maraíodh mé.

Cha deachaigh dhóbair in abar riamh, i.e. gníomh ar bith nach dearnadh riamh ní fíor a rá go dearnadh é cé go raibh sé ar shlí a dhéanta.

Dia

'Dia go deo leat!' Deirtear sin le duine a chuireas pléisiúr ar a lucht éisteachta le hamhrán, le damhsa, etc.

'Ar choinnigh muintir an oileáin an t-adhmad a tháinig fá thír?' 'Nach cinnte gur choinnigh. Ba é Dia a chuir chucu é,' i.e. ba bhuí bocht leo an seans a fháil air.

B'fhéidir le Dia go mbiseodh an aimsir feasta, i.e. b'fhéidir gur thoil le Dia go mbiseodh sí.

'Bhí aicíd na súl ar an duine bhocht agus chuaigh sé go Tobar an Dúin ag déanamh go leigheasfaí é.' 'B'fhurasta le Dia gur mhaith a thuras,' i.e. b'fhéidir le Dia nach turas in aisce a bheas ann.

'B'fhéidir go mbeadh am maith in Éirinn go fóill.' 'B'fhurasta le Dia sin,' i.e. le cuidiú Dé.

Mura bhfuil ag Dia beidh geimhreadh anásta ag cuid mhór daoine i mbliana, i.e. mura sábhála Dia ar an anás iad.

Dúirt Mánas cé bith a dhéanfadh Dia leo go bhféachfadh siad le tarrtháil a thabhairt ar an bhád a bhí i gcontúirt, i.e. go bhféachfadh siad leis an tarrtháil a dhéanamh agus go bhfágfadh siad ag Dia é cé acu a thiocfadh siad slán nó nach dtiocfadh.

Diabhal

Is tú an diabhal saolta! i.e. is tú an duine diabhalta!

'An rachaidh tú?' 'Ó! an diabhal cos!' i.e. ní rachaidh leoga.

'Dhéanfá an diabhal is a mháthair,' a déarfaí le duine a bheadh ag rá go ndéanfadh seisean siúd agus seo nach ndéanfadh daoine eile. (Deirtear 'an diabhal i bpocán' fosta.)

Tá an diabhal ort! i.e. tá tú diabhalta crosta, nó confach, nó rud ar bith a chuirfeadh míthaitneamh ar dhuine.

Tá an diabhal i do chosa, i.e. tá tú insiúil leis an diabhal — fonn millteanach siúil ort.

Tá an diabhal ina sheasamh istigh ionat, i.e. níl inse scéil ar do chuid diabhlaíochta.

Ní shásódh an diabhal thú, i.e. tá tú as cuimse dosheásta.

Thug mé an diabhal le hithe go dtí an dá bhróg dóibh, i.e. thug mé bail na madadh orthu le tréan achasáin.

Diabhal a heagal duit sin a dhéanamh, i.e. níl baol dá laghad go ndéanfá sin.

Ní bheadh an diabhal inchurtha leat, i.e. ní thiocfadh leis an diabhal féin tú a choimhéad.

Tá lucht na siopaí chomh meallacach leis an diabhal, i.e. mheallfadh siad duine ar bith le plámás.

Go mbeire dúdhiabhail Ifrinn leo an Béarla.

Cha dtug an diabhal leis na daoine le galántas go dtí seo, i.e. ní dheachaigh siad ar mire le galántas go dtí seo.

Diaidh
Dúirt Seán go rachadh sé chun aonaigh agus ní dheachaigh sé ina dhiaidh sin, i.e. ní dheachaigh sé mar sin féin.

Tá siad go holc domh i ndiaidh a dearn mé dóibh, i.e. tá fuath acu orm d'ainneoin go dearn mé cuid mhór maithis orthu.

Chuaigh an t-aos óg uilig chuig an damhsa agus cé a bheadh ina dhiaidh orthu? i.e. cé a gheobhadh locht orthu dá thairbhe sin?

Tá Séamas cosúil le fear a bheadh i ndiaidh uisce bheatha, i.e. i ndiaidh póit uisce bheatha a ól.

Tháinig tusa an lá i ndiaidh an mhargaidh, i.e. tháinig tú nuair a bhí achan chineál thart nó déanta.

I ndiaidh na mionn is fearr na mná, i.e. i ndiaidh fearg a bheith orthu is fearr a bhíos aoibh ar na mná.

Ina dhiaidh a tchí Seán a leas, i.e. tchí sé cad é ab fhearr dó a dhéanamh nuair a bhíos sé rómhall aige.

Díbhirce
Fonn mór oibre.

Díbhirceach
Duine díbhirceach, i.e. oibrí mór de dhuine.

Díblíocht
Tá an duine sin, nó an teach sin, ag gabháil chun díblíochta, i.e. tá sé ag gabháil ó mhaith.

Dícheall
Níl mise ar mo dhícheall go fóill, i.e. níl mise ag siúl, ag reáchtáil, ag obair, etc. chomh maith is a thig liom go fóill.

Bhí siad ag obair ar theann a ndíchill, i.e. bhí siad ag obair chomh tréan is a bhí iontu.

Thug mé mo dhícheall cuidithe daoibh, i.e. chuidigh mé libh chomh maith is a tháinig liom.

Díle
'Ní stadfaidh sé go ndéana sé an díle,' a deirtear nuair a bhíos sé i bhfad ag cur agus gan cuma air go ndéanfaidh sé turadh in aicearracht.

Tá an teach ansin ó bhí an díle ann, i.e. teach iontach aosta é sin.

Ding[1]
Bhris sí páipéar an tae á dhingeadh isteach sa bhascóid, i.e. á bhrú isteach sa bhascóid.

Ding[2]
Ding den leamhán a scoilteas í féin go léir, i.e. níl duine ar bith ar fusa dó teaghlach a chur a throid ná duine den teaghlach féin. (D'fhéadfaí sin a rá le dream nó le náisiún, ag maíomh go bhféadfadh duine acu féin an t-iomlán a chur chun donais nuair nach mbeadh dul ag naimhde ón taobh amuigh sin a dhéanamh.)

Díobháil
Ní ithimidne barraíocht uibheacha. Is é a ndíobháil atá orainn, i.e. easpa uibheacha atá ag cur orainne agus chan barraíocht.

An té a dhéanfadh níos mó ná a sciar féin den obair déarfaí go raibh sé ag cur oibre de dhíobháil ar dhaoine eile, i.e. go bhfaigheadh daoine eile obair murab é go raibh seisean ag déanamh barraíocht.

Tá an imní ag cur codladh na hoíche de dhíobháil orm, i.e. ní thig liom codladh leis an imní.

Bhí an féar gann an geimhreadh seo thart. Bhí an t-eallach ag fáil bháis dá dhíobháil.

Diocán
Bhí diocán breá breac chun an bhaile le hEoin, i.e. bhí dornán beag maith breac leis.

Thug mé diocán beag mine don fhear bhocht, i.e. thug mé gráinnín beag dó.

Díogha
Is é díogha an phobail é, i.e. is é an duine is lú maith sa phobal é.

Thug Máire léi ceann de ha húlla agus chan é a ndíogha a bhí léi, i.e. ní thug sí léi an ceann ba mheasa acu.

Is í an obair seo díogha dá bhfaca mé riamh, i.e. is í an obair is measa dá bhfaca mé.

Díograis
Nuair a thosaigh an troid chuaigh Dónall lena mhuintir féin. Gach díograis go deireadh, tá a fhios agat, i.e. tá a fhios agat gur fearr le hachan duine a mhuintir féin nuair a théid an chúis go cnámh na huillinne.

Díol
Tá díol fir ar bith de bhia ansin, i.e. tá sáith fir ar bith ann.

Tá díol duine chothroim de léann aige, i.e. tá a oiread léinn aige agus a bheadh de dhíth ar dhuine choitianta.

Diolba
Dealbh, bocht.

Diomaite
Bhí daoine diomaite de Phádraig ansin, i.e. bhí daoine eile ann le cois Phádraig.

Díomhaoin
An bhfuil sé díomhaoin nó pósta? i.e. an bhfuil sé pośta nó gan phósadh?

Díon
Níl díon ar bith sna bróga sin, i.e. ní choinníonn siad amuigh an t-uisce. (Deirtear fosta 'níl díon deoire iontu'.)

Bhí sé ag cur de dhíon is de dheoir ar maidin, i.e. bhí fearthainn throm ar maidin ann.

Níl an tuí chomh díonmhar leis na sclátaí, i.e. ní choinníonn sí amuigh an t-uisce chomh maith leo.

Díorfach
Duine beag éidreorach. (Is minic a bheirtear an t-ainm sin ar dhuine nach bhfuil chomh mór nó chomh láidir leis an chuid eile den teaghlach.)

Díoscarnach
An trup a bhainfí as dhá chlaíomh, dhá scian, etc. nuair a

tharraingeofaí trasna ar a chéile iad.

Dioth
Uisce a bheadh iontach fuar, déarfaí go gcuirfeadh sé dioth i do chár.

Díreach
Dhá phunta go díreach, i.e. dhá phunta gan pingin chuige nó uaidh.

Tá sé a trí a chlog go díreach, i.e. tá sé ar bhuille an trí.

Shiúil sé caol díreach go dtí an áit, i.e. shiúil sé go dtí an áit gan gabháil coiscéim i leataobh.

Díth
Cad é tá de dhíth ort? i.e. cad é tá ag teastáil uait?

Ní dheachaigh Niall chuig an damhsa aréir agus chan díth nár mhaith leis a ghabháil ann, i.e. mura deachaigh sé ann féin ba mhaith leis a bheith ann.

Diúlach
Cén diúlach é sin? i.e. cé an fear nó an buachaill é sin?

Diúlach láidir é sin, i.e. duine láidir é.

Ní raibh duine nó diúlach le feiceáil, i.e. ní raibh duine ar bith ar chor ar bith le feiceáil.

Diúltaigh
Níor mhaith liom do dhiúltú a bheith orm, i.e. níor mhaith liom é a bheith d'fhiacha orm tú a dhiúltú.

Mhothaigh mé mé féin ag diúltú roimh an fhear sin an chéad amharc a thug mé air, i.e. mhothaigh mé fuath ag éirí agam dó.

An tAinspiorad — diúltaímid dó!

Diúnas
Fonn beag righnis mar a bheadh ar leanbh nuair nach dtabharfadh sé de shásamh duit stad den chaoineadh.

Diurn
Dhiurn sé an gloine, i.e. d'ól sé a raibh sa ghloine go dtí an deoir dheireanach.

Dlaoi
An dlaoi mhullaigh, i.e. an dlaoi uachtarach den tuí a bhíos ar theach nó ar chruach fhéir.

Cuirfidh tusa an dlaoi mhullaigh ar an scéal, i.e. dá fheabhas nó dá olcas an scéal déanfaidh tusa níos fearr, nó níos measa, é leis an inse a bhéarfas tú air. Críochnóidh tusa amach é.

Dlisteanach
Duine dlisteanach, i.e. duine nach dtréigfeadh a mhuintir nó a dhream féin.

Tá Éamann iontach dlisteanach don Ghaeilge, i.e. labhrann sé an Ghaeilge chomh minic agus a bhíos gléas aige í a labhairt agus ghní sé a dhícheall lena cur ar aghaidh.

Do
Cé dó a dtug tú an t-airgead? i.e. cé an duine a dtug tú an t-airgead dó?

Cárb as duit? i.e. cá háit ar rugadh nó ar tógadh thú?

'Tá dálta Sheáin ar Shéamas, tá dúil mhór san ól aige.' 'Muise, tá sin dóibh le chéile,' i.e. ní hiontas ar bith sin nó tá siad muinteartha dá chéile.

Dobhrán
Níl ann ach dobhrán de dhuine, i.e. níl ann ach duine maolintinneach.

Dobhránta
Duine dobhránta, i.e. duine maolintinneach.

Dochar
Tá an fear sin go holc duit. Déanfaidh sé do dhochar go fóill

má théid aige air, i.e. déanfaidh sé dochar duit go fóill má thig leis.

Cha raibh dochar duit a rá go ndéanfadh sé lá fliuch, i.e. bhí an fhírinne agat nuair a dúirt tú go mbeadh an lá fliuch.

An bhfuil dochar ar bith a fhiafraí cá bhfuil tú ag gabháil? i.e. an miste a fhiafraí cá bhfuil tú ag gabháil?

'Is deas na bróga iad sin.' 'Muise, is beag an dochar dóibh a bheith deas nó bhí siad daor go leor,' i.e. is ceart dóibh, nó is é a gceart, a bheith deas de réir mar a bhí siad daor.

Dóiche

Ní dóiche go dtig Peadar anocht, i.e. ní cosúil liom go dtig sé.

'B'fhéidir nach dtáinig sé ón aonach go fóill.' 'Ó! chomh dóiche lena athrach,' i.e. níor chosúla liom rud eile nó é a bheith gan a theacht ón aonach.

Níor dhóichí áit dá mbeadh sé ná thiar i dtigh Néill, i.e. tá sé lán chomh dóiche é a bheith i dtigh Néill le bheith in áit ar bith eile.

Char dhóichí liom an Cháisc a bheith ar an Domhnach ná iad a theacht inniu, i.e. níl rud ar bith ba dóichí nó ba siúráilte liom ná go dtiocfadh siad inniu.

Doicheall

B'fhurasta a aithne go raibh siad ag doicheall romhainn, i.e. b'fhurasta a aithne nach raibh fáilte ar bith acu fánár gcoinne.

Chan ag doicheall romhat atá mé ach ná tar amárach, i.e. ní cionn is nach mbeadh fáilte agam fá do choinne.

Níor mhaith liom comhartha doichill ar bith a chur suas nuair a bheadh siad istigh, i.e. níor mhaith liom a thabhairt le tuigbheáil dóibh nach mbeadh fáilte agam fána gcoinne.

Dóigh

Tá dóigh mhaith ar mhuintir Eoghain anois, i.e. tá siad go maith, go láidir sa tsaol.

Cad é an dóigh a bhfuair tú sin? i.e. cad é mar a fuair tú é?

Níl tú inchurtha le d'athair ar dhóigh na ndóigheann, i.e. níl tú i do fhear chomh maith le d'athair ar dhóigh ar bith, ar chor ar bith.

Fear ar dóigh a bhí i d'athair, i.e. fear ceart, fear arbh fhiú an t-ainm a thabhairt air, a bhí i d'athair.

Tá an mótar ag obair ar dóigh anois aige, i.e. tá sé ag obair i gceart aige.

'An bhfuil an obair déanta agat?' 'Tá, ar dhóigh,' i.e. tá, agus ina dhiaidh sin níl sí déanta mar is ceart.

Tá dóigh ar achan chineál, i.e. níl obair ar bith nach bhfuil dóigh lena dhéanamh is fusa ná dóigh ar bith eile.

Ar chuir tú dóigh ar na bróga? i.e. ar chóirigh tú na bróga?

'Cad é an dóigh atá ar Dhonnchadh anois?' 'Tá muise, díth na dóighe,' i.e. níl air ach fíor-dhrochdhóigh.

D'imigh an duine bocht leis gan dóigh, i.e. d'imigh sé chun donais.

Duine réasúnta go leor Pádraig, má ghlacann tú an dóigh cheart air, i.e. beidh sé réasúnta go leor má labhrann tú leis sa dóigh a fhóirfeas dó.

Ní chuirfidh siad iad féin thar a ndóigh ar mhaithe linne, i.e. ní chuirfidh siad míchóngar nó cor bealaigh ar bith orthu féin ar ár son-na.

Cá fearr duit dóigh dá mbeadh ort ná a bheith ag obair? i.e. nach mbeadh sé chomh maith agat a bheith ag obair le bheith ag caitheamh do chuid ama ar dhóigh eile?

Doiligh
Is doiligh liom sin a chreidbheáil, i.e. tchítear domh gur scéal dochreidte é sin.

Ba doiligh liom tabhairt isteach dóibh, i.e. níor mhaith liom géilleadh dóibh.

Is doiligh leis stad den fhearthainn, i.e. nach fada atá an fliuchlach ag mairstin!

Doirte
Tá Nuala iontach doirte don mháthair, i.e. tá grá as cuimse ar an mháthair aici.

Nach é Séamas atá doirte don bhaile! i.e. nach mór an grá atá ag Séamas ar an bhaile!

Dóite
Tá mé dubh dóite den scéal sin, i.e. tá mé tuirseach ag éisteacht leis.

Dol
Lúb reatha de chorda, rópa, etc.

Chuir na gasúraí dolacha roimh na coiníní, i.e. d'fhág siad dolacha i gcosán na gcoiníní féacháil an ngabhfaí na coiníní sna dolacha.

Coimhéad do chosa. Tá dolacha curtha ansin.

Dola
Costas bia, dí nó lóistín.

Cé a dhíol an dola? i.e. cé a dhíol costas an bhia, etc.?

Domasach
Talamh domasaí, i.e. talamh de nádúr na móna.

Domhain
Chonaic mé soitheach ag gabháil siar agus í domhain go maith i bhfarraige, i.e. bhí sí i bhfad amach san fharraige. (Déarfaí an rud céanna fá bhád a bheadh íseal i bhfarraige cionn is lasta trom a bheith inti.)

Tá am luí domhain ann, i.e. tá sé i ndiaidh am ceart luí.

Is domhain leo ina mbás nó rachaidh siad chuig an damhsa, i.e. níl ann ach go mbacfadh an bás féin dóibh gan a ghabháil ann.

Domhan
Níl leithéid Phádraig ar dhroim an domhain, i.e. níl a mhacasamhail ar an domhan uilig.

Níl aon tír ar an domhan chláir is deise ná Éire, i.e. níl aon tír sa domhan uilig is deise ná í.

Bhí an domhan daoine ag an chruinniú, i.e. bhí slua mór ann.

Tá an domhan le rá ag Síle, i.e. bíonn cuid mhór cainte aici.

Iontas an domhain, áthas an domhain, etc., i.e. iontas an-mhór, áthas an-mhór, etc.

Is de dheireadh iontais an domhain é go bhfuair an fear biseach, i.e. is sórt míorúilte é go bhfuair sé biseach.

Tá siad ar rothaí an domhain anois, i.e. tá dóigh mhaith orthu agus achan chineál ag éirí leo.

Domhnach
Bíonn Conall ag obair leis Domhnach agus Dálach, i.e. bíonn sé ag obair leis seacht lá na seachtaine.

Is ionann Domhnach agus Dálach aigesean, i.e. bíonn sé ag obair Dé Domhnaigh chomh maith le lá ar bith eile den tseachtain.

Dona
Tá dona go leor mura bhfuil a oiread de spiorad sna hÉireannaigh agus go gcoinneoidh siad a dteanga féin beo, i.e. is bocht an scéal é.

Is dona a fágadh an duine bocht

é a bháthadh chomh simplí sin, i.e. is é a bhí mífhortúnach.

Nach dona a fágadh sibh agus an bhua a ligint leis an mhuintir eile chomh réidh sin! i.e. nach beag maith a bhí ionaibh!

Donán
Ní donán ar bith Dónall, i.e. fear maith láidir Dónall.

Donas
Tá an donas ar an aimsir le fliuchlach, i.e. tá sí as cuimse fliuch.

Tá an aimsir ag gabháil chun donais, i.e. tá sí ag éirí iontach olc.

Tá dúil mhór ag Aodh sa bhiotáilte agus má gheibh sé dornán airgid cuirfidh sin chun donais glan é, i.e. ólfaidh sé a oiread agus go ndéanfaidh sé a aimhleas amach is amach.

Doras
Tháinig drochshlaghdán orm agus chuir sé go doras an bháis mé, i.e. dhóbair go dtabharfadh sé mo bhás.

Nuair a chonaic na gasúraí mé ag breith ar an bhata bhí léim an dorais acu, i.e. d'imigh siad amach ar an doras.

Tógadh mé féin agus Séamas i mbéal an dorais ag a chéile, i.e. tógadh go han-chóngarach dá chéile sinn.

Ní raibh sé ach dár gcur ó dhoras, i.e. ní raibh sé ach ag tabhairt gealltanais dúinn de gheall ar fáil réitithe linn agus gan rún aige cur lena ghealltanas.

Dúirt an máistir go dtabharfadh sé ardú páighe do na fir amach anseo ach is é mo mheas nach raibh sé ach á gcur ó dhoras, i.e. sílim gur dhúirt sé sin leis na fir a chur uaidh san am agus nach raibh rún aige an t-ardú páighe a thabhairt dóibh ar chor ar bith.

Níl ann sin ach cur ó dhoras, i.e. níl ann ach gealltanas a shásódh daoine san am i láthair agus gan rún ar bith cur leis an ghealltanas ag an té a thug uaidh é.

Dornán
Lán doirn.

Dornán maith daoine, airgid, etc. i.e. scaifte measartha mór daoine, rud measartha airgid, etc.

Dos
Dos gruaige, dos féasóige, i.e. dlaoi mhór thiubh ghruaige nó féasóige.

Dóthain
Bhain Mánas a dhóthain as an bhuidéal, i.e. d'ól sé a sháith as.

Drabhlás
Tá Aindrias bocht ag gabháil chun drabhláis, i.e. tá sé ag imeacht leis le hólachán, etc.

Is iomaí duine a chuir an t-airgead chun drabhláis, i.e. is iomaí duine a d'imigh leis gan dóigh le linn dornán airgid a fháil.

Chaith Eoghan a shaol ar an drabhlás, i.e. chaith sé a shaol ag ól, etc.

Drae
An drae braon den iomlán nach n-ólfadh Eoin féin, i.e. dheamhan deoir den iomlán nach n-ólfadh sé.

Draoidín
Duine nó beathach iontach beag.

Níl in Aoidín ach draoidín beag, i.e. duine beag eisbheartach éidreorach.

Draothadh
Draothadh gáire, i.e. miongháire.

Dreasaigh
Dhreasaigh mé an madadh sna caoirigh, i.e. chuir mé an madadh sa tóir ar na caoirigh.

Ag dreasú daoine le chéile, i.e. ag tabhairt orthu fearg a ghlacadh le chéile.

Dreibhlín
Dreibhlín éanacha, dreibhlín caorach nó dreibhlín páistí, i.e. scaifte mór.

Driopás
'Cad é an driopás atá ort?' Déarfaí sin le duine a ligfeadh don uirnéis oibre a bheadh aige titim amach as a lámha.

'Fág sin, a ghiolla an driopáis, agus déanfaidh mé féin an obair.'

Drithleog
Splanc bheag bhídeach thine.

Ní raibh trí dhrithleog de thine acu, i.e. bhí drochthine acu. Ní raibh aon dadaidh móna nó guail uirthi.

Droch-cheann
Tá eagla orm go bhfuil an fear sin ina dhroch-cheann dá bhean, i.e. tá eagla orm nach bhfuil sé go maith di.

Droch-chroí
Le tréan droch-chroí shiúil siad fríd an choirce in áit siúl ar an chosán, i.e. cionn is gurb é mian a gcroí an dochar a dhéanamh.

Drochearra
Drochearra athleagadh a fháil sa tslaghdán, i.e. is olc an rud an t-athleagadh a fháil.

Drochfhadú faoi
Drochfhadú faoi ba chiontaí le Seán titim amach liom, i.e. daoine droch-chroíocha á bhroslú faoi choim a thug ar Sheán titim amach liom.

Drochrud
Tá an fear sin lán drochrud, i.e. tá sé iontach droch-chroíoch.

'Nach breá atá ciall don drochrud acu!' Deirtear sin le daoine a déarfadh gur díth na céille ba chiontaí le daoine drochghníomh a dhéanamh.

Drochuair
Go gcuire Dia an drochuair tharat!

Ní bhfuair mise mórán scoile nó léinn ar an drochuair domh féin, i.e. go mí-ádhúil domh féin.

Droim
Tá an fuacht seo ag teacht de dhroim sneachta, i.e. sneachta sna spéartha is ciontaí leis an ghaoth a bheith chomh fuar sin. (Deirtear fosta 'tá an fhearthainn sin ag teacht de dhroim toirní'.)

Mar mhaithe le droim díreach a chuaigh Micheál sna péas, i.e. de gheall ar gan obair mhaslach a bheith air a chuaigh sé iontu.

Eangach a chur le droim, i.e. í a cheangal den rópa taoibhe.

Tá mé ag titim i ndroim dubhach de dhíobháil cuideachta, i.e. tá mé ag éirí marbhánta, dobhránta, tromchroíoch leis an uaigneas.

Drúchtín
Drúchtín allais, i.e. deoir bheag allais.

Druid
Tá sé ag druidim anonn le ham luí, i.e. tá sé ag teacht de chóir am luí.

Dhruid siad anall linn, i.e. tháinig siad ní ba chóngaraí dúinn ná a bhí siad.

Tá mé i mo sheasamh anseo le huair druidte, i.e. tá mé anseo le huair iomlán.

'Tá sé sin chomh druidte le cloch,' a déarfaí fá dhuine a choinneodh a chuid gnoithe uilig aige féin, duine nach n-inseodh a dhath dá ghnoithe féin duit.

Dheamhan druid a chuaigh ar bhéal Bhríde ó tháinig sí isteach gur imigh sí, i.e. níor stad sí ach ag caint a fhad is a bhí sí istigh.

Dual
Tá ceol maith ag Donnchadh agus

ba dual athar dó sin, i.e. bhí ceol maith ag a athair agus tá Donnchadh á leanstan.

Shíl mé nár dhual don mhaidin a theacht choíche, i.e. shíl mé nach dtiocfadh sí choíche.

Dubh
Cuirtear 'dubh' nó 'dú' roimh ainm ar bith le tuilleadh brí a chur ann, mar shampla 'dubhfhocal,' 'an dúbhuaireamh,' 'an dúlúcháir,' etc.

Bhí an dúrud daoine ann, i.e. bhí slua mór daoine ann.

Shíl siad an dúrud de Shéamas, i.e. bhí meas mór acu ar Shéamas.

Dúbláil
Uisce beatha i ndiaidh a theacht fríd an stil an dara huair.

Braon de thús dúblála, i.e. braon den chéad chuid den dúbláil a thig fríd an stil.

Dúcha
Mé féin ba dúcha a bheith sa teach seo agus chan eisean, i.e. is mó an ceart de réir dúchais atá agamsa sa teach seo ná atá aigesean.

Dúchas
Tá sé sa dúchas acu sin a bheith mór, i.e. is de dhream de dhaoine móra iad.

Tá an ceol inti ó dhúchas, i.e. bhí an ceol ag a muintir roimpi.

Níl sé i ndáil nó i ndúchas aige a bheith chomh dímheasúil sin ormsa, i.e. bhí mo mhuintirse chomh fiúntach leis an dream ar díobh eisean, nó ní b'fhiuntaí ná iad.

Duibheagán
Amharc an duibheagán atá ag cruinniú thiar udaí! i.e. amharc an néal dubh dorcha atá ag cruinniú thiar udaí sa spéir.

Duibheagán na hoíche, i.e. an t-am is dorcha san oíche.

Dúil
'An bhfuil dúil ag an chat san uachtar?' i.e. an maith leis é?

Tá dúil mhór sa Ghaeilge ag Niall, i.e. tá taitneamh mór ar an Ghaeilge aige.

Ní bhíonn dúil ag duine ar bith sa tobaca an chéad uair ach éiríonn dúil aige ann, i.e. fásann dúil aige ann de réir a chéile.

Bhí mé ag dúil leat, i.e. bhí mé ag fuireacht le thú a theacht.

Bhain mé dúil díot, i.e. bhí tú a fhad gan teacht agus gur stad mé de bheith ag dúil leat.

Bhí sé ag fanacht le deoch a fháil uaim ach ba é an dúil gan a fháil dó é, i.e. ní bhfuair sé deoch ar bith uaim.

Duine
Bhí duine beag ag bean Shéamais aréir, i.e. bhí leanbh aici.

Duirling
Clocha duirlinge, i.e. clocha beaga cruinne a gheofaí fá chladach.

Dul
Níl dul agam sin a dhéanamh, i.e. ní thig liom a dhéanamh ar chor ar bith.

Ní raibh dul ag an chaint a theacht leis, i.e. ní raibh sé ábalta an chaint ba mhaith leis a rá ar chor ar bith.

Dúlaí
Duine dúlaí, i.e. duine druidte doicheallach santach.

Dúlaíocht
Shílfeá gur dúlaíocht geimhridh atá ann, i.e. shílfeá gur croílár an gheimhridh atá ann tá an aimsir chomh holc sin.

Dumhach
Talamh gainimh, go háirithe talamh a mbíonn bruacha móra briste ann.

Dúnéaltach
Dorcha, dúranta.

Dúranta
Duine dúranta, i.e. duine gruama nach mbíonn ar dhóigh ar bith lách.

Dúshraith
An bun a dtógtar teach air.

Thug tú leat ón dúshraith é, i.e. thóg tú an scéal nó an t-eolas go hiomlán. Níor fhág tú cuid ar bith de i do dhiaidh.

Dúshlán
Do dhúshlán sin a dhéanamh! i.e. déan sin má ligeann an eagla duit é!

Thug Micheál dúshlán a raibh istigh an bata a bhaint de, i.e. dúirt sé nach raibh aon duine sa láthair a bheadh ábalta an bata a bhaint de agus, má bhí, a chead aige sin féacháil leis.

'Bhéarfaidh an t-urlár bhur ndúshlán,' a deirtear le lucht damhsa, ionann agus gur gaiste a thuirseos siadsan ná an t-urlár.

E

Éadach
Níl cóir ar bith ann agus ní fiú dúinn éadach a dhéanamh, i.e. níl gaoth ar bith ann agus ní fiú dúinn seol a chur suas.

Ar iomair sibh nó ar bhain sibh as an éadach é? i.e. an leis na rámhaí nó leis na seoltaí a thiomáin sibh an bád?

Éadáil
Ní thuirsítear fear na héadála, i.e. an fear a mbíonn a chuid oibre ag éirí leis nó é ag gnóthú uirthi ní bhíonn tuirse le déanamh air.

Ní gnách le fear náireach a bheith éadálach, i.e. an té a mbeadh leisc air rud a iarraidh ar dhuine eile nó a mbeadh faitíos air é féin a bhrú isteach san áit a mbeadh mórán le gnóthú aige ní gnách leis mórán éadála a chruinniú.

Drochéadáil rud ar bith arbh fhearr do dhuine a bheith gan é. Drochéadáil an slaghdán, etc.

'Cad é a bhí tú a dhéanamh inniu?' 'An bheagéadáil, leoga,' i.e. ní raibh mé ag déanamh a dhath a mbeadh mórán le gnóthú air.

Éadan
Níor dhúirt mise a dhath ina n-éadan, i.e. ina n-aghaidh.

Bhí Pádraig ag cur i m'éadan, i.e. bhí Pádraig ag rá nach raibh an ceart agam, etc.

Níl a fhios agam cad é mar a bhí sé de éadan ort sin a dhéanamh, i.e. níl a fhios agam cad é mar a fuair tú de dhánacht sin a dhéanamh.

Thug mé liom na prátaí as éadan, i.e. thug mé liom iad idir bheag agus mhór de réir mar a bhíthear á gcastáil domh.

Má chuaigh an gasúr chun na scoile is in éadan a chos a chuaigh sé, i.e. má chuaigh sé féin is beag fonn a bhí air a ghabháil ann.

Níor fhág an sagart úr teach ar bith nach dtug sé cuairt air. Thug sé bualadh éadain dóibh, i.e. chuaigh sé isteach in achan teach de réir mar a bhíthear á gcastáil dó.

Éadóigh
Dúirt Mánas liom gur éadóigh é a theacht chun an bhaile anois, i.e. nár dóiche go dtiocfadh sé chun an bhaile.

Éadrom
Tá an t-éadach sin ró-éadrom sa dath, i.e. rógheal sa dath.

Tá an tae sin cineál beag éadrom,

i.e. cineál beag lag.

Tá Séamas chomh héadrom le driseog, i.e. an rud ba lú a chonaic tú riamh chuirfeadh sé corraí ar Shéamas. Ghlacfadh sé fearg ar bheagán fátha.

Níor ghlan mé an seomra mar ba cheart. Ní dhearn mé ach reáchtáil go héadrom air, i.e. ní dhearn mé ach glanadh beag éadrom air.

Spraeáil mé cuid de na prátaí ach ní dhearn mé ach siúl go héadrom orthu, i.e. níor chuir mé anmhórán den chloch ghorm orthu. Ní bhfuair mé mórán saothair uathu.

Eadra
Is ionann an t-eadra agus an t-am a chaitheann an t-eallach amuigh ó chuirtear amach ar maidin iad go dtí go dtugtar isteach lena mbleán i lár an lae iad.

Am eadra, i.e. an t-am a dtugtar isteach an t-eallach fá thuairim a dó dhéag a chlog.

Rinne siad eadra gáire faoin scéal, i.e. bhí siad ag gáire faoi ar feadh fada go leor.

Ní fhónann na headracha agus na paidreacha dá chéile, i.e. caithfidh duine rud inteacht diomaite d'urnaí a dhéanamh más mian leis a bheith beo.

Eagar
Is doiligh eagar a chur ar na focail seo, i.e. is doiligh achan cheann acu a chur ina áit féin.

Tchí Dia an t-eagar a bhfuil an duine bocht ann! i.e. is air atá an drochbhail!

Eagla
Bhí eagla a mbáis, a gcroí, a gcoirp orthu, i.e. bhí eagla an-mhór orthu.

Níl mórán cuma fearthainne anois air ach b'fhearr domh mo chóta a thabhairt liom ar eagla na heagla, i.e. sa dóigh nach mbím fá eagla go dtiocfaidh an fhearthainn.

Níl ciall do eagla ag an fhear sin, i.e. níl a fhios aige cad é an rud eagla.

Eagna
Is ag Seoirse atá an eagna chinn, i.e. is é Seoirse atá gasta intleachtach.

Eagnaíocht
Chaithfeadh Niall a shaol ag eagnaíocht, i.e. ní thuirseodh Niall choíche de bheith ag díospóireacht.

Éagórach
Níor mhaith liom an gasúr a bhualadh san éagóraigh, i.e. é a bhualadh ar son gníomh nach dearn sé.

Ealaín
Chan inniu nó inné a thoisigh Eoghan a dh'ól. Is fada an lá ar an ealaín sin é, i.e. is fada ag gabháil dó sin é.

Tá Liam lán ealaíon, i.e. duine cleasach go maith Liam.

Éan
Ná bí i d'éan chorr i measc na ndaoine eile, i.e. déan mar a ghní na daoine eile agus ná bí chomh héagosúil leo agus go gcuirfear sonrú ionat.

Tá mé i m'éan bhocht scoite anseo, i.e. tá mé go huaigneach de dhíobháil cairde ar bith anseo.

Eanglach
Tá an t-uisce sin chomh fuar is go gcuirfeadh sé eanglach i do chár, i.e. chuirfeadh sé dioth (pian bheag ghéar) i do chuid fiacal.

Bhí Pádaí amuigh ag snámh agus tháinig eanglach sna cosa air, i.e. tháinig pianta beaga géara ina chuid cos leis an fhuacht.

Éarlais
Thug an feirmeoir punta de éarlais

don ghasúr a bhí sé a fhostú, i.e. thug sé punta don ghasúr mar dheimhniú go raibh an margadh déanta eatarthu.

Earráid
Is beag duine nach mbaineann earráid dó corruair, i.e. is beag duine nach ndéan an rud contráilte am inteacht.

Easpa
Cad é tá d'easpa ort? i.e. cad é tá de dhíth ort?

Níl easpa ar bith airgid ar Dhonnchadh, i.e. tá a sháith airgid ag Donnchadh.

Tá eagla orm go bhfuil easpa bheag ar an fhear sin, i.e. go bhfuil easpa bheag céille air.

Eascairdeach
Áit eascairdeach í seo, i.e. áit í ar doiligh a theacht a fhad léi. Áit scoite.

Eascann
Níl ach mar a bheadh greim ar ruball eascainne ar an phost seo agam, i.e. níl siúráltas ar bith ar an phost agam. Tá mé i gcontúirt mhór í a chailleadh. (Rud ar bith a mbíonn duine i gcontúirt a chailleadh deirtear nach bhfuil ach mar a bheadh 'greim ar ruball eascainne aige air'.)

Éide
Chuir Peadar éide coimhthíoch air de gheall ar é féin a chur as aithne.

Saighdiúir in éide fir tíre, i.e. saighdiúir agus é cóirithe mar a bheadh duine coitianta ann.

Éidreorach
Duine beag éidreorach Aodh, i.e. duine anbhann lagbhríoch Aodh.

Éifeacht
Níl na héanacha sin ag teacht chun tosaigh ar chor ar bith. Ní thabharfar in éifeacht ar bith choíche iad, i.e. ní bheifear ábalta a dtógáil sa dóigh a n-éireoidh siad mór láidir.

Eile
Ná stróic leabhar an fhir eile, i.e. le fear eile an leabhar sin agus, mar sin de, ní ceart duit a strócadh.

Thug Máire léi hata na mná eile, i.e. hata nár léi féin.

Is iomaí duine ag gabháil thart go galánta ar chuid na muintire eile, i.e. is iomaí duine atá cóirithe go galánta agus fiacha ag daoine eile air.

Éileamh
Tá éileamh beag agam ar Dhónall, i.e. tá dornán beag airgid agam air.

Ní tháinig an slaghdán orm ar chor ar bith, chan dá éileamh é, i.e. ní tháinig sé orm agus níl mé ag gearán cionn is nach dtáinig.

Chuala mé go raibh Niall ag éileamh, i.e. chuala mé nach raibh sé go maith.

Cá has a bhfuil sé ag éileamh? i.e. cad é an bhreoiteacht atá air?

Tá sé ag éileamh as a chnámha, i.e. tá pianta cnámh air.

Má chaill tú an t-airgead is ort féin a fhéadas tú a bheith ag éileamh, i.e. féadann tú an locht a fhágáil ort féin.

Éillín
Is ionann éillín agus ál éanacha.

Ar leag tú éillín ar bith i mbliana? i.e. ar chuir tú uibheacha ar bith faoi chearc ghoir?

'Lig an chearc sin amach dhá éillín.' An chearc a shuíonn ar na huibheacha go dtig na héanacha beaga astu deirtear go 'ligeann sí amach iad'.

Uibheacha éillín, i.e. na huibheacha a chuirtear faoi chearc ghoir.

Éire
Shílfeá go raibh Éire ghlas idir a dhá lámh, i.e. shílfeá gur air féin a bhí cúram na hÉireann uilig.

Shílfeá gur leat féin Éire agus Gaoth Beara, i.e. shílfeadh duine gur fear iontach mórluachach thú.

Tá sé ar fheabhas na hÉireann, i.e. ní thiocfadh leis a bheith níos fearr.

Ní bheidh fiacha ort toiseacht a dh'obair an chéad lá in Éirinn, i.e. ní bheidh sé d'fhiacha ort a ghabháil a dh'obair go bhfaighidh tú sórt scíste a dhéanamh agus thú féin a shocrú.

Éiric
Fuair Dónall an oiread seo airgid in éiric a sciar den talamh, i.e. mar chúiteamh ar chailleadh a sciar den talamh.

Éirigh
D'imigh na báillí agus na clocha ag éirí dena ndroim acu, i.e. bhíothas á mbualadh leis na clocha agus iad ag teitheadh.

Tá dóigh mhaith ar mháistir na scoile, a pháighe ag éirí dó ar fad, i.e. ní thig stad ar bith ar a pháighe.

Cad é a d'éirigh duit? i.e. cad é a tháinig ort?

Nach taismeach a d'éirigh do Mhánas! i.e. nach ar Mhánas a tháinig an taisme!

Ar éirigh libh? i.e. ar bhuaigh libh an rud a fháil a bhí sibh a iarraidh?

Tá an saol ag éirí go maith le hAodh, i.e. tá Aodh ag teacht chun tosaigh go maith sa tsaol.

D'éirigh sé te ó mhaidin, i.e. ní raibh sé te ar maidin ach tháinig an teas ó shin.

Ag éirí fuar, te, mall, etc.

Nach millteanach an fuacht a d'éirigh ann le cupla lá! i.e. nach é a d'éirigh fuar!

Ní éiríonn Máire amach go minic, i.e. ní fhágann sí an teach go minic.

Eisbheartach
Nach eisbheartach an t-éide a bhíos ar chailíní na haimsire seo, i.e. nach beag bocht giortach an t-éide a bhíos orthu.

Duine beag eisbheartach, i.e. duine beag bídeach éidreorach.

Éist
Go n-éiste Dia do ghlór, i.e. go bhfaighe tú an achainí atá tú a iarraidh ar Dhia.

Ní thug mé éisteacht rómhaith don scéal, i.e. níor éist mé go faichilleach leis.

Níl a fhios cá huair a d'éist sé sin an tAifreann, i.e. is fada ó bhí an fear sin ag an Aifreann.

An raibh mórán le héisteacht ag an tsagart inniu? i.e. an raibh mórán ag gabháil ar faoiside aige?

Bocsa an éistigh, i.e. an áit a mbíonn an sagart ag éisteacht faoiside.

Tá moill bheag éistigh ar an fhear sin, i.e. tá sé cineál beag bodhar.

Eiteog
D'imigh sé mar a bheadh éan ar eiteog, i.e. d'imigh sé mar a d'imeodh éan sa spéir.

Eiteogach
Bhí na héanacha ag gabháil thart ar eiteogaigh, i.e. ag eitilt.

Eolach
Tá mise eolach ar Sheán, i.e. tá eolas maith ar chuid dóigheanna Sheáin agam.

Tá siadsan chomh heolach ar an áit agus nach dtéid siad ar seachrán, i.e. tá eolas chomh maith sin acu ar an áit.

Is sibh féin is eolaí ar a chéile, i.e. is agaibh féin is fearr atá eolas ar a chéile.

Eolaí
Duine ar bith a mbíonn saineolas ar obair ar bith aige deirtear gur 'eolaí i gceann na hoibre' sin é.

Bhí eolaí maith libh má bhí Seoirse libh, i.e. bhí fear libh a raibh eolas an bhealaigh i gceart aige.

Eolas
Níl mé in eolas na háite sin, i.e. níl eolas maith agam ar an áit sin.

Tá daoine ar ár n-eolas féin a rinne a leithéid sin, i.e. tá eolas againn féin ar dhaoine a rinne a leithéid sin.

Níl, ar feadh m'eolais, duine den tsloinne sin ar an bhaile seo, i.e. má tá duine den tsloinne sin ar an bhaile seo níl eolas agam air.

Chuir mé an t-eolas ar fhear a bhí ag an stáisiún, i.e. d'fhiafraigh mé de cad é an bealach ar cheart domh a ghabháil.

Bhí fear eile ag teacht anuas agus rinne seisean an t-eolas domh, i.e. thaispeáin seisean domh an bealach.

F

Fá
Chonaic mé Bríd ag an Aifreann inniu fána hata péacach, i.e. bhí hata péacach uirthi ag gabháil chun Aifrinn di.

Teach mór fána chúig seomraí, i.e. teach mór agus cúig sheomra ann.

Tá Séamas maith fá ghealltanas, i.e. bhéarfaidh sé tréan gealltanas duit.

Níl sé chomh maith sin fána chuid airgid, i.e. ní thabharfadh sé airgead uaidh chomh réidh leis an ghealltanas.

Níl an teach fá mhíle den bhaile mhór, i.e. tá an teach os cionn míle ón bhaile mhór.

'An deachaigh sibh go barr an chnoic?' 'Chuamar fá ghiota bheag de,' i.e. ní rabhamar ach giota beag ón bharr.

Is sine Seoirse ná Seán fá ghiota mhór, i.e. tá Seoirse cuid mhaith níos sine ná Seán.

Shiúil siad amach fán chnoc, i.e. shiúil siad amach go dtí áit inteacht ar an chnoc.

Níl mórán crann fán tír seo, i.e. níl mórán crann in áit ar bith sa tír seo.

Thit siad amach le chéile fá ghnoithe móna, i.e. gnoithe móna ba chiontaí le hiad a ghabháil in éadan a chéile.

Bhí mé fá chotadh, fá imní, fá eagla, etc., i.e. bhí cotadh, imní eagla, orm.

Fabhair
D'fhág mé an ruaim agus an fhabhair aige, i.e. d'fhág mé an t-iomlán aige féin. (Thit Brian agus Niall amach le chéile fá ghnoithe airgid agus chaith Brian an t-iomlán chuige. 'Tá an ruaim agus an fhabhair anois agat agus déan do rogha rud leis,' arsa seisean.)

Fabhraigh
Leoga, is i do cheann féin a d'fhabhraigh an smaointiú sin, i.e. i do cheann féin a d'fhás sé.

Sna huibheacha a fhabhraíos na héanacha óga, i.e. sna huibheacha a thig cuma ar na héanacha agus beatha iontu.

Fad
Tá an seomra fiche troigh ar fad, i.e. fiche troigh ó cheann go ceann.

An deachaigh tú fad an bhealaigh leis an tórramh? i.e. an deachaigh tú go d ilig leis?

Fág an clár ina luí ar a fhad, i.e.

ina luí cothrom leis an talamh.

Tá an bád ina luí ar fhad a taoibhe, i.e. sínte ar a taobh.

Bhuail an máistir an gasúr le bois ar fhad a leicinn, i.e. bhí bos an mháistir spréite trasna leiceann an ghasúir nuair a bhuail sé é.

Chonaic mé Éamann ag teacht ón abhainn agus a fhad féin de bhradán leis, i.e. bhí bradán leis a bhí chomh fada leis féin.

Faigh tuairim is a dhá fhad sin de bhata domh, i.e. faigh bata domh a bheas uair eile chomh fada leis sin.

Fad is a bheas mé beo, i.e. chomh fada is a bheas mé beo.

Stad mé de thabhairt prátaí do na cearca de gheall ar fad a bhaint as an méid atá agam, i.e. sa dóigh a mairfeadh an lón prátaí atá agam ní b'fhaide.

Nuair a bhí an tobaca gann bhí cuid de na fir ag cur luibheanna eile fríd de gheall ar fad a bhaint as.

Is gairid go raibh tuilleadh fad ar an lá, i.e. is gairid go raibh an lá níos faide ná atá sé faoi láthair.

'Ná raibh an fad sin de thinneas bliana ort,' a deir duine le duine eile mar bhuíochas ar son gar beag nár bhain mórán ama as a dhéanamh.

Leoin Pádraig a chos agus tá eagla orm go mbeidh sé i bhfad fúithi, i.e. tá eagla orm gur fada go raibh sé ábalta mórán oibre a dhéanamh as siocair an chos a bheith leonta.

Bhí an bád fad amhairc amach ar an fharraige, i.e. bhí sí chomh fada amach is nach raibh ann ach go bhfeicfeá í.

Fada
Is fada Eoin pósta, i.e. is fada ó pósadh Eoin.

Is fada an lá mise ag teacht chun na tíre seo, i.e. is fada ó thoisigh mé a theacht ann.

Is fada liom go dtige na laetha saoire, i.e. tchítear domh an t-am a bheith fada go dtí na laetha saoire.

'Creidim nach maith leat an baile a fhágáil?' 'Is mó is faide liom go dtige an t-am a mbeidh mé á fhágáil,' i.e. in áit buaireamh ar bith a bheith orm is é an rud is fada liom go dtí go bhfaighe mé faill, gléas, an baile a fhágáil.

B'fhada liom a bhí na páistí gan a theacht agus chuaigh mé amach á gcuartú, i.e. chonacthas domh go raibh siad rófhada amuigh.

Bhí mé fada seanchaite anseo sula dtáinig tusa, i.e. bhí mé anseo ar feadh tamaill fhada sula dtáinig tú.

Tá ceann fada ar an ógánach sin, i.e. tá sé sin gasta, críonna, seanaimseartha.

Is fada ó Phádraig a bheith ina oibrí chomh maith le Brian, i.e. níl Pádraig baol ar chomh maith le Brian ag obair.

Is fada duit do shaol má chuireann a leithéid sin buaireamh ort, i.e. ní bheidh saol róphléisiúrtha agat má chuireann rud mar sin imní ort.

Má shíleann tú go ndéanfaidh mise do chuid oibre duit is fada duit é, i.e. tiocfaidh tamall mór fada ort sula ndéana mé í.

Fág
Fágfaimid ag sin é, i.e. ní chuirfimid an scéal níos faide ná sin. Ní dhéanfaimid níos mó cainte air.

Níl fágáil amach ag Aodh le déanamh ar theach Sheáin, i.e. caitheann Aodh cuid mhór ama i dtigh Sheáin.

An té a fhágtar, fágtar é, i.e. an té a bhíos fágtha ar bheagán cuidithe is annamh duine a smaointíos ar chuidiú a thabhairt dó.

Ní heagal do Sheán go bhfágtar é, i.e. tá Seán críonna go leor le déanamh as dó féin ar dhóigh inteacht.

Is iomaí duine a fágadh leis an tsaint, i.e. is iomaí duine a cailleadh nó a chaill a shláinte ag gabháil in áit chontúirteach nó ag déanamh barraíocht oibre ar mhaithe le maoin shaolta.

An té a chaillfí amuigh le linn a bheith ar meisce, déarfaí gur 'fágadh lena ghoile é.'

Níl i Liam ach duine beag fágtha, i.e. duine beag éidreorach.

Fág acu féin an scéal, i.e. déanadh siad féin a rogha rud agus ná buair do cheann leo.

Briseadh an fhuinneog agus fágadh ar Pheadar é, i.e. dúradh gurb é Peadar a bhris í.

Fág sin faoi do chois, i.e. ná habair níos mó fá dtaobh de le duine ar bith.

Má tá Seán trí scór d'fhágfadh sin Eoin deich mbliana agus dhá scór nó tá Seán deich mbliana níos sine ná é.

Níl fágáil amach le déanamh acu ar a chéile, i.e. tá siad chomh tógtha le chéile is gur annamh a fhágann siad a chéile.

D'fhág sin de Mhánas é má bhí Cathal ábalta é a bhualadh, i.e. is beag is fiú Mánas. Tá sé iontach fágtha má lig sé do Chathal é a bhualadh.

Faichill
Bí ar d'fhaichill nó buailfidh sé thú nuair nach mbíonn tú ag dúil leis, i.e. coimhéad thú féin nó buailfidh sé thú.

Caithfidh mé a bheith ar m'fhaichill rompu, i.e. caithfidh mé mé féin a choimhéad orthu.

Chuir mise ar a bhfaichill iad, i.e. dúirt mise leo iad féin a choimhéad.

Ní linn féin an spád sin. Tabhair faichill di, i.e. bí cúramach léi.

Dá dtabharfá faichill don chulaith sin mhairfeadh sí fada go leor duit, i.e. dá mbeifeá cúramach léi.

Den fhaichill an coimhéad, i.e. cuid den fhaichill coimhéad a dhéanamh. Ní thiocfadh leat a bheith ar d'fhaichill mura ndéanfá coimhéad.

Faigh
Ná faighim an leabhar sin arís agat, i.e. ná beirimse greim ort agus an leabhar sin agat athuair.

Tá leabhar úr Mháire ar fáil anois, i.e. tá an leabhar úr ar an mhargadh anois. Thig le duine a fháil.

Cluinim nach bhfuil fáil ar an leabhar eile anois, i.e. cluinim nach dtig an leabhar eile a fháil anois, go bhfuil cóipeanna di iontach gann.

An bhfuair tú an obair sin a dhéanamh? i.e. ar éirigh leat í a dhéanamh?

Fán go bhfaighe mé mo hata a chur orm, i.e. fan go bhfaighe mé faill mo hata a chur orm.

Nach mór a fuarthas sean-Eoghan! Chuaigh sé amach go Leitir Ceanainn ag siúl de chois, i.e. nach mór an obair a rinne Eoghan!

Nach mór a gheibhtear thú, a Sheáin, atá amuigh i gceann do spáide, i.e. nach maith thú, a Sheáin, atá ábalta a bheith ag obair le spád.

Is é Micheál is fearr a gheibhtear ar bith atá ábalta a dhath a léamh agus gan aon lá a chaitheamh ar an scoil.

Tá an t-airgead ann dá mbeadh sé ar ghléas fála ag duine, i.e. dá mb'fhéidir do dhuine a fháil.

Faill
Nach bhfuil faill suí agat? i.e. an bhfuil a oiread deifre ort agus nach dtig leat suí?

Nuair a thig an chaill, tig an fhaill, i.e. má tá drochrud i ndán do dhuine gheobhaidh sé faill nó áiméar ar dhóigh inteacht le theacht air.

Tá dúil mhór san iascaireacht ag Éamann. Má gheibh sé faill na feannóige tá sé ar shiúl chun na habhann, i.e. má gheibh sé faill ar bith ar chor ar bith.

Níor mhaith liom an fhaill a ligint tharam, i.e. níor mhaith liom an seans a chailleadh.

Shílfeá gur ag breith faille a bhí siad, i.e. shílfeá go raibh siad ag coimhéad go bhfaigheadh siad faill a leithéid seo nó a leithéid siúd de rud a dhéanamh.

Nuair a gheibh na páistí mo chúl leo bíonn siad ag an tsiúcra. Bíonn siad ag breith faille orm.

Fáilte
'Céad fáilte romhat, a Shéamais.' 'Muise, níl mé fad na fáilte amuigh,' i.e. níl sé a fhad ó bhí mé istigh roimhe is go bhféadfá fáilte ar bith a chur romham.

Faire
Tugadh an corp chun an bhaile agus rinneadh a fhaire, i.e. coinníodh an corp fá theach agus suíodh aige ar feadh oíche nó cupla oíche.

Ar faire a tchífeá an cleas sin, i.e. sa teach a mbeadh faire.

An bhfuil faire ort? i.e. an bhfuil sé de fhiacha, de oibleagáid, ort a ghabháil chun na faire.

Fairsing
Teach fada fairsing, i.e. teach maith mór.

Is cosúil gur fairsing airgead ag Micheál inniu, i.e. tá cuma ar Mhicheál go bhfuil neart airgid le caitheamh inniu aige.

Fairsingeach
An bhfuil do sháith fairsingigh agat? i.e. an bhfuil do sháith áit suí, seasaimh nó oibre agat?

Imígí amach agus déanaigí cuideachta amuigh ar an fhairsingeach, i.e. amuigh san áit nach mbíonn cúnglach ar bith oraibh.

Tá tréan prátaí againn, altú do Dhia ar son an fhairsingigh!

Fáisc
Cad é a bheadh ar Eoin gan Gaeilge a bheith aige? Nach as an Ghaeilge a fáisceadh é? i.e. nach í an Ghaeilge a chuala sé agus a labhair sé riamh? Nach bhfuil an Ghaeilge suite isteach go dtí na cnámha ann, nó é mar a d'fhágfaí ar maos sa Ghaeilge é?

Faisnéis
Bhí Éamann ag cur faisnéise fá dtaobh díot, i.e. bhí sé do do fhiafraí, ag cur ceiste cad é mar a bhí tú, etc.

Níl fios nó faisnéis le fáil air, i.e. níl scéala ar bith le fáil fá dtaobh de.

Faiteadh
Déan faiteadh agus téigh thú féin, i.e. buail do lámha crosach ar a chéile faoi do chuid ascall agus déan te thú féin.

D'imigh sé i bhfaiteadh na súl, i.e. d'imigh sé chomh gasta agus a chaochfá do shúile.

Fáithim
Cuir fáithim leis an éadach sin, i.e. pill ciumhais bheag den éadach ar an chuid eile de agus fuaigh dá chéile iad.

Faltanas
Ní lú orm an sioc ná daoine a bheith ag imirt faltanais ar a chéile, i.e. is fuath liom daoine a bheith ag coinneáil oilc istigh dá chéile agus a bheith ag iarraidh a bheith ag déanamh dochair dá chéile.

Fan
Cé a fhanfas i mbun an tí? i.e. cé a fhanfas istigh le hobair an tí a dhéanamh?

Ná fan a fhad i mbun na hoibre sin, i.e. ná caith a oiread ama léi.

Níor fhan mise i mbun comhrá acu, i.e. níor fhan mé le comhrá a dhéanamh leo.

Fána
Tá fána isteach leis an urlár sin, i.e. tá sé ag éirí íseal ón doras isteach.

Tá fána leis an chruach, i.e. tá leataobh uirthi.

Faoi
Cuir béal an phota, an chléibh, etc. faoi, i.e. cuir é sa dóigh a mbeidh a bhéal tiontaithe síos.

Bhuail sé béal an chléibh faoi agus shuigh sé air, i.e. thiontaigh sé aníos tóin an chléibh agus shuigh sé air.

Tá fás mór faoin ghasúr sin, i.e. is mór atá sé ag fás.

D'imigh na buachaillí chun na gcnoc agus bhuail siad a gceann fúthu gur imigh an tóir, i.e. d'fhan siad fá chiúnas as bealach an dreama a bhí ina ndiaidh.

Lig fút, i.e. lig an bád claon eile leis an ghaoth.

Lig thart fút, i.e. lig thart an bád leis an ghaoth.

Cad é tá fút anois? i.e. cad é tá tú ag gabháil a dhéanamh anois?

Cad é an siúl atá fút anois? i.e. cá bhfuil tú ag gabháil anois?

Ní raibh fúm nó tharam ach a ghabháil a dh'amharc ar Éamann agus ina dhiaidh sin rinne mé dearmad de, i.e. bhí rún croí agus intinne agam a ghabháil a dh'amharc air.

Faoiseamh
Fuair Donnchadh faoiseamh beag aréir, i.e. tháinig laghdú beag ar an phian a bhí air.

Faoiside
Ná dearmad sin a chur i bhfaoiside don tsagart, i.e. ná dearmad sin a inse dó nuair a bheas tú ar faoiside aige.

Ní dheachaigh mé ar faoiside chuig an tsagart sin riamh, i.e. ní dhearn mé mo fhaoiside leis riamh.

Faoiside bheatha, i.e. faoiside duine ar pheacaí a bheatha uilig.

Faopach
D'fhág sin san fhaopach mé, i.e. d'fhág sin sa chruachás mé.

Ní raibh mé san fhaopach riamh go dtí sin, i.e. níor chruachás i gceart agam é go dtí sin.

Farradh
Tá aimsir bhreá anois ann i bhfarradh is an cineál aimsire a bhí ann go dtí seo, i.e. i gcomórtas leis an chineál a bhí ann go dtí seo.

Farraige
An tseanfharraige, i.e. an fharraige mhór fhoscailte.

Caorthacha farraige nó roisteacha farraige móire, i.e. farraige gharbh i gceart, tréan farraige móire.

Feabhas
'Cad é mar atá Seoirse?' 'Tá sé ar fheabhas,' i.e. tá sé chomh maith is a thig leis a bheith.

Ní fheicim a leithéid de fheabhas ar an obair sin, i.e. ní fheictear domh an obair sin a bheith déanta chomh maith is atáthar a rá.

Ní thiocfadh leatsa í a dhéanamh chomh maith sin, dá fheabhas thú, i.e. i ndiaidh chomh maith is atá tú.

Is fearr liom dá fheabhas dá mbeidh tú, i.e. is cuma liom cad é chomh maith is a bheas tú, sin mar is fearr liomsa thú a bheith.

Dá fheabhas dá ndéanfaidh tú an obair is amhlaidh is fearr duit féin, i.e. beidh do shochar féin as an obair mór nó beag de réir mar a dhéanfas tú go maith nó go holc í.

Féach
'Cad é an cineál tobaca é seo?' 'Níl a fhios agam. Lena fhéacháil a bheidh a fhios againn,' i.e. beidh a fhios againn cad é an cineál é nuair a bhainfeas muid úsáid as.

Cuir sin i do phíopa agus féach é, i.e. caith é go bhfeice tú cad é an cineál é.

Maith go leor, cuirfidh mise chun féachála é, i.e. féachfaidh mé é.

Ní raibh sé ach ag cur féachála ort, i.e. ní raibh sé ach de gheall ar a fháil amach cad é a dhéanfá nó cad é an cineál duine thú.

'An mbeidh tú ábalta sin a iompar?' 'Féachfaidh mé leis,' i.e. bhéarfaidh mé iarraidh air.

Rachaimid isteach anseo féacháil an bhfaighimid greim le hithe, i.e. go n-iarra muid greim le hithe agus go bhfeice muid an bhfaighimid é.

Bhí na gasúraí ag féacháil rása le chéile, i.e. ag reáchtáil go bhfeiceadh siad cé ba ghaiste.

An bhféachfaidh tú cor liom? i.e. an ndéanfaidh tú coraíocht liom go bhfeicimid cé againn is fearr?

Fead
Déan fead ghlaice, i.e. déan fead le do ghlaic, le d'ordóg agus do mhéar i do bhéal.

Rinne mé trí fhead ort fanacht liom, i.e. rinne mé fead trí hiarrata ort mar chomhartha go raibh mé ag iarraidh ort fanacht.

Féad
Féadann tú sin a dhéanamh, i.e. thig leat sin a dhéanamh más maith leat é.

'Tá eagla orm go gcuirfidh sé.' 'Féadaidh sé,' i.e. is féidir go gcuirfidh.

D'fhéad mise amhráin go leor a bheith agam, i.e. bhí na hamhráin le fáil agam dá mbíodh dúil agam ann.

D'fhéadfá sin a rá, i.e. thiocfadh leat sin a rá agus gan bréag ar bith a rá.

Nár fhéad tú fanacht anseo anocht? i.e. nach mbeadh sé chomh maith agat fanacht?

Féadfar gan aird ar bith a thabhairt ort feasta, i.e. tá sé chomh maith ag daoine gan aird a thabhairt ort ó seo amach.

Feadalach
Cuir port feadalaí leis, i.e. cuir suas an port ar fheadalaigh.

Feadánacht
Is doiligh fáil reitithe den tslaghdán nuair a théid sé i bhfeadánacht ionat, i.e. nuair a ghreamaíos sé díot ar feadh tamaill.

Feadh
Ní raibh Seamas san áit seo riamh ar feadh m'eolais, i.e. ní raibh sé

ann go bhfios domhsa. B'fhéidir go raibh sé anseo ach má bhí ní feasach mise go raibh. (Deirtear 'ar feadh a bhfuil fhios agam' ar an dóigh chéanna.)

Chuidigh mé le mo mhuintir ar feadh m'acmhainne, i.e. chomh maith is a tháinig liom.

Feall
Ná feall orm, i.e. ná bain mealladh asam.

Bhí Peadar le theacht a chuidiú liom inné ach d'fheall sé orm, i.e. ní tháinig sé agus mé ag dúil leis.

Feann
D'fheannfadh an fear sin thú mura dtabharfá deoch dó, i.e. bhainfeadh sé an craiceann díot le tréan cáinte.

Tá fuacht ann a d'fheannfadh gabhar, i.e. tá sé an-fhuar amach.

Fear
Dá mbeifeá ar an fhear ab fhearr ar an domhan tá súil rógánta agat, i.e. is cuma liom cad é chomh maith is atá tú tá an rógaireacht i do shúile.

Sílidh Nóra go bhfuil Fearghal ar fheara breátha an domhain, i.e. is é an bharúil atá ag Nóra nach bhfuil mórán fear ann chomh maith le Fearghal.

Níl Seán ina fhear le hAodh, i.e. níl Seán ina fhear chomh maith le hAodh.

De réir fear is fear ba láidre buachaillí na háite ná na strainséirí, i.e. ní raibh aon duine de bhuachaillí na háite nár láidre ná duine ar bith de na strainséirí a gcuirfeá i gcomórtas leis é.

Casadh fear a mhúinte ar Chonall inniu, i.e. casadh ar Chonall duine a chuir múineadh air.

Níor casadh fear a bhuailte ar Fheilimidh riamh, i.e. níor casadh duine ar bith ar Fheilimidh a bhí ábalta bua a fháil air le treise lámh.

'Ghearr Máire a méar le scian.' 'O! Ní chuirfidh sin ó fhear í,' i.e. ní bhacfaidh sin di fear a fháil.

Páistí fear, i.e. gasúraí.

Fear taodach an bás, i.e. is 'duine' é an bás nach mbeadh a fhios agat cad é a dhéanfadh sé nó cá háit a dtabharfadh sé a aghaidh.

Shílfeá gur na ceithre feara déag é, i.e. bhí a oiread gus ann agus callán leis agus go sílfeá gur fear iontach mórluachach é.

Fear siúlta an bhealaigh, i.e. fear siúil.

Fearb
D'fhág an máistir fearbacha sna bosa ag na gasúraí, i.e. d'fhág sé na bosa ata acu san áit ina dtáinig an tslat orthu.

Fearg
Ní fhaca mé do fhearg riamh go dtí inniu, i.e. ní fhaca mé fearg ort go dtí inniu.

Bhí fearg ar fónamh inniu ort, i.e. bhí fearg mhillteanach inniu ort.

Níor mhaith liom fearg a ghlacadh le Séamas, i.e. níor mhaith liom éirí feargach leis.

Bhí sé féin ag glacadh feirge de réir a chéile, i.e. bhí an fhearg ag teacht air féin de réir a chéile.

Bhí lán a léine, lán a chraicinn, de fhearg air, i.e. bhí a sháith feirge air.

Ní raibh a fhios aige cad é a bhí sé a rá le treán feirge, i.e. bhí a oiread sin feirge air agus nach raibh a fhios aige cad é a bhí sé a rá.

Fearr
Creidim go bhfuair sibh achan chineál ab fhearr ná a chéile ag an bhainis, i.e. creidim go bhfuair sibh

togha agus rogha achan chineál.

Bhéarfaidh mise isteach canna uisce duit. Ní fearr i mo shuí anseo mé, i.e. tá sé chomh maith agam a bheith ag tabhairt isteach an uisce le bheith i mo shuí anseo.

Níorbh fhearr duit rud maith ná an obair sin a bheith déanta, i.e. is fiú rud maith duit í a bheith déanta.

Níorbh fhearr liom ní nach n-abraim ná thú a bheith anseo aréir, i.e. b'fhearr liom ná rud maith thú a bheith anseo.

Ní dheachaigh Micheál chuig an iascaireacht aréir agus b'fhéidir nárbh fhearr dó ar bith é, i.e. b'fhéidir nár chaill sé mórán le linn gan a ghabháil.

Deir Brian go bhfuil sé ag gabháil a dh'obair ar son a láimhe féin feasta agus dheamhan a fearr liom rud dá ndéanfaidh sé, i.e. sin an rud nach gcuireann buaireamh ar bith ormsa (cé go mb'fheidir go síleann seisean go gcuirfidh).

Ní raibh Pádraig sásta leis an dóigh a dearn mise an obair agus thug sé féin iarraidh í a dhéanamh ar dhóigh eile, agus má b'fhearr mar sin í! i.e. bhí sé chomh maith ag Pádraig an obair a fhágáil mar a bhí sí.

Fearrde

Ní thig olc i dtír nach fearrde d'fhear inteacht, i.e. níl aon athrach sa tsaol a gcailleann duine ar bith a dhath lena linn nach ngnóthaíonn duine inteacht eile air.

B'fhearrde duit do chóta mór a thabhairt leat. Tá cuma cheathaideach ar an lá, i.e. bheifeá níos fearr as dá dtabharfá do chóta leat.

Níl Gaeilge ar bith ag an fhear sin is fiú nó is fearrde, i.e. níl Gaeilge ar bith ar chor ar bith aige.

Fearsaid

An deachaigh tú anonn an fhearsaid? i.e. an deachaigh tú trasna an deáin san áit thanaí, an áit ar ghnách le daoine a ghabháil anonn de gheall ar an uisce domhain a sheachaint?

Níl i dTadhg ach na fearsaidí, i.e. tá Tadhg iontach meaite, tanaí.

Feasach

Duine feasach Niall, i.e. duine a bhfuil mórán eolais aige Niall.

Ní feasach mé go bhfaca mé an fear sin riamh, i.e. ní fios domh, níl a fhios agam, go bhfaca mé riamh é.

Featha

D'imigh siad sna featha fásaigh, i.e. d'imigh siad ina rith chomh gasta agus a tháinig leo.

Feathach

Tá scoth na bhfeathach ag Pádraig, i.e. tá Pádraig lúfar go maith ar a chois. Thig leis reáchtáil go maith.

Feic

Beir ar an chloch sin agus feicim an dtógfaidh tú í.

Ná feicim anseo arís sibh.

'Is ort atá an dóigh bhreá, a Shéamais'. 'Tchí Dia an dóigh bhreá atá orm, a Phádraig.' i.e. níl an dóigh atá orm chomh breá agus a shíleas tú.

An rud a tchí an leanbh is é a ghní an leanbh.

Tchítear domhsa nach bhfuil Máire sásta, i.e. is é an smaointiú atá agam nach bhfuil sí sásta.

Níl ansin ach rud a tchítear duit, i.e. níl ansin ach smaointiú atá i do cheann féin.

Is iomaí rud a tchítear do dhuine,

i.e. is iomaí smaointiú a thig i gceann duine.

Cad é mar a tchítear duit an tír seo? i.e. cad é an cineál tíre í seo, dar leatsa?

Cad é mar a tchítear duit thú féin inniu? i.e. cad é mar a mhothaíonn tú thú féin inniu?

Chonacthas domhsa go raibh Eoghan confach aréir. An bhfacthas duitse go raibh? i.e. ba é an smaointiú a bhí i mo cheannsa go raibh Eoghan confach. An raibh an smaointiú sin agatsa?

Feidhm
Níl feidhm ar bith againn le páipéar nuachta a fhad is atá Nuala againn, i.e. níl páipéar ar bith de dhíth orainn.

Cad é tá de fheidhm ort anois? i.e. cad é tá de dhíth ort?

Bhí feidhm duit dóigh a chur ar an fhuinneog sin, i.e. bhí sé de dhíth ar an fhuinneog sin tú í a chóiriú.

Níl feidhm duit sin a inse domhsa, i.e. tá a fhios sin agam féin.

Rinne mé tráth maith bia nuair a tháinig mé chun an bhaile agus cha raibh mé riamh chomh mór ina fheidhm, i.e. ní raibh an bia de dhíth orm chomh mór sin riamh. Ní raibh a oiread ocrais riamh orm.

Cheannaigh mé hata inné agus leoga ní raibh mé as a fheidhm, i.e. ní raibh mé gan é a bheith de dhíth orm.

Féin
Ní liomsa a dúirt sé sin ach leat féin féin, i.e. leatsa agus ní le duine ar bith eile.

Le mo bhéal féin a dúirt Éamann sin, i.e. dúirt Éamann sin liom féin féin.

Eadrainn féin sin, i.e. ná labhair le duine ar bith eile air sin.

Scéal dó féin é sin, i.e. sin scéal eile ar fad.

Lig don leanbh agus rachaidh sé a shiúl uaidh féin, i.e. tosóidh sé a shiúl gan chuidiú.

Caithfidh sé go dtug duine inteacht leis an casúr. Níor imigh sé uaidh féin, i.e. níor fhág an casúr an áit a raibh sé gan duine inteacht a thabhairt leis.

Dá bhfágfainn an mhóin ansin níor liom féin a leath, i.e. ghoidfí orm í dá bhfágfainn ansin í.

A n-aghaidh féin ar a chéile! i.e. troideadh siad amach eatarthu féin é.

Féirín
Thug mé brúitín agus im do na páistí agus ba é an féirín acu é, i.e. ba é sin an rud a raibh dúil acu ann. Thaitin sé go mór leo.

'Níl tú gan féirín a bheith agat!' Déarfaí sin le páiste a mbeadh úll searbh glas aige, cuir i gcás.

'Ní bheinn gan féirín a bheith agam,' a déarfadh duine nuair a bheadh sé ag maíomh gur bheag a dhúil sa rud a bheifí a lua leis nó gur bheag a mheas ar an duine a bheifí a lua leis.

Feistigh
D'fheistigh mé an teach chomh maith is a tháinig liom, i.e. ghlan mé agus chóirigh mé an teach.

Ar fheistigh tú an bád? i.e. ar cheangail tú an bád sa dóigh nach n-imeodh sí leis an tsruth?

Feoil
Tá Ruairí ag cur suas na feola, i.e. tá sé ag éirí ramhar.

Feolbhach
Bhí an tachrán ina fheolbhach dhearg fán ghlúin, i.e. bhí sé stróctha gearrtha agus carr fola air.

Fiacha
An bhfuil fiacha ort sin a dhéanamh? i.e. an gcaithfidh tú sin a dhéanamh?

Tá sé d'fhiacha orthu uilig Gaeilge a bheith acu, i.e. caithfidh siad í a bheith acu.

Fágaim de fhiacha ort sin a dhéanamh, i.e. tá mé á chur de oibleagáid ort sin a dhéanamh.

Fiafraigh
Abair le do mhuintir go raibh mé á bhfiafraí, i.e. go raibh mé ag cur faisnéise fá dtaobh díobh — ag fiafraí an raibh siad go maith, etc.

'Tá an-fhiafraí ort!' Deirtear sin le duine a bhíos ag cur barraíocht ceisteanna díomúinte.

Fiáin
Tá an cat sin ar fiáin, i.e. tá sé ar shiúl ón teach mar a bheadh cat fiáin ann.

Tá barr na bprátaí ag gabháil i bhfiáin, i.e. tá an barr ag éirí i bhfad rómhór.

Fiamh
Cad é an fiamh atá ar Sheán is ar Éamann le chéile! i.e. cad é chomh holc dá chéile is atá siad!

Fiar
Tá fiar ar an phictiúr sin. Croch díreach é.

Tá an t-iomaire sin ar fiar, i.e. tá sé ag claonadh in aice taoibhe inteacht in áit a bheith ag coinneáil ar aon fhad amháin ó achan taobh.

Fiaraigh
Tá na súile fiaraithe agam ag amharc an bhfuil siad ag teacht, i.e. tá mé ag amharc chomh dian sin is go bhfuil mo shúile ar fiar.

Fiche
Tá fiche rud le déanamh agam go fóill, i.e. tá cuid mhaith rudaí le déanamh agam.

Chonaic mé a leithéid sin fiche uair, i.e. chonaic mé a leithéid sin go minic.

Fíon
Ní fíon fá lár é, i.e. ní rud nach dtig a leigheas é.

Fionnadh
Tá an madadh ag cur an fhionnaidh, i.e. tá an seanfhionnadh ag imeacht den mhadadh.

Fíor
Chuala mé sin, cé acu fíor bréag é, i.e. chuala mé é, bíodh sé fíor nó ná bíodh.

Bhí Pádraig iontach buartha, má b'fhíor dó, i.e. lig sé air féin go raibh sé buartha.

Fíorbharr an chnoic, i.e. an áit is airde ar an chnoc.

Fios
An mhuintir a thogh an lá inniu fá choinne an turais shílfeá gur fios a bhí acu, i.e. shílfeá go raibh a fhios acu roimh ré go mbeadh an lá chomh maith is atá sé.

Má tá a leithéid ann ní fios domhsa é, i.e. níl a fhios agamsa go bhfuil sé ann.

Níl a dhath dá dearn siad gan fhios nó os ard nár chuala mise.

D'imigh Donnchadh go hAlbain gan fios, fáth nó siocair ag déanamh go mbeadh dóigh bhreá thall air ach tá fios an difir anois aige, i.e. d'fhág sé an baile gan fáth ar bith cionn is gur shíl sé go mbeadh am pléisiúrtha thall aige ach tá a athrach sin de fhios anois aige.

'Fios na ndea-scéal chugainn!' a deir duine nuair a tchí sé teachtaire ag tarraingt air agus sreangscéal nó litir chuige.

B'fhéidir nach dtiocfadh siad inniu

ach is fearr a bheith réidh fána gcoinne le fios nó le hamhras, i.e. is fearr dúinn a bheith réidh ar eagla go dtiocfadh siad.

Físeacha
Gheobhaidh tusa na físeacha nuair a rachas tú chun an bhaile, i.e. gheobhaidh tú greasáil den tslat, nó leadhbairt den teanga, nó b'fhéidir an dá chuid.

Fite
Tá an snáth fite fuaite fríd a chéile, i.e. tá an snáth uilig in aimhréitigh.

Fiú
Ní fiú nó fearrde a bhfuair Mánas den airgead, i.e. ní bhfuair sé a dhath a raibh maith ann.

'Ar stad tú den tobaca?' 'Níor stad, leoga. Is glas is fiú do dhuine corrthoit bheag a chaitheamh,' i.e. tá sé beag go leor mar shó ag duine corrthoit a chaitheamh.

Gan fiú na ngirseach nach mbíonn ag caitheamh tobaca anois, i.e. bíonn na girseacha féin ag caitheamh tobaca.

Ní fiú biorán, seamsóg, etc. é, i.e. ní fiú rud ar bith é.

Bhuailfinn é dá mb'fhiú liom mo lámh a fhágáil thíos leis, i.e. bhuailfinn é ach gurb é nárbh fhiú liom mo lámh a shalú leis.

Fiúntas
Bhí fiúntas duit ansin, i.e. rinne tú an rud a dhéanfadh duine fiúntach.

Focal
Ar m'fhocal nár dhúirt mise sin riamh.

Níl mórán measa ar a bhfocal acu, i.e. is beag leo a bhfocal a bhriseadh.

Is agamsa atá an leabhar sin le fáil. Chuir mé focal uirthi an lá fá dheireadh, i.e. d'iarr mé an lá fá dheireadh í.

Cuir focal ar leaba sa teach ósta ar eagla nach bhfaighfeá ceann, i.e. abair roimh ré go mbeidh leaba de dhíth ort.

Tá lámh is focal eatarthu, i.e. tá gealltanas pósta tugtha dá chéile acu.

Bhí focal folaigh ag na hóglaigh, i.e. shocair siad eatarthu féin ar fhocal lena n-aithneodh siad a chéile.

Níor mhaith liom cor an fhocail a chur orthu, i.e. níor mhaith liom bréag dá laghad a chur orthu.

Foighid
Is doiligh foighid a dhéanamh leat, i.e. is doiligh do dhuine gan fearg a ghlacadh leat.

Faighidh foighid fortacht, i.e. an té a mbíonn foighid aige fuireacht le fortacht, gheibh sé fríd am í.

Foilsceadh
Cad é an foilsceadh atá fúibh? i.e. cad é is ciall don chuma thógtha atá oraibh?

Bhí foilsceadh scaollmhar faoi Mhicheál aréir, i.e. bhí cuma thógtha eaglach air.

Fóir
An té nach bhfóireann an bhróg dó ná cuireadh sé air í.

Folach
Is furasta rud a fholach ortsa, i.e. níl maith ionat ag cuartú a dhath.

Aon uair amháin a fuair an príosúnach a cheann ní raibh sé i bhfad ag cur folach cnoic ar na saighdiúirí, i.e. ba ghairid gur fhág sé i bhfad ina dhiaidh iad.

Chuirfeadh an madadh sin folach cnoic ar an mhadadh is fearr ar an bhaile, i.e. níl aon mhadadh ar an bhaile inreatha leis an mhadadh sin.

Folachán
Sin cluiche a bhíos ag na páistí. Théid cuid acu i bhfolach agus bíonn sé d'fhiacha ar an chuid eile iad sin a chuartú agus breith orthu. 'Ag imirt folacháin' a bhíos siad.

Folachán na gcruach, i.e. ar scáth na gcruach a théitear i bhfolach sa chluiche seo.

Fónamh
Níl mórán fónta déanta inniu agam, i.e. níl mórán oibre a bhfuil maith inti déanta agam.

Duine gan fónamh, i.e. duine nach mbíonn a dhath le gnóthú air.

Bhí scaifte ar fónamh ag an damhsa aréir, i.e. bhí scaifte an-mhór ann.

Fonn
Níl fonn cainte ar bith orm anocht, i.e. níl dúil ar bith sa chaint anocht agam. (Fonn gáire, ceoil, oibre, siúil, etc.)

Fonsa
Tobán nó bairille nó rud ar bith a bheadh ar bhealach a dhéanta déarfaí go raibh sé 'sna fonsaí tógála'.

For
Is é d'fhor is d'fhónamh a bheith ag léitheoireacht, i.e. ní iarrfá obair ar bith eile a dhéanamh ach a bheith ag léitheoireacht.

'An é sin d'fhor is d'fhónamh?' a déarfaí le duine nach mbeadh mórán oibre déanta aige nó mórán toraidh ar a chuid oibre le taispeáint aige.

Níl for nó fónamh ag cur bhuartha oraibh, a pháistí, i.e. níl sibh ag smaointiú ar obair ar bith a bhfuil maith nó tábhacht inti.

Formhothaithe
Ní bhéarfaidh tú ar an bheathach sin mura dtara tú air go formhothaithe, i.e. mura dté tú a fhad leis gan fhios dó.

Forrán
Casadh strainséir orm inniu agus chuir sé forrán orm i nGaeilge, i.e. bheannaigh sé domh i nGaeilge.

Fostú
Chuaigh an ruaim i bhfostú sna driseoga, i.e. chuaigh sí in aimhréidh sa dóigh a raibh sí gaibhte iontu.

Bíonn na gasúraí i gcónaí i bhfostú as Seán, i.e. bíonn siad i gcónaí ag gabháil dó. Ní ligeann siad dó.

Tá gasúr ar fostú ag muintir Néill, i.e. tá gasúr ar seirbhís acu.

Rinne Mánas fostú le feirmeoir, i.e. chuaigh sé ar seirbhís chuig feirmeoir seal ráithe nó leathbhliana, nó dáta inteacht eile aimsire.

Fraitheacha
Dá mbeadh airgead ar bith fá na fraitheacha bhéarfainn duit é, i.e. dá mbeadh airgead ar bith fán teach.

'An bhfuil Donnchadh istigh?' 'Tá sé fá na fraitheacha áit inteacht,' i.e. tá sé in áit inteacht fán teach.

Freagar
Go bhfreagraí Dia thú, i.e. go dtuga Dia d'achainí duit.

Chan a thabhairt d'ainfhreagar ort é ach is cuma liom cad é tá siad a dhéanamh, i.e. ní mar fhreagar gairid nó díomúinte ort atá mé á rá ach is cuma liom.

Freastal
Táimid ar ár ndícheall ag cróigeadh na móna, etc. ag iarraidh a bheith ag freastal na haimsire maithe, i.e. ag iarraidh an obair a dhéanamh nuair atá an aimsir ann a fhóireas di — an aimsir mhaith. Ag iarraidh a bheith ag déanamh na hoibre nuair atá an aimsir fóirsteanach.

Caithfimid éirí go luath ar maidin. Beidh sé barr láin ar a sé a chlog agus beidh an lán mara le freastal againn, i.e. caithfimid imeacht sa bhád sula raibh barraíocht tráite aige.

Is doiligh muir is tír a fhreastal, i.e. is doiligh obair in dhá áit a choimhéad san am amháin.

Fríd[1]

Bhí Sean ag rá amhráin agus chuaigh sé fríd, i.e. chuaigh sé chun aimhréitigh san amhrán.

Tá an teach uilig fríd a chéile agaibh, i.e. tá achan rud sa teach as a áit agaibh.

Chuaigh Máire fríd a chéile ag an scrúdú, i.e. tháinig faitíos nó cearthaí uirthi agus ní raibh sí in inmhe an obair a dhéanamh i gceart.

Tháinig sé fríd mo cheann agus rinne mé é, i.e. bhuail an smaointiú go tobann mé agus chuir mé i ngníomh é.

Bhí ceol maith ag deartháir an athara agus is cosúil go dtáinig sé fríd Phádraig, i.e. is cosúil go dtug Pádraig an ceol ón uncail.

Tá Niall tinn i gceart ach sílim go dtiocfaidh sé fríd, i.e. sílim go bhfaighidh sé biseach.

Tá an t-ainm ag gabháil fríd mo cheann ach ní thig liom cuimhneamh air, i.e. tá a fhios agam gur chuala mé an t-ainm agus is dócha go gcuimhneoidh mé go fóill air, cé nach cuimhin liom anois é.

Cluinim go bhfuil Eoghan i bhfad fríd inniu, i.e. go bhfuil sé tinn i gceart.

Labhair sí fríd chaoineadh, i.e. labhair sí agus í ag caoineadh.

Sílim, lena nglacadh fríd an phíosa, go bhfuil ár gcuid prátaí féin chomh maith leo sin, i.e. sílim, i ndiaidh iad a chur i gcomórtas le chéile ar achan dóigh, go bhfuil ár gcuid féin chomh maith leo.

Fríd[2]

Níl oiread na fríde san uibh sin, i.e. níl an uibh sin ach iontach beag.

Is lú ná fríd máthair na cointinne, i.e. is fíorbheag an rud a chuireas an iaróg (imreasán) ina suí.

Níl faic na fríde de mhoill ort sin a dhéanamh, i.e. níl a dhath amháin ag bacáil duit sin a dhéanamh. (Níl faic na fríde cearr leat, níl faic na fríde de mhaith ionat, etc.)

Friotháileamh

Cé a rinne an tAifreann a fhriotháileamh inniu? i.e. cé a bhí ina chléireach ag an Aifreann?

Fuadar

Tá Dónall ag gabháil soir agus drochfhuadar faoi, i.e. cuma air go bhfuil sé ag brath drochrud a dhéanamh.

Fuar

Caithfidh sé nach bhfuil Eoghan agus muintir Shéamais mór le chéile. Thug mé fá dear go raibh sé cineál fuar iontu, i.e. ní dhearn sé mórán muintearais nó carthanachta leo.

Níorbh é mo chomaoin a bheith fuar ionatsa, i.e. de réir mar a bhí tú go maith domh níor cheart domh gan a bheith carthanach leat.

Fuaraigh

B'éigean dóibh fuarú sa chraiceann ar théigh siad ann, i.e. níor tugadh aird ar bith ar a gcuid feirge.

Fuath

Thug mé fuath don tobaca, i.e. chaill mé dúil sa tobaca.

Tá an dubhfhuath agam ar an fhear sin, i.e. is beag duine is lú orm ná an fear sin.

Chuir Nuala fuath an tí faoi Éamann, i.e. bhí sí ina siocair le hÉamann a oiread fuatha a thabhairt don teach agus gur stad sé de ghabháil ann.

Bhí a oiread ólacháin ann agus gur cuireadh fuath na háite faoi dhaoine fiúntacha.

Ba cheart fuath na tíre seo a chur faoi na seoiníní le tréan Gaeilge.

Fuil

Ghearr mé mo lámh agus tá sí ag cur fola, i.e. tá an fhuil léi, ag teacht aisti.

Bhí an gasúr ag cur fuil shróna, i.e. bhí srón an ghasúir ag cur fola.

Bhuail Mánas an saighdiúir agus lig sé a chuid fola leis, i.e. tharraing Mánas fuil an tsaighdiúra.

Níor lig Tadhg a chuid fola féin le haon duine riamh, i.e. níor lig Tadhg d'aon duine a chuid fola a tharraingt gan é féin fuil an duine sin a tharraingt os a coinne.

Déan é má tá fuil ionat, i.e. déan é más fear thú.

Fuíoll

Níor fhág na strainséirí fuíoll molta ar an áit seo, i.e. rinne siad a oiread molta ar an áit agus nach raibh sé de dhíth ar aon duine eile í a mholadh ina ndiaidh.

Fuíoll treacha, bruicíní, etc. i.e. éileamh beag nó laige a d'fhágfadh an triuch, an bhruicíneach, etc. ina dhiaidh.

Tá fuíoll bia anseo, i.e. tá neart bia anseo.

Fuireachas

Má tá siad ag fanacht le Seoirse a ghabháil a chuidiú leo beidh fuireachas fada orthu, i.e. beidh siad ag fanacht go ceann fada leis.

Tá an t-aos óg ag fuireachas leis an damhsa mar a bheadh cat ag fuireacht le luchóg.

Furasta

'Dá mbeinnse i d'áit, a Shéamais, ní thabharfainn aird ar bith orthu.' 'O! is furasta duit, a Phádraig,' i.e. is furasta duitse sin a rá. B'fhéidir go mbeadh a athrach sin de scéal agat dá mbeifeá i m'áit.

Cheannaigh Donnchadh mótar ach is dó is fusa, i.e. is air is fearr atá gléas le mótar a cheannacht.

Is furasta le Tomás fearg a ghlacadh, i.e. tá Tomás tugtha don fhearg.

B'fhurasta do mholadh, i.e. ba bheag moladh a dhéanfaí ort gan barraíocht a dhéanamh ort.

Is furasta leithscéal a fháil duit, i.e. ní bhíonn tú ach ag iarraidh leithscéil.

G

Ga

Coimhéad thú féin ar eagla go gcuirfeadh na beachóga ga ionat, i.e. cealg.

Gabh

Tháinig Bríd isteach chomh fáilí agus dá mbeadh sí ag gabháil a ghabháil éin ar nead, i.e. tháinig sí isteach chomh suaimhneach sin agus nach mothófá í.

Bíonn na gasúraí eile i gcónaí ag gabháil do Shéamas, i.e. ní thabhrann siad suaimhneas dó, ní ligeann siad dó in am ar bith.

Creidim gur ag gabháil domhsa a bhí sibh nuair a fuair sibh mo chúl libh, i.e. gur ag cúlchaint orm a bhí sibh.

An bhfuil Seoirse ag gabháil don Ghaeilge ar fad? i.e. an bhfuil sé á foghlaim, nó á teagasc, nó ag obair léi ar dhóigh ar bith?

Bhí eagla orm gur aicíd na scamhán a bhí orm nó mhothaigh mé mé féin gaibhte as m'ucht, i.e. mhothaigh mé mar a bheadh m'ucht cineál tachta.

Ní bheinn gaibhte ag caint leis an fhear sin, i.e. ní chuirfinn mo chuid ama amú ag caint leis.

'An mbeidh Dónall ag gabháil chun an aonaigh?' 'Gabhaim orm go mbeidh,' i.e. is dócha go mbeidh.

'An mbeidh Tomás ag gabháil chuig an chéilí?' 'Ó, gabhaim orm is tú go mbeidh seisean ann,' i.e. bí cinnte go mbeidh seisean ann, is cuma cé eile a bheas ann nó nach mbeidh.

Gabhaim orm go bhfuil an mhóin uilig tógtha ag do mhuintirse, a Shéamais? i.e. tá an mhóin tógtha ag do mhuintirse, nach bhfuil, a Shéamais?

Gábh

D'imigh tú as gábh mór, i.e. tháinig tú slán as contúirt mhór.

Shílfeá gur i ndiaidh imeacht as gábh atá tú, i.e. shílfeadh duine nach bhfuil tú ach i ndiaidh a theacht slán as contúirt mhór inteacht de réir mar atá cuma scanraithe ort.

Fuair Máire cupla punta airgid a chuir an gábh thairsti, i.e. fuair sí cupla punta a thóg di an t-anás mór a bhí uirthi.

Gabhar

Cuir síoda ar ghabhar agus is gabhar i gcónaí é, i.e. an té nach mbíonn uaisleacht ann féin ní dhéanfaidh éadach galánta duine uasal de.

Is doiligh olann a bhaint de ghabhar, i.e. an ní nach mbíonn ag duine is doiligh an ní sin a bhaint de.

Chuirfeadh nóisean gabhar chun na cille agus bhéarfadh dóchas ar ais é, i.e. dá dtéadh duine a smaointiú go raibh easpa sláinte air dhéanfadh an smaointiú sin féin tinn é agus dá smaointíodh sé go raibh sé ag bisiú dhéanfadh an smaointiú sin féin biseach dó.

Gach aon

'Achan' a deirtear.

Bhí achan scread, achan léim aige, etc. i.e. bhí sé ag screadaigh, ag léimnigh, etc. go mór.

Gaid bhrád

Drochangadh a bhriseas amach ar mhuineál duine. Chreideadh na Sasanaigh dá gcuimlíodh rí na tíre a lámh den chneá go leigheasfadh sin í.

Gáifeach

Is tú atá gáifeach, i.e. tá tú iontach tugtha de bheith ag déanamh scéal mór de rud bheag neamhshuimiúil.

Gaimbín

Bheir Donnchadh amach airgead ar gaimbín, i.e. bheir sé iasachtaí airgid uaidh ar acht an oiread seo sa phunta a fháil ar ais le cois an ruda a bheir sé uaidh.

Gáir

Tá gáir mhillteanach leis na rásaí seo, i.e. tá achan duine ag caint ar na rásaí.

Chuaigh do gháir san áit nach deachaigh do chos, i.e. bhíothas ag caint ort in áiteanna nach raibh tú riamh iontu.

Tá drochgháir le Béal Feirste ar fud na hÉireann, i.e. tá droch-chlú ag muintir na hÉireann uilig ar Bhéal Feirste.

Gáire

Bhainfeadh sé gáire asat a bheith ag amharc ar Mhánas, i.e. dhéanfá gáire dá bhfeicfeá Mánas.

Rinne sé leafa gáire nó draothadh gáire, i.e. rinne sé gáire beag gairid.

Stad de do chuid gealgháire, i.e. stad de dhéanamh do chuid gáire beag tirim.

Déan do sháith gáire, dá gcaillfí choíche thú, i.e. bí ag gáire, is cuma cad é a éireos duit ina dhiaidh.

Rinne Ruairí gáire chomh mór sin go bhfeicfeá an dúlagán dubh a bhí thíos ar thóin a ghoile, i.e. rinne sé gáire millteanach.

Tá mé marbh ag gáire, i.e. tá cuid mhór gáire déanta agam.

Ní raibh mé ag gáire fút ar chor ar bith ach bhí mé ag gáire le Séamas cionn is go raibh sé ag gáire liom, i.e. ní raibh mé ag gáire le magadh ortsa ach ag gáire le Séamas cionn is gur amharc sé orm agus é ag gáire.

D'imigh na gáirí orm, i.e. rinne mé gáire ainneoin nár mhian liom gáire a dhéanamh.

Bhí mé ag iarraidh na gáirí a choinneáil istigh, i.e. bhí fonn gáire orm agus mé ag iarraidh gan gáire a dhéanamh.

Rinne Séamas gáire nach raibh a fhonn air, i.e. rinne sé gáire cé nach raibh fonn gáire ar bith air.

Ní tháinig liom rún a dhéanamh ar na gáirí, i.e. ní tháinig liom na gáirí a choinneáil istigh.

Bhí sí ag plúchadh na ngáirí, i.e. bhí sí ag iarraidh a bheith ag coinneáil istigh na ngáirí.

D'imigh an fhearg de Bhrian agus tháinig aoibh an gháire air, i.e. d'éirigh sé sa dóigh inarbh fhurasta leis gáire a dhéanamh.

Bhí mé lag leis na gáirí, sínte siar leis na gáirí, sioctha leis na gáirí, stiúgtha leis na gáirí, etc., i.e. bhí mé ag gáire go rachtúil.

Mura mbeadh agat ach aon gháire amháin dhéanfá faoi Thomás é, i.e. dá mbaineadh rud ar bith gáire asat bhainfeadh Tomás asat é.

Gairgeach

Chonacthas domh gur labhair sé gairgeach go leor, i.e. leathfheargach go leor.

Gairid

Is gairid feasta go dtara Dónall, i.e. tiocfaidh Dónall gan mhoill.

Is gairid a rachas punta ar Eoghan, i.e. ní mhairfidh punta i bhfad ag Eoghan.

Bhí Aodh anseo le gairid, i.e. bhí sé anseo tá tamall gairid ó shin ann.

Bhí sé sa bhaile go dtí le fíorghairid, i.e. is fíorghairid an t-am ó d'fhág sé an baile.

Ní raibh an páipéar sin le fáil anseo go dtí le gairid féin, i.e. is le gairid a bheadh an páipéar sin le fáil anseo ar chor ar bith.

Chonacthas domh go raibh tú iontach gairid le Brian, i.e. shíl mé go raibh tú cineál confach leis — nach dtug tú sásamh ar bith dó.

Tá sé féin gairid sa ghráinnín, i.e. tá sé féin cineál confach.

Bhéarfaidh mé liom punta eile den im sin ar eagla go mbéarfaí gairid orm, i.e. ar eagla go mbeadh im de dhíth orm agus gan é agam.

Is cuma cad é an cheist a chuirfidh tú ar Eoin ní bhéarfaidh tú gairid air, i.e. beidh Eoin ábalta ceist ar bith a fhuascailt dá gcuirfidh tú air.

Galar

An deachaigh an galar breac ar an leanbh go fóill? i.e. ar chuir an dochtúir cuid den ghalar bhreac ar an leanbh lena shábháil ar an ghalar sin a theacht uaidh féin air?

Is iomaí duine a bhfuil do ghalar air, i.e. is iomaí duine atá ar an dóigh chéanna leat féin.

Gallach
Rinne sé gallach den iasc, i.e. chroch sé na héisc as aon chorda amháin.

Gan
Chaith mé an t-airgead go hamaideach agus anois nuair atá sé de dhíth orm tá mé gan é, i.e. níl sé agam.

Bhí an dá rógaire úd le Micheál chun an aonaigh agus b'fhearr dó gan iad, i.e. b'fhearr dó a bheith gan cuideachta na beirte céanna.

An obair a ghní siad sin, b'fhearr gan déanamh í, i.e. ní dhéan siad go maith nó go measartha í.

Is tú atá gan mhaith, i.e. níl maith ar bith ionat.

Duine gan choir, i.e. duine nach mbíonn olc nó urchóid ar bith ann.

Duine gan mhúineadh, i.e. duine nach mbíonn múineadh air.

Duine gan suim, i.e. duine nach fiú suim a chur ann, etc.

'Níl tú gan scéal a bheith agat!' a déarfaí le duine a rachadh a dh'inse scéil nárbh fhiú a inse nó nárbh inchluinte.

Gann
An bhfuil tú gann in airgead? i.e. an bhfuil an t-airgead gann agat?

Bhí sé gann go leor aige cuidiú beag a thabhairt dá dhearthráir, i.e. ba é an rud ba lú a thiocfadh leis a dhéanamh.

Gaobhar
Rachainn a dh'amharc ar Fheilimidh dá mbeadh sé ar na gaobhair ar chor ar bith, i.e. dá mbeadh sé in áit ar bith de chóir baile.

Gaol
Cad é an gaol atá agat le Pádraig? i.e. cad é an muintearas, de réir fola, atá idir thú féin agus Pádraig?

Tá fréamh ghaoil againne le muintir Eoghain, i.e. táimidne gaolmhar do mhuintir Eoghain.

Bíonn Eoghan ag maíomh gaoil orainn, i.e. bíonn Eoghan ag rá go bhfuil sé gaolmhar dúinn.

Níl maith ionam ag déanamh suas gaoil, i.e. ní thig liom fréamhacha gaoil a chuntas go maith.

Cuir i gcás gur lánúin phósta Séamas agus Sábha, agus gur iníon dóibh Nóra agus gur mac dóibh Niall:

Clann Nóra
i.e.
Clann na deirféar

Clann Néill
i.e.
Clann an dearthár

(Clann Nóra agus clann Néill – clann na deirféar agus an dearthár)

Clann chlainne Nóra
i.e.
Óí Nóra

Clann chlainne Néill
i.e.
Óí Néill

(Clann chlainne Nóra agus clann chlainne Néill – an dá ó)

Clann ó Nóra
i.e.
Fionnóí Nóra

Clann ó Néill
i.e.
Fionnóí Néill

(Fionnóí Nóra agus Fionnóí Néill – an dá fhionnó)

Clann fhionnó Nóra
i.e.
Dubhóí Nóra

Clann fhionnó Néill
i.e.
Dubhóí Néill

(Dubhóí Nóra agus Dubhóí Néill – an dá dhubhó)

Beidh fréamhacha eile gaoil fríothu sin, mar 'clann agus ó', 'ó agus fionnó', 'fionnó agus dubhó', etc. Ó de chuid Nóra agus fionnó de chuid Néill, cuir i gcás, i.e. ó agus fionnó.

Gaolmhar
Chan fhuil a fhios agam cé acu Pádraig nó Eoghan is gaolmhaire domh, i.e. cé acu is deise i ngaol domh.

Gaosán
Is cuma cad é a deir siad, beidh mo dhóigh féin agam d'ainneoin a ngaosáin, i.e. d'ainneoin bac ar bith dá bhféachfaidh siad le cur orm. (Deirtear fosta, 'd'ainneoin chnámh a ngaosáin'.)

Gaota
'Spré ar do ghaota!' Deirtear sin le duine a bhíos ag ithe go minic nó ag caint go minic ar itheachán.

Gaoth
Tá réablacha agus roiseanna gaoithe móire ann, i.e. tá gaoth iontach tréan ann.

Briseann na crainn urra na gaoithe, i.e. baineann na crainn cuid den láidreacht as an ghaoth.

Ní thiocfaidh tú taobh na gaoithe ar Phádaí, i.e. ní chuirfidh tú cluain ar bith ar Phádaí — ní bhuailfidh tú bob ar bith air — cionn is é a bheith ró-ghéarchúiseach agat.

Caithfear an ghaoth a ligean fríd an scéal, i.e. caithfear tuilleadh eolais a fháil air nó tuilleadh eolais a thabhairt do dhaoine air.

Tá cineálacha bia ann a thógas gaoth ar dhaoine, i.e. a líonas a ngoile de ghaoth.

Gar
Chuirfeadh Máire míle de chor bealaigh uirthi féin le gar a dhéanamh duit, i.e. rachadh sí míle amach as a cosán le teachtaireacht, le hobair nó le rud maith ar bith a dhéanamh duit.

Ná tabhair buíochas ar bith domh. B'fhéidir go dtiocfadh mo ghar féin ortsa go fóill, i.e. b'fhéidir go gcaithfinn a iarraidh ort rud inteacht a dhéanamh domh.

Tig ár ngar ar a chéile go minic, i.e. is minic a bhíos cuidiú duine againn de dhíth ar an duine eile.

B'fhéidir go bhfeicfinn an lá a dtiocfadh do ghar orm go fóill, i.e. b'fhéidir go dtiocfadh an t-am a gcaithfeá mo chuidiú a iarraidh go fóill. (Deirtear fosta 'b'fhéidir go dtiocfadh do ghar i mo chosán go fóill'.)

Cad é an gar a bheith ag caint? i.e. cad é an mhaith a bheith ag caint?

Níl gar a bheith leat, i.e. níl maith ar bith a bheith ag caint leat. Beidh do dhóigh féin agat.

Garach
Duine garach Niall, i.e. duine Niall ar mhaith leis gar a dhéanamh duit.

Tá sé ar an fhear is garaí ar an bhaile, i.e. níl aon duine ar an bhaile chomh garach leis.

Garaíocht
Coinnigh an snáth seo domh ó tharla in áit na garaíochta thú, i.e. ó tharla go bhfuil tú san áit a dtig leat an gar sin a dhéanamh domh.

Garathair
Tá sé sin aosta go leor le bheith ina gharathair agat, i.e. le bheith ina athair ag d'athair mór nó ag do mháthair mhór.

Garbhóg
Is í sin an gharbhóg mhná, i.e. bean iontach garbh í sin. (Deirtear fosta 'garbhóg ghirsí', 'garbhóg chailín'.)

Ga seá
Nach millteanach an ga seá a bhí

i Micheál aréir! i.e. nár dhomhain phiachánach an anáil a bhí sé a tharraingt! (Duine a mbeadh piachán nó cársán ann bheadh ga seá ann nuair a bheadh sé cineál as anáil i ndiaidh saothair mhóir.)

Geabadán

'Fuist, a gheabadáin!' a déarfaí le tachrán a mbeadh barraíocht geab nó cainte aige.

Geabaireacht

Níl a fhios agam cad é an gheabaireacht a bhí orthu, i.e. níl a fhios agam cad é an chaint gan chiall a bhí ar obair acu.

Geadán

'Giolla an gheadáin' a déarfaí le duine a mbeadh siúl aige a bhéarfadh i do cheann madadh beag sotalach agus casadh ina ruball.

Geal

Níl mé féin is iad féin rógheal dá chéile, i.e. nílimid an-mhór le chéile. (Níl Mánas rógheal do Shéamas, etc.)

Gealach

An bhfuil an ghealach ina suí go fóill? i.e. ar éirigh an ghealach go fóill?

Tá tús gealaí, iomlán gealaí, deireadh gealaí, ann.

'Tá cúl ag gabháil ar an ghealach,' a deirtear nuair a thoisíos sí a dh'imeacht i ndiaidh a bheith iomlán.

Deirtear gur dual do cheo gealaí úire bás a fháil ón tart, i.e. gur comhartha triomaigh ceo a bheith ann le linn tús gealaí.

Oíche ghealaí, i.e. oíche a mbíonn solas na gealaí ann.

Oíche réabghealaí, i.e. oíche a mbíonn solas maith ar an ghealach.

Oíche smúitghealaí, i.e. oíche a mbíonn an ghealach faoi smúit.

Gealaigh

Tá an lá ag gealú, i.e. tá spéarthaí an lae ag teacht.

Ar fhág tú an t-éadach amuigh ar gealú? i.e. ar fhág tú an t-éadach amuigh lena dhéanamh geal?

Geall

Cuirfidh mé do rogha geall leat nach mbíonn Éamann anseo anocht, i.e. cuirfidh mé geall ar bith leat, dá mhéad é, nach mbíonn sé anseo.

De gheall ar Dhia, agus ná déan sin, i.e. ar son Dé, ná déan é.

Rinne mé deifre de gheall ar a bheith in am, i.e. sa dóigh a mbeinn in am.

Ní raibh sé ach de gheall ar a bheith ag comhrá leat, i.e. ní raibh sé ag smaointiú ar rud ar bith ach tamall comhrá a dhéanamh leat.

Ní thiocfadh liom sin a dhéanamh dá mbeadh mo bhás de gheall leis, i.e. ní thiocfadh liom a dhéanamh dá mba i ndán is go bhfaighinn bás cionn is nach ndéanfainn é.

Geallmhar

Tá Mánas agus Nuala iontach geallmhar ar a chéile, i.e. tá meas mór acu ar a chéile. Tá dúil mhór acu ina chéile.

Geamhthroid

Ní stadann siad sin ach ag geamhthroid le chéile, i.e. bíonn siad amuigh ar a chéile agus ag scalladóireacht ar a chéile ar fad.

Géar

Is géire Seán ná Dónall, i.e. tá Seán níos géarchúisí ná Dónall.

Tá an bainne sin géar, i.e. tá sé ag ramhrú ina ghruth agus blas searbh air.

Géaraigh

Ghéaraigh an lá, i.e. d'éirigh an lá

doineanta.

Shílfeá go bhfuil sé ag géarú, i.e. shílfeá go bhfuil sé ag éirí doineanta.

Dúirt Séamas liom go mbeinn mall agus ghéaraigh mé mo choiscéim, i.e. shiúil mé ní ba ghaiste.

Géaránach
An bhfuair an leanbh na géaránaigh go fóill? i.e. an dá fhiacail mhóra a bhíos faoin dá shúil.

Géarbhach
Drochbhád in éadan géarbhaigh í sin, i.e. níl maith ar bith inti ag gabháil in aghaidh farraige gairbhe.

Go hádhúil dúinn féin níor rug an géarbhach orainn, i.e. ní rabhamar ar an fharraige nuair a d'éirigh sí garbh leis an ghaoth.

Gearr[1]
Tá gearraois aige, tá gearrmhéid ann, etc. i.e. tá aois mheasartha aige, tá sé measartha mór, etc.

Tchífidh tú sin i ngearraimsir, i.e. gan mhoill.

Gearr[2]
Ghearrfadh sé sin an t-iarann fuar lena theanga, i.e. smaointeodh sé ar rud, agus déarfadh sé rud, a ghoinfeadh duine go mór. Ghearrfadh sé go dtí an cnámh thú.

Ghearr mé léim, i.e. thug mé léim.

Gearradh
Ar tógadh gearradh na bliana go fóill? i.e. an t-airgead a dhíoltar le costais Chomhairle na Contae a íoc.

Fear na ngearrthach, i.e. an fear a thógas na gearrthacha sin.

Gearradh dubh na Nollag, i.e. na laetha gairide a bhíos ann fá Nollaig.

Géibheann
Cad é an géibheann atá ort anois? i.e. cad é an cruachás a bhfuil tú ann anois?

Ní bheadh an fear sin intaofa i ngéibheann, i.e. bheadh contúirt ann go bhfeallfadh an fear sin ort an uair ba mhó a bheadh a chúnamh nó a tharrtháil de dhíth ort.

Giall
Bhí fear ina sheasamh ag giall an tí, i.e. ag coirneál binn ar bith de dhá bhinn an tí.

An té a bheadh gortach agus an chuma sin air déarfaí go raibh 'a dhá ghiall ag gabháil fríd a chraiceann le hainnise'.

Gilidín
Níl ann ach gilidín, i.e. níl ann ach iasc beag bídeach óg.

Gillire
Rinne Mánas gillire den fhear eile, i.e. d'fhág Mánas an fear eile sínte gan mhothú leis an bhuille a bhuail sé air.

Giobach
Tá lá beag giobach ann, i.e. lá leathgharbh go maith.

Giodal
Tá sé sin lán giodail, i.e. tá barúil ag an duine sin nach bhfuil mórán daoine inchurtha leis. Glacfaidh sé as láimh rud ar bith a dhéanamh.

Giolamas
Tá tú ag déanamh barraíocht giolamais leis an leanbh, i.e. ag déanamh barraíocht plásaíochta leis.

Giolla
'Bhal, a ghiolla udaí. An bhfuil tusa anseo?' Cuirtear an focal 'giolla' in úsáid mar sin ionann is mar a labharfá le duine nach mbeadh ní b'ísle nó ní b'uaisle ná thú féin; ach is minic a chuirtear in úsáid le

dímheas é. Cuir i gcás 'giolla an chinn mhóir', 'giolla na mire', etc. ('Cailleach' a déarfaí in áit 'giolla' le bean nó le cailín.)

Giollacht

Bheadh barr maith prátaí ansin dá ndéantaí iad a ghiollacht mar ba cheart, i.e. dá dtugtaí an aire cheart dóibh.

Éanacha na turcaigh óga nach furasta a ngiollacht, i.e. ní furasta an méid aire a thabhairt dóibh a bhíos de dhíth orthu.

Is doiligh an mhóin a ghiollacht in aimsir fhliuch.

Giorraisc

Cad é a bhí ar Niall aréir? Conacthas domh gur labhair sé go hiontach giorraisc liom, i.e. gur labhair sé mar a bheadh míshásamh inteacht air.

Giortach

Giortach go leor atá an cóta sin, i.e. tá an cóta sin lánghairid.

Bríste giortach, i.e. bríste nach dtig íochtar na n-osán ach go dtí na glúine.

Éide giortach, i.e. culaith ghairid.

Giota

Rinne an beathach giotaí den charr, i.e. bhris sé an carr ina ghiotaí.

Chuamar fá ghiota den fharraige, i.e. go dtí nach raibh ach giota beag idir sinn agus an fharraige.

Ní dheachamar go fíorbharr an chnoic, ach chuamar fá ghiota de.

Glac[1]

Chuaigh an t-éan suas i nglac an chúpla, i.e. isteach idir dhá mhaide an chúpla san áit a dtig siad go dtí a chéile.

Glac[2]

Ghlac Dónall chuige féin an rud a dúirt mé, i.e. shíl Dónall gur air féin a bhí mé ag caint, gur air féin a bhí mé ag fáil loicht.

Is beag duine a ghlacas lena locht féin, i.e. is beag duine a bheireas isteach gur air féin a bhíos locht ar bith.

Tá glacadh maith ar a leithéid sin ag Pádraig, i.e. is maith le Pádraig a leithéid sin a fháil.

Tá glacadh maith ar a bhfaighidh tú agat, i.e. is maith leat dá mhéad a bhfaighidh tú, de rud maith ar bith. (Le duine nach dtabhrann mórán uaidh féin is mó a deirtear sin.)

Glam

Dá gcluinfeá an ghlam a lig Niall as, i.e. dá gcluinfeá an bhéic mhór gharbh a rinne sé.

Rinne an madadh trí ghlam, i.e. lig sé glór mór garbh toll as trí hiarrata i ndiaidh a chéile.

Glan[1]

Tá an leabhar millte glan agat, i.e. tá sí millte ar fad agat. (Cuirtear 'glan' in úsáid le mórán focal mar sin. Is minic a deirtear 'amach glan'.)

Glan[2]

Bhí an triuch ar an leanbh agus níor ghlan sé aisti go fóill, i.e. ní bhfuair sé biseach ceart go fóill uaithi. (Déarfaí sin fá thinneas ar bith eile chomh maith leis an triuch.)

Gleann

Thosaigh na fir a chaitheamh a gcuid píopaí agus d'éirigh an gleann toite, i.e. líon siad an teach nó an áit de thoit.

Gléas

Cad é an gléas marcaíochta a bhí libh? i.e. cé acu beathaigh nó rothair nó gluaisteáin nó cad é a bhí libh?

Níor mhaith liom gléas cainte ar

bith a fhágáil acu, i.e. ábhar cainte (cúlchaint) a fhágáil acu.

Ní raibh gléas teite ar bith againn, i.e. ní raibh dóigh ar bith ann a dtiocfadh linn teitheadh.

Is iomaí gléas ceoil a bhíos ann, i.e. is iomaí dóigh a bhíos ag daoine le hobair áirithe ar bith a dhéanamh.

Gleoiréiseach
Nach gleoiréiseach an duine beag Pádraig! i.e. nach ag Pádraig a bhíos an gleo cainte!

Glincín
Bhí glincín breá ólta ag Tadhg, i.e. bhí braon maith ólta aige.

Chuaigh an glincín sa ghrágán ag Naos aréir, i.e. chuaigh an t-ól ina cheann. Chaill sé a staidéar nuair a d'oibrigh an t-ólachán ar a intinn.

Gliogar
Tá gliogar iontach sa ghearrán iarainn sin agat, i.e. tá trup iontach leis mar a bheadh rud inteacht scaoilte ann.

Gliogaráil
Ag gliogaráil leis an spúnóg, leis an scian, leis an mhaide bhriste, etc. i.e. ag déanamh trup le spúnóg, etc. — le rud ar bith a dhéanfadh trup mar a dhéanfadh iarann, stán, etc.

Gliúrascnach
Bhí crann an bháid ag gliúrascnaigh le meáchan an tseoil, i.e. bhí an seol ag tarraingt an chrainn chomh tréan sin is go raibh sé ag baint trup as an chrann mar a bheadh sé ag gabháil a bhriseadh.

Glór
Tá glór an tslaghdáin i do cheann, i.e. d'aithneofá ar fhuaim do chuid cainte go bhfuil slaghdán ort. (Deirtear 'glór an chaointe', etc.)

Anghlór, i.e. an glór a ligfeadh duine as le tréan feirge.

Glúin
Ní chuireann sé sin glúin faoi in am ar bith, i.e. ní abrann sé urnaí ar bith.

Bhí Pádraig ina shuí ar a ghlúine beaga, i.e. bhí a ghlúine lúbtha faoi agus é mar a bheadh sé ina shuí ar a chuid sál.

Gnaoi
Is mór an ghnaoi ar theach cupla crann a bheith dá chóir, i.e. cuireann na crainn cuma níos deise ar theach ná a bheadh air gan iad.

Tá a sáith gnaoi ar an chailín, i.e. tá sí dóighiúil go leor.

Chaill mise gnaoi na ndaoine, i.e. chaill mé an dóighiúlacht.

Chuirfeadh sin míghnaoi ar theach ar bith, i.e. mhillfeadh sin an chuma a bheadh ar theach ar bith dá dheiseacht é.

Gnás
Ligeadh na seandamhsaí as gnás anseo, i.e. stadadh de dhéanamh na seandamhsaí san áit seo.

Gné
Is mór a bhisigh tú i do ghné le tamall, i.e. tháinig cuma i bhfad ní b'fholláine ort le tamall ná a bhíodh roimhe sin ort.

Gnoithe
Déan thusa do ghnoithe duit féin, i.e. coimhéad do ghnoithe féin agus ná bain de mo ghnoithese.

Déanfaidh sin gnoithe, i.e. tá a oiread déanta nó ráite agus a bhfuil feidhm leis.

An ndéanfaidh an t-adhmad sin do ghnoithe? i.e. an bhfóirfidh an t-adhmad sin don úsáid atá agat leis?

Déanfaidh sin scoith gnoithe, i.e. fóirfidh sin don ócáid go fíormhaith.

An bhfuil a oiread airgid agat agus

a dhéanfas do ghnoithe? i.e. an bhfuil a oiread agat agus atá de dhíth ort?

Níl eolas ar bith agam ar na gnoithí, i.e. níl mé eolach ar an obair sin, ar an scéal sin, ar an rud a bhfuiltear ag caint air.

Séamas a rinne an obair sin agus is aige a bhí gnoithe ina cheann, i.e. is aige a bhí an lámh mhaith uirthi.

B'olc bhur ngnoithe in áit mar seo, i.e. an obair a bhíos le déanamh anseo ní thiocfadh libh nó níor mhaith libh í a dhéanamh.

Chuaigh Máire chun an tsiopa le gnoithe, i.e. le rud inteacht a cheannacht, nó a dhíol.

An le gnoithe ar bith a tháinig tú, a leanbh? i.e. an teachtaireacht a chuir aon duine leat a thug anseo thú, a leanbh? (Tachrán a thiocfadh chun tí déarfaí sin leis ar eagla go mbeadh teachtaireacht leis agus leisc air labhairt.)

Níl déanamh gnoithe ar bith sna daoine sin, i.e. tá siad neamartach nó leamh ina gcuid oibre. Ní chuireann siad brí go leor inti.

Níl fios gnoithe ar bith acu sin, i.e. ní bhíonn a fhios acu in am ar bith cad é is ceart dóibh a dhéanamh agus a dhéanamh mar a dhéanfadh daoine tuigseacha múinte é.

Gnóthaigh
Ní ghnóthóidh siad mórán ar an obair sin, i.e. ní bhainfidh siad mórán tairbhe aisti.

Ní ghnóthóidh muintir Éamainn a dhath choíche air, i.e. ní dhéanfaidh sé obair nó saothrú ar bith is fiú dóibh choíche.

Ní bhíonn mórán le gnóthú ar an chineál sin oibre, i.e. níl mórán buntáiste le fáil ag aon duine as an chineál sin oibre.

Gob
Tá gob iontach géar ar Chormac, i.e. tá cuma an-chonfach air.

Gob talaimh, carraige, oitreach, etc. i.e. giota ab fhaide amach ná an chuid eile den talamh, den charraig, den oitir, etc. agus an ceann amuigh de ní ba chaoile ná an chuid eile.

Go dtí
Char challán é go dtí sin! i.e. níor thosaigh an callán i gceart go dtí sin.

Char chuideachta é go dtí sin! i.e. níor thosaigh an greann i gceart go dtí gur tharla sin.

Goid
Má tá tú gnaíúil chan a ghoid nó a fhuadach a rinne tú, i.e. bhí do mhuintir romhat gnaíúil.

Goill
Ghoill bás na máthar go mór ar Mhánas, i.e. chuir bás a mháthar buaireamh mór air.

Níor ghoill sé orlach ar an mhuintir eile, i.e. níor chuir sé buaireamh dá laghad orthu.

Goimh
Bainfidh an sneachta sin cuid den ghoimh as an aimsir, i.e. bainfidh sé cuid den fhuacht ghéar aisti.

Dúirt mé sin le hAodh mar gheall ar chuid den ghoimh a bhaint as an scéal, i.e. mar gheall ar gan an scéal a bheith chomh goilliúnach air agus a bheadh sé dá mbeinn gan sin a rá.

Goineog
Is í Bríd a bhéarfadh an ghoineog do dhuine, i.e. is í a déarfadh le duine an focal a ghoinfeadh go géar é.

Gonta
Ní raibh Seán ábalta labhairt ar mhéad agus a bhí sé gonta, i.e. cibé rud a rinneadh ar Sheán nó a

dúradh leis, ghoill sé air chomh mór sin agus nach dtáinig leis labhairt.

Gor

'Char dhadaidh cearc ghoir le do thaobh,' a deirtear le duine nach suíonn go suaimhneach agus a bhíos ag cur trioblóide ar dhaoine eile ag tabhairt orthu corraí as an chosán aige, etc.

Cad é an gor atá ort anois? i.e. cad é an míshuaimhneas atá ort?

Beidh na daoine sa bhaile ar gor ag fanacht le scéala uainn, i.e. beidh siad imníoch míshuaimhneach go bhfaighe siad scéala uainn.

Goradh

Gabh aníos chun na tine agus déan do ghoradh, i.e. téigh thú féin.

Ní thiocfadh leat an t-iarann sin a chamadh gan goradh a thabhairt dó, i.e. gan é a dhéanamh dearg sa tine.

Thug mé cupla goradh dó, i.e. chuir mé sa tine cupla uair é.

Bhí Micheál ag tabhairt goradh cúl cos dó féin, i.e. bhí sé ina sheasamh ag an tine agus a chúl léi.

'Loisc sé a ghual agus cha dearn sé a ghoradh.' Déarfaí sin fá dhuine a dhéanfadh gníomh mínáireach mar mhaithe le maoin shaolta nó a leithéid agus nach n-éireodh leis an rud a fháil a bheadh sé a iarraidh.

Gorán

Tháinig sí anall an deán ar a gorán sál, i.e. ag siúl ar a sála, mar gheall ar gan ligint don uisce a theacht isteach ar lásaí a cuid bróg.

Gorta

Ní ligfeadh an ghorta dóibh sin leathphingin a chaitheamh, i.e. tá siad chomh crua ceachartha agus nach bhfaigheadh siad uchtach leathphingin a chaitheamh.

Gortach

Féar gortach, i.e. laige ocrais a thig ar dhaoine agus iad amuigh fá na cnoic. ('Tháinig féar gortach air,' a déarfaí fán té a n-éireodh sin dó.)

Gradam

Is é Tomás an fear a raibh an gradam fána choinne, i.e. is é Tomás an fear a raibh an meas air agus an lúcháir fána choinne.

Gradamach

Is é Tomás a bhí gradamach acu, i.e. thug siad urraim mhór do Thomás.

Graifleach

'Nach graifleach an chosúlacht duine é!' Déarfaí sin fá dhuine a bheadh mórchnámhach agus garbhdhéanta, go háirithe fán bhéal.

Gráin

Thug mé an dúghráin don damhsa sin, i.e. d'éirigh fuath as cuimse agam ar an damhsa sin.

Tá gráin shaolta agam air, i.e. tá fuath an domhain agam air.

Gráin shaolta air! i.e. spré air! pleoid air!

Gránna

Ba é an rud ba ghráice a chonaic mé riamh, i.e. ní fhaca mé a dhath riamh a bhí chomh gránna leis.

Gránú

'Thit an leanbh agus gearradh a aghaidh.' 'An bhfuil caill air?' 'Ó! níl. Ní dhearnadh air ach gránú beag,' i.e. scríobadh beag ar a chraiceann.

Grásta

'Cuir sin le do ghrásta,' a déarfadh duine a bhéarfadh deoch duit nó gráinnín tobaca nó rud den chineál sin ina bhronntanas. B'ionann é agus dá n-abródh sé 'caith sin agus a mhaith go ndéana sé duit'.

Gread
Ghreadfadh siad sin ag an iomáin sibh, i.e. bhuailfeadh siad amach glan ag an iomáin sibh.

Greadadh
Tá greadadh Gaeilge ag an fhear sin, i.e. tá neart Gaeilge aige. (Deirtear 'greadadh airgid', etc. ar an dóigh chéanna.)

Greadfach
Maróidh sin an ghreadfach duit, i.e. cuirfidh sin deireadh leis an phian atá an dó a chur ort.

Níor choinnigh an tachrán cuimhne ar an bhualadh a fuair sé ach gur imigh an ghreadfach as a chuid másaí, i.e. rinne sé dearmad den bhualadh chomh luath is a d'imigh an phian.

Greallóg
Tá an áit uilig ina greallóga, i.e. tá a lán pollán beag uisce fán áit.

Greasáil
Buaileadh greasáil mhaith air, i.e. buaileadh a sháith air.

Ghreasáil siad a chéile, i.e. bhuail siad a chéile i gceart.

Gréasán
'Tá gréasán acu nach mbíonn furasta a réiteach.' Déarfaí sin fá dhaoine a mbeadh ceist dheacair de chineál ar bith le fuascailt nó le socrú acu.

Greidimín
Gheobhaidh tusa do ghreidimín, a bhuachaill, i.e. gheobhaidh tú greasáil mhaith den tslat.

Greim
Fuair an leanbh greim báis orm, i.e. fuair sé greim teann orm. (Deirtear 'greim báite' fosta.)

Cuir cupla greim sa chóta sin, i.e. greamanna fuála.

Caithfidh sé gur gortaíodh go maith é. Chuir an dochtúir a trí nó a ceathair de ghreamanna ann, i.e. chuir an dochtúir a trí nó a ceathair de ghreamanna sa ghearradh a rinneadh air.

Chuaigh Liam agus Tadhg sna greamanna le chéile, i.e. thit siad amach le chéile agus rug siad greim ar a chéile ag brath a chéile a bhualadh.

Grian
Bhí mé ag obair amuigh go deachaigh an ghrian i bhfarraige, i.e. go deachaigh an ghrian síos a fhad agus gur fholaigh an fharraige í.

Sílidh siad gur as ceann an mhic sin acu atá an ghrian ag fás, i.e. sílidh siad nach bhfuil leithéid an mhic ar fheabhas ag aon duine eile ar an tsaol.

Grinn
Tá cuimhne mhaith air sin agam nó chuir mé grinn ann nuair a chuala mé é, i.e. thug mé sin fá dear thar rud ar bith eile.

Grinneall
Thit mo phíopa san fharraige agus ní tháinig liom a fháil. Chuaigh sé síos go grinneall, i.e. síos go tóin.

Gríodán
Amharc an bhfuil an soitheach sin glan. B'fhéidir go bhfuil gríodán ann, i.e. b'fhéidir go bhfuil braon beag bainne fágtha ar thóin an tsoithigh.

Caithfidh mé mo phíopa a líonadh. Níl ann ach gríodán beag, i.e. níl ann ach gráinnín beag bídeach tobaca leathdhóite ar thóin an phíopa.

Griolsa
An raibh griolsa ar bith ab fhiú ann? i.e. an raibh mórán cuideachta, nó grinn, nó spóirt ann?

Griolsa damhsa, i.e. tamall damhsa

agus an spórt a bhíos ann lena linn.

Grua

D'imigh sé siúd agus má d'imigh féin is iomaí grua thirim a bhí ina dhiaidh, i.e. is beag duine a chaoin le cumha ina dhiaidh. Ba mhaith ar shiúl é.

Gruig

Chuir sé gruig air féin, i.e. chuir sé cuma dhúranta dhrochadhainte air féin.

Bíonn sé sin fá ghruig ar fad, i.e. bíonn cuma smutúil mhíshásta i gcónaí air.

Grusach

Tá Aindrias iontach grusach ina dhóigh, i.e. tá sé garbh dúranta gan chaoithiúlacht.

Gualainn

Bhí Micheál ar ghualainn Shéamais sa bhruíon, i.e. bhí Micheál ag taobh Shéamais agus é ag cuidiú leis.

Guí

Chuir sé fá bhrí na guí uilig iad, i.e. dúirt sé go raibh achan duine acu chomh ciontach san olc leis an duine eile.

Guncach

Nach é atá guncach! i.e. nach mór a labhrann sé fríd a ghaosán.

Gunnadóir

Is í sin an gunnadóir, i.e. is í atá dalba agus is aici atá an teanga ghéar.

Gus

Is iontu atá an gus! i.e. is iad atá sotalach mórtasach.

Bainfidh sin cuid den ghus astu, i.e. ní bheidh siad chomh lán díobh féin ina dhiaidh sin.

Guth

Sin an guth a fuair a fhreagar, i.e. sin an focal a rabhthas ag feitheamh air agus a shásaigh an té a bhí ag feitheamh air.

'Tá an dea-ghuth i do bhéal,' a déarfaí leis an té a déarfadh focal inteacht inmholta.

Guthaigh

An té a bhéarfadh achasán duit cionn is nach deachaigh tú a dh'amharc air bheadh sé do do ghuthú.

An té ab fhearr leis gan tú déarfadh sé nach raibh sé ag cur lá guthaithe ort.

Duine a bheadh tugtha don ghuthú déarfaí gur duine guthánach é.

I

I

Tá an buachaill sin ag obair ó tháinig ann dó, i.e ó d'éirigh sé ábalta ar obair ar bith a dhéanamh.

Beidh sé ina fhear mhaith nuair a thiocfas ann dó, i.e. nuair a bheas aois fir aige.

Ní raibh an duine bocht ábalta siúl agus chuir mé mo lámh ina ascaill ag cuidiú leis, i.e. chuir mé lámh faoina ascaill sa dóigh ina mbainfeadh an duine lag taca asam.

Níl Seán anseo anocht ach, leoga, is cuma ann nó as é, i.e. is cuma cé acu atá sé anseo nó nach bhfuil.

Chuir Pádraig a lámh ina bhearád don tsagart, i.e. chuir sé a lámh lena bhearád mar chomhartha urraime don tsagart.

(Is é 'i' an réamhfhocal a chuirtear in úsáid le focail mar 'suim', 'sonrú', 'iontas', etc. Mar shampla, 'chuir mé suim mhór sa scéal'. Cuirtear in úsáid fosta é le focail mar 'cigilt', 'tochas', 'eanglach', etc. Mar shampla, 'ná cuir cigilt sa leanbh'.)

Iall
Bhí madadh le Séamas ar ghreim éille, i.e. bhí iall ar an mhadadh aige agus greim aige ar an iall.

Iarghnó
Níl an obair ag cur lá iarghnó ar Éamann, i.e. níl an obair ag cur buaireamh ar bith ar Éamann. Níl sé ag smaointiú uirthi ar chor ar bith.

Tá fiacha acu ar Mhánas ach níl siad ag cur lá iarghnó air fá dtaobh díobh, i.e. níl siad ag iarraidh air na fiacha a íoc.

Iargúlta
Nach iargúlta sin! i.e. nach millteanach é! nach uafásach é!

Rinne sé lá iargúlta inné, i.e. bhí aimsir iontach garbh ann inné.

Iargúltacht
Tá sé ina chónaí amuigh ar an iargúltacht, i.e. amuigh sna cnoic nó in áit inteacht scoite eascairdeach.

Iaró
D'iaróibh na hÉireann máthair an fhir sin, i.e. tá fuil Éireannach inti. Ó Éireannaigh a shíolraigh sí.

Iaróg
Bíonn sé sin i gcónaí ag tógáil iaróige, i.e. ag cur daoine a bhruíon le chéile.

Iarraidh
Bhéarfaidh mé iarraidh air cibé ar bith, i.e. féachfaidh mé leis, éiríodh liom nó ná héiríodh.

Thug Máire iarraidh ar an uisce choiscricthe nuair a mhothaigh sí an toirneach, i.e. rith sí fá choinne an uisce choisricthe.

Thug an fear meisce iarraidh bhuailte orm, i.e. d'fhéach sé le mo bhualadh.

Thug sé iarraidh de bhata orm, i.e. thug sé iarraidh mé a bhualadh le bata.

Dá bhfeicfeá na hiarrataí a thug sé orm! i.e. dá bhfeicfeá an chuil a bhí air agus achan iarraidh de bhuille a thug sé orm!

Déanfaidh sin gnoithe an iarraidh seo, i.e. an t-am seo.

Bhí Peadar anseo a trí nó a ceathair d'iarrata, i.e. bhí sé anseo a trí nó a ceathair d'amanna nó de chuarta.

Iarratas
Bíonn sí sin i gcónaí ag iarratas, i.e. bíonn sí i gcónaí ag iarraidh cuidithe nó sórt inteacht garaíochta.

Íde
Tugadh drochíde don duine bhocht, i.e. buaileadh go mór nó gortaíodh go mór ar dhóigh inteacht é.

Thug siad íde na muc is na madadh orm, i.e. thug siad tréan drochtheanga domh.

Is é an t-ólachán íde gach oilc, i.e. an rud is ciontaí le bunús na ndrochrudaí a ghnítear.

Is é Diarmaid íde gach oilc agus beochan gach míghrinn, i.e. drochdhuine i mbaile é. Bíonn sé i gcónaí ag broslú daoine in éadan a chéile.

Idir
Chonaic mé an fear idir is léas, i.e. mar a bheadh sé idir mé is bun na spéire.

Chuaigh sé amach tráthnóna ach bhí sé ar ais idir is tráthas, i.e. bhí sé ar ais tamall ina dhiaidh sin.

Tiocfaidh sé amach anseo idir is tráthas, i.e. tiocfaidh sé ar ball.

Casadh orm Niall idir is Leitir Ceanainn, i.e. idir an áit seo agus Leitir Ceanainn.

Ní raibh a fhios aige cad é a bhí

sé a rá nó bhí sé idir a chodladh is a mhuscailt.

Idir shúgradh agus dáirire a dúirt sé é, i.e. ní le greann go hiomlán a dúirt sé é.

Chuaigh siad uilig amach idir fhir agus mhná, i.e. chuaigh an dá chuid amach.

D'ith an madadh an chearc idir chorp is chleiteacha, i.e. d'ith sé uilig í.

Imigh
Cad é atá ag imeacht ort? i.e. cad é atá le déanamh agat nach mbíonn breith agat air? (Deirtear sin le duine a mbíonn deifre mhór air ag fágáil tí duine eile.)

Tháinig Donnchadh isteach orainn nuair a bhíomar ag brath bonnachán (féasta beag) a bheith againn dúinn féin. Ní imeodh a oiread air, i.e. ní thiocfadh sin féin a dhéanamh gan fhios dó.

Níl a dhath le himeacht ort, i.e. níl a dhath nach bhfuil a fhios agat.

D'imigh an traein orm, i.e. bhí mé rómhall ag an traein.

D'imigh an focal orm, i.e. níor mhothaigh mé go raibh an focal ráite agam.

Imeacht an tsrutha chun an mhuilinn chucu, i.e. go n-imí siad agus nár phille siad.

Imir
Bhí siad ag imirt díoltais ar a chéile, i.e. ag baint sásaimh as a chéile ar son an oilc a rinne siad ar a chéile. (Deirtear fosta 'ag imirt faltanais ar a chéile'.)

Níor imir sé mórán dáimhe liomsa, i.e. ní dhearn sé liom mar a dhéanfadh duine lena dhuine mhuinteartha.

Imirce
Baineadh imirce as Pádraig, i.e. b'éigean dó imeacht ón áit a raibh sé go dtí áit eile.

In-
Tá tusa inleithscéil, i.e. tá leithscéal maith agat agus is ceart maithiúnas a thabhairt duit.

Tá sí insúl, i.e. tá sí dóighiúil go leor.

Tá sé sin inreatha le cú, i.e. tá sé chomh gasta le cú.

Níl sin indéanta agat, i.e. ní ceart duit sin a dhéanamh.

Ní raibh sin inráite aige, i.e. níor cheart dó sin a rá.

Ní rachaidh mé isteach anois. Tá strainséirí istigh agus níl mé inphasála, i.e. tá drochéadach orm agus níl m'aghaidh nite, etc.

Inis
Níl inse scéil ar an chruinniú daoine a bhí ann, i.e. bhí an cruinniú chomh mór sin nach dtiocfadh cuntas ceart a thabhairt air.

Cé a d'inis ort? i.e. cé a d'inis go dearn tú a dhath contráilte?

Bhéarfaidh mise sin le hinse do Sheán, i.e. inseoidh mise sin dó, cé gur dócha nach maith leis a chluinstin.

'Dó féin a hinstear é, d'éirigh taisme don duine bhocht.' (Is doiligh sin a mhíniú ach is dócha gur ionann é agus sórt guí nach n-éiríonn a leithéid do dhuine ar bith eile. Deirtear i gcónaí é nuair a bhítear ag inse fá thaisme mar sin.)

Inné
Chan inniu nó inné a tháinig tusa anseo an chéad uair, i.e. is fada an lá ó tháinig tú an chéad uair.

Is mór a d'athraigh tú d'intinn ó bhí inné anois ann, i.e. ní hionann ar chor ar bith an scéal atá anois agat agus an ceann a bhí inné agat. (Ní hionann ar fad 'inné anois' agus 'inné'. Nuair a deirtear 'inné' ní bhítear ach ag smaointiú ar an am; ach bítear ag smaointiú ar na rudaí a dúradh nó a rinneadh inné nuair a deirtear 'inné anois'. Baintear an úsáid chéanna as 'aréir anois'.)

Intinn
Is doiligh duitse mórán a fhoghlaim. Níl d'intinn ar do chuid leabharthaí ar chor ar bith, i.e. ní ag smaointiú ar na leabharthaí ach ar rudaí eile atá tú.

Dá gcuireadh sé a intinn leis an obair thiocfadh leis í a dhéanamh maith go leor, i.e. dá socradh sé a intinn ar an obair agus gan a bheith ag smaointiú ar chineálacha eile.

Níor leag mé m'intinn ar a leithéid sin riamh, i.e. níor chuir mé mórán suime ina leithéid sin riamh.

Intleacht
Is mór an intleacht duit a leithéid sin a dhéanamh, i.e. is tú atá intleachtach agus a bheith ábalta obair mar sin a dhéanamh.

Íocshláinte
Thug mé braon beag le hól do Shéimí agus ba é an íocshláinte aige é, i.e. is mór a chuaigh sé ar sochar dó.

'Íocshláinte duit' an freagar a bheirtear ar 'seo do shláinte'.

Iog
Cuir iog sa mhaide mhullaigh, i.e. bain greim beag le scian nó le toireasc as an mhaide mhullaigh a choinneos an rud annamh seo i gcuimhne dúinn. (Deirtear sin nuair a ghní duine rud ab annamh leis ach ní bhaintear don mhaide.)

Íogán
Bhí an t-íogán á dhéanamh agus chaill Micheál an cluiche (cártaí), i.e. chaill Micheál an cluiche cionn is an mhuintir a bhí ag imirt ina éadan a bheith ag déanamh rógaireachta air.

Iomaí
Is iomaí do leithéid a bhéarfadh lámh bheag chuidithe do dhuine, i.e. is iomaí duine cosúil leat a bhéarfadh lámh chuidithe domh, agus ba cheart duitse an cleas céanna a dhéanamh.

Is iomaí duine ar d'aicíd, i.e. is iomaí duine atá sa dóigh chéanna ina bhfuil tú féin.

Iomaire
Caithfidh tú an t-iomaire atá romhat a threabhadh anois, i.e. ní thig leat a ghabháil ar do chúl san obair anois. Caithfidh tú leanúint di agus do dhícheall a dhéanamh.

Ní chuirfinn Seoirse ar an iomaire le Mánas, i.e. ní abróinn go bhfuil Seoirse inchurtha le Mánas ar chor ar bith.

Iomardú
Bhagair mé ar an ghasúr sin inné agus tháinig a mháthair chugam a chur iomardú orm, i.e. tháinig sí a fhiafraí díom cad chuige ar bhagair mé ar an ghasúr, agus a thabhairt achasán domh, b'fhéidir.

Iomartas
Ní raibh mórán le cur in iomartas ar Bhrian nuair a tháinig sé chun na háite seo an chéad uair, i.e. más duine mórluachach anois é ba bheag ab fhiú é an uair sin.

Chuaigh mé a dh'amharc ar Dhonnchadh nuair a chuala mé go raibh sé breoite agus, leoga, ní raibh mórán le cur in iomartas air, i.e. bhí cuma lagbhríoch go leor air.

Iomghaoth
Is í an iomghaoth is mó a ghní an damáiste, i.e. is iad na séideáin

ghaoithe a bhíos ag casadh thart is mó a ghní dochar do na tithe, etc.

Iompairc
Is doiligh tabhairt ar aon duine acu sin a dhath a dhéanamh. Féachann achan duine acu leis an obair a fhágáil ag an duine eile. Bíonn siad ag iompairc le chéile ar fad, i.e. achan duine acu ag iarraidh a chuid dualgas a chuir ar dhuine eile.

Iomrá
An bhfuil iomrá ar bith pósta ag Niall? i.e. an bhfuil sé ag smaointiú ar phósadh nó ag caint air?

Tiocfaidh an t-am nach mbíonn lá iomrá orainn, i.e. an t-am nach labhrann aon duine orainn, an t-am a mbeidh dearmad déanta dínn.

Ar chuala tusa iomrá ar bith air sin? i.e. ar chuala tusa aon duine ag caint air sin?

'Tig achan rud lena iomrá ach an madadh rua agus an marbhánach.' Deirtear sin nuair a thig duine sa láthair go díreach nuair a bhítear ag caint air nó i ndiaidh a bheith ag caint air.

Ionad
Déanfaidh mise d'ionad nuair a bheas tú ar shiúl, i.e. glacfaidh mise d'áit. Déanfaidh mé do chuid oibre.

Bocsa a bhí ag déanamh ionad cathaoireach dó, i.e. bhí sé ag baint úsáid cathaoireach as bocsa.

Ionann
Is ionann is an cás, i.e. is é an rud amháin é. Is ionann brí don dá scéal.

Ní hionann dearcadh ag na hÉireannaigh agus ag na Sasanaigh ar an tsaol, i.e. tá difear mór sa dóigh a mbreathnaíonn siad an saol.

Ní hionann mar a ghní tusa agus Tomás an obair sin, i.e. tá dóigh dó féin ag achan duine agaibh lena dhéanamh.

D'amharc sé go fiata orm ionann is gur mise a rinne an dochar, i.e. d'amharc sé orm chomh feargach agus dá mbeadh sé cinnte gur mise a rinne é.

Ní hionann a ghabháil chun an bhaile mhóir agus a fhágáil, i.e. is minic a bhíos duine amuigh níos faide ná a bhíonn rún aige ag imeacht dó.

Ionga
Ní raibh dubh d'iongan de im ar an phláta, i.e. ní raibh ann ach go bhfeicfeá an méid ime a bhí ar an phláta, bhí sé chomh beag sin. Ní chuirfeadh sé bealadh ar an chuid dhubh de d'ionga.

Iongabháil
Ba doiligh don duine bhocht a bheith láidir. Níl an iongabháil aige a dhéanfadh láidir é, i.e. níl sé ag fáil an bhia a chothódh i gceart nó a dhéanfadh láidir é.

Iongach
Tá an ball éadaigh sin róchúng faoin ascaill. Ba cheart iongach a chur ann, i.e. ba cheart a ghearradh agus tuilleadh éadaigh a chur ann faoin ascaill sa dóigh ina mbeadh sé ní b'fhairsinge.

Ionsaí
Bhagair mé ar an mhadadh ag déanamh go n-imeodh sé ach ina áit sin ba é an rud a chuaigh sé do m'ionsaí, i.e. sheasaigh sé agus chuir cuma cholgach air féin liom.

Iontach
Iontach maith, iontach olc, iontach tinn, etc. i.e. an-mhaith, an-olc, an-tinn, etc.

Muise, is iontach a rinne mé sin! i.e. muise, níl a fhios agam cad chuige a ndéanfainn rud ar bith eile ach an rud a rinne mé!

Iontas
An bhfuil iontas ar bith leat? i.e. an bhfuil scéal iontach ar bith leat? Ar chuala tú scéal iontach ar bith?

Muise, ní raibh iontas ar bith duit ann sin, i.e. má rinne tú sin féin ní hiontach liom ar chor ar bith go dearn tú é.

Ioscaid
Ní lúbann sé sin ioscaid ó mhaidin go hoíche, i.e. ní shuíonn sé ar chor ar bith ach é ar a chois ag obair leis.

Isteach
Is gairid a bhíos an t-am ag gabháil isteach, i.e. ní bhíonn an t-am i bhfad ag gabháil thart.

Cheannaigh Micheál culaith éadaigh agus fuair sé bearád isteach leis an mhargadh, i.e. thug fear an tsiopa an bearád gan dadaidh dó.

Duine inteacht as baile isteach a bhí ann, i.e. duine as baile inteacht amach as an áit seo.

Istigh
Tá an t-am istigh, i.e. tá an t-am caite.

An bhfuil do lá istigh? i.e. an bhfuil do lá oibre déanta?

Is maith le Donnchadh a bheith istigh leis na boic mhóra, i.e. is maith leis a bheith i gcuideachta na ndaoine galánta agus a bheith mór leo.

Tá sean-Aodh istigh ag an mhac anois, i.e. ina chónaí ag an mhac, i dtigh an mhic.

Ith
D'íosfadh Máire ó chnámha loma thú mura dtéiteá a dh'amharc uirthi, i.e. d'fheannfadh sí le tréan cúlchainte thú.

Iúl
Tá Liam ar an iúl leo féin, i.e. tá Liam istigh leo agus é ar an dóigh amháin leo féin, ag cleachtadh na mbéasaí céanna a chleachtann siadsan.

L

Lá
Lá Sheoin Dic, lá nach dtáinig is nach dtig.

Lá Philib an Chleite, i.e. macasamhail lá Sheoin Dic.

Is fada an lá ó chonaic mé thú, i.e. is fada an t-am é.

Níl lá loicht air sin, i.e. níl mórán loicht air. (Deirtear 'lá anáis', 'lá buartha', 'lá suaimhnis', etc. ar an dóigh chéanna.)

Bhí Pádraig ina fhear bhreá lá den tsaol, i.e. roimhe seo.

Ba le hEoghan Ó Dónaill an teach sin, lá a mhair sé, i.e. ba le hEoghan, nuair a bhí sé beo, an teach sin.

Tá a oiread airgid ag Brian agus nach ligeann anás air lena lá, i.e. fad is a bheas sé beo.

D'fhág Donnchadh an talamh ag an mhac óna lá féin amach, i.e. chuir sé ina thiomna gur lena mhac an talamh ó gheobhadh sé féin bás.

Ní rachaidh mé amach a dh'obair go dtige as an lá, i.e. go mbí sé níos faide anonn sa mhaidin, an ghrian níos airde ar an aer agus an lá níos teo.

Bhí mé tuirseach ón lá, i.e. i ndiaidh a bheith ag obair ó mhaidin.

Tá an lá leat anois, i.e. tá an chuid is deacra den obair déanta agat, nó tá an chuid is contúirtí den tinneas tharat agat, nó tá an chuid is measa de do chuid trioblóide thart.

Lab

Fuair siadsin lab mór airgid, i.e. cuid mhór airgid. (Fá airgead a gheibhtear gan a shaothrú is mó a deirtear sin.)

Lábán

Tá drocháit ag an teach sin. Tá sé ina shuí i lár an lábáin, i.e. tá sé ina shuí san áit a bhfuil talamh bog cáidheach thart fá dtaobh de.

Ladar

'Luí an ladair chugat!' Le duine a bheadh ina luí thart go falsa a déarfaí sin.

Ladhar

'Shílfeá gur aníos óna ladhar mhór a bhí an chaint ag teacht,' a deirtear fá dhuine nach bhfaigheann an chaint leis ach go fadálach.

Cad é an briseadh ladhar atá ort? i.e. cad é an deifre mhillteanach atá ort?

Laftán

Bhí na gasúraí i bhfolach ar laftán i mbinn, i.e. chuaigh siad i bhfolach in áit ina bhfuil giota beag de thalamh chothrom idir bun agus barr binne.

Lag

Fágadh an bhean sin go lag, i.e. fuair a fear bás agus fágadh le muirín páistí í.

Laghad

Fuair sé an oiread sin ar a laghad, i.e. fuair sé sin mura bhfuair sé níos mó.

Ba laghad liom a bhfuair mé de, i.e. ba róbheag liom a bhfuair mé.

Dá laghad dá bhfaighidh tú gheobhaidh tú an oiread sin, i.e. is cuma cad é chomh beag agus a gheobhaidh tú, gheobhaidh tú an oiread sin.

Is fearr liom dá laghad dá mbeidh le déanamh agam, i.e. is cuma chomh beag is a bheas le déanamh agam is mar sin is fearr liom an scéal.

Dá laghad dá gcaithfidh tú is amhlaidh is fearr, i.e. is cuma chomh beag agus a chaithfidh tú is mar sin is fearr an scéal.

Ba é a locht a laghad, i.e. an rud a fuarthas ní raibh locht ar bith air ach amháin nach raibh go leor de le fáil.

Laghdaigh

'Tá sibh scaifte breá ann, nár laghdaí Dia sibh.' Sin an rud is gnách le duine a rá nuair a théid sé isteach i dteach a mbíonn cuid mhór daoine ann agus tréan grinn agus gleo acu.

Láib

Tá cabhar láibe ar do cheirteach, i.e. tá do chuid éadaigh salach ag an talamh bhog gliuch.

Laige

Chuaigh an duine bocht i laige, i.e. thit sé ina chnap le tréan laige.

Dhóbair go dtitfinn i laige, i.e. is beag nár thit mé le tréan laige.

Tá mé i laige leis an ocras, i.e. tá an-ocras orm.

Laigse

Fuair siad laigse sa chíos, i.e. ligeadh anuas an cíos sa dóigh nach raibh a oiread le díol acu.

Láimhdeachas

Tá láimhdeachas mór airgid ag an fhear sin, i.e. bíonn sé ag obair le cuid mhór airgid. Théid cuid mhór airgid fríd a lámha.

Tá an bád sin doiligh a láimhdeachas, i.e. is doiligh oibriú leis an bhád sin. Tá sí trom anásta.

Laingeal

Rópa nó rud mar sin a

gceanglaítear ceann de de chois tosaigh beathaigh agus an ceann eile den chois deiridh mar gheall ar a choinneáil gan siúl rófhada ó bhaile.

An fíor go bhfuil tú ag brath laingeal a chur ort féin? i.e. an fíor go bhfuil tú ag brath pósadh?

Láirig
Tá pian i mo láirig, i.e. tá pian i mo chois os cionn na glúine.

Lámh
Cuir do lámh soir leis an doras sin, i.e. brúigh soir an doras go héadrom.

D'aithin mé lorg do láimhe, i.e. d'aithin mé do chuid scríbhneoireachta.

Tá lámh mhaith ar an obair sin agat, i.e. thig leat í a dhéanamh go maith.

Rinne tú drochlámh den obair sin, i.e. mhill tú í.

Tá eagla orm go gcoinníonn sí lámh chrua leis an tseanduine, i.e. tá eagla orm nach dtabhrann sí dó ach drochaire.

Bhí gasúr beag ar ghreim láimhe le Dónall, i.e. bhí greim láimhe ag Dónall ar an ghasúr a bhí leis.

Tá Padraig faoi lámh an dochtúra, i.e. tá sé ag éileamh agus an dochtúir ag tabhairt aire dó.

Is furasta dósan culaith mhaith éadaigh a bheith air. Tá lán na lámh aige, i.e. tá neart airgid aige.

Tháinig loime na lámh ar an chréatúr, i.e. rug an bhoichtineacht air.

Lán
Tá a lán daoine ag éileamh, i.e. cuid mhór daoine.

Beidh sé barr láin ar a ceathair a chlog, i.e. beidh an lán mara chomh mór is a bheas sé ar a ceathair.

Thug sé lomlán an ghloine domh, i.e. an gloine líonta go hiomlán.

Cuir dhá lán spúnóige de shiúcra air sin.

Lán chomh maith, lán chomh dóiche, etc. i.e. chomh maith, chomh dóiche, lena athrach, etc.

Tá sé lánmhall a bheith ag smaointiú air sin anois, i.e. cineál beag rómhall. (Deirtear 'lánluath', etc.)

Lapadán
Ní raibh tusa ach i do lapadán linbh san am sin, i.e. ní raibh tusa ach i do leanbh bheag agus tú ag toiseacht a shiúl.

Lár
Tá lúb ar lár sna gnoithí, i.e. tá cuid inteacht den obair fágtha gan déanamh, nó cuid inteacht den scéal fágtha gan inse nó rud inteacht cearr ar dhóigh inteacht.

I lár báire, i.e. sa lár. Istigh idir an dá thaobh.

Táimid tógtha ó lár ag na páistí sin, i.e. tá na páistí ag tabhairt a mbail féin orainn lena gcuid crostachta agus calláin. Táimid sa dóigh nach bhfuil a fhios againn cad é táimid a dhéanamh acu.

Siúd Eoghan, an fear láir, i.e. is é siúd Eoghan, an fear atá i lár báire.

Las
Las sé go bun a chluas, i.e. d'éirigh a aghaidh uilig dearg.

Is iomaí lasadh a bhain tú asam, i.e. is iomaí uair a rinne tú rud a thug orm éirí dearg le náire.

Tá cuma iontach lasta ar an láimh sin inniu, i.e. cuma dhearg ata.

Tá eagla orm nach bhfuil an tachrán sin go maith inniu.

Amharc chomh lasta dearg san aghaidh leis.

Láthair

Cuireadh an scéal i láthair an tsagairt, i.e. tugadh os coinne an tsagairt é.

Ní raibh sé róshásta nuair a chuaigh an scéal ina láthair, i.e. nuair a insíodh dó é.

Tá mé gnoitheach fá láthair, i.e. tá mé gnoitheach ar na laetha seo.

Déanfaidh sin gnoithe san am atá i láthair, i.e. déanfaidh sé gnoithe an iarraidh seo ar scor ar bith.

Le

Cé leis ar bhris tú an fhuinneog? i.e. cad é bhí agat, bata nó cloch nó cad é?

Ní fhaca mé do leithéid riamh le crostacht, i.e. ní fhaca mé aon duine riamh chomh crosta leat. (Deirtear ar an dóigh chéanna 'le breáthacht', 'le doighiúlacht', etc.)

Nach buí leat an t-im sin? i.e. nach bhfeictear duit go bhfuil sé buí go maith? (Deirtear 'nach mór leat', 'nach beag leat', etc.)

Ní dheachaigh tú le d'athair, mar sin, i.e. más mar sin atá tú, níl tú cosúil le d'athair.

Cé leis ar dhíol tú an bhó? i.e. cé an duine a cheannaigh uait í?

Le doineann is minice a tchí tú na faoileoga ansin, i.e. le linn na doininne.

Is mé atá marbh leat, i.e. bheir tú cuid mhór trioblóide domhsa.

Nach trua mé leat! i.e. nach orm a chuireas tú an trioblóid.

Nach trua leat mé! i.e. nach bhfeictear duit gur trua mé.

Tá an ghaoth, an sruth, etc. linn, i.e. tá siad ag gabháil an bealach céanna linn féin. Níl siad inár n-éadan.

Bhí na deora, an t-allas, an fhuil, leis, léi, etc., i.e. bhí siad ar sileadh.

Tá mé anseo le huair, le lá, le bliain, i.e. ar feadh uaire, lae, bliana.

Bíonn sé sin ina shuí leis an lá, i.e. éiríonn sé chomh luath agus a thig an lá.

Níl dóigh ar bith ar Shéamas ach moladh leis, i.e. gan cur ina éadan.

Tá a fhios agam sin. Molaim féin leis i gcónaí, i.e. aontaím leis na rudaí a deir sé.

An deachaigh siad le chéile? i.e. ar bhuail siad a chéile? An deachaigh an t-easaontas a fhad eatarthu is gur bhuail siad a chéile?

Tá leat anois, i.e. an rud a bhí de dhíth ort, tá sé agat anois. Bhuaigh leat a fháil.

'Tá leat go barr bata,' a deirtear le duine nuair a éiríos obair ar bith go han-mhaith leis.

Dá bhfaigheadh sean-Niall an mhí seo a chur thairis bheadh leis, i.e. bheadh an drochaimsir thart agus gheobhadh sé leis an tsláinte le linn na haimsire maithe.

Dá dtéadh agamsa smaointiú ar leath a bhfuil de dhóigheanna ann leis an fhocal seo a chur in úsáid, bheadh liom.

Leaba

Bhain Séamas an leaba amach, i.e. chuaigh sé a luí ar a leaba.

Tá Niall ag coinneáil na leapa ar na laetha seo, i.e. tá sé ag fanacht ina luí.

Choinnigh mé an leaba inné, i.e. níor éirigh mé inné.

'Cad é mar atá an tseanbhean?' 'Idir an tine agus an leaba go díreach,' i.e. tamall beag ina suí agus tamall ina luí.

Mar a chóiríos duine a leaba caithfidh sé luí uirthi, i.e. an rud a tharraingíos duine air féin, caithfidh sé cur suas leis.

Tá leaba mhaith ancaire ansin, i.e. tá áit mhaith ancaire ag soitheach ansin.

Leaba iomartha, i.e. an áit ar bhéal an bháid ina gcoinnítear an rámha nuair a bhítear ag iomramh.

Leabhar
Ní chreidfinn é dá spalpadh sé an leabhar, i.e. ba chuma cad é an mionn a bhéarfadh sé ní chreidfinn go raibh an fhírinne aige.

Bhéarfá mionn an leabhair go raibh sé ar meisce, i.e. bheifeá cinnte go raibh sé ar meisce.

Mionn an-choitianta 'dar an leabhar' nó 'dar an leabhra féin é.'

Leac
Rinneadh leac den chréafóg ó tháinig an fhearthainn, i.e. shioc an chréafóg i gceann a chéile agus d'éirigh sí crua. (Ag caint ar bharr na bprátaí nó ar a mhacasamhail a bhítear nuair a deirtear sin.)

Leadhb
Tá mé dóite ag an ghrian agus an craiceann ag teacht de m'aghaidh ina leadhbacha, i.e. ina ghiotaí móra.

Níor fhág an cat leadhb ar an fheoil a bhí ar an phláta, i.e. d'ith sé uilig í.

Ní fhágfaidh Brian leadhb ar Sheoirse, i.e. buailfidh sé a sháith air.

Bhuail sé cupla leadhb roimhe air, i.e. bhuail sé cupla buille aon uair amháin roimhe seo air.

Leadhbairt
Thug sí leadhbairt den teanga domh, i.e. thug sí achasán maith géar domh.

Leag
Leag an hata sin domh, le do thoil, i.e. tóg an hata den bhacán, nó cibé áit ina bhfuil sé, agus sín anuas chugam é.

Leag fear an tsiopa na huibheacha inné, i.e. thug sé anuas luach na n-uibheacha.

Tá boladh as an áit sin a leagfadh gearrán, i.e. drochbholadh.

Ní leagann tú d'intinn ar do chuid oibre, i.e. ní dhéan tú a oiread smaointe uirthi agus ba cheart duit a dhéanamh.

Leag mé cupla éillín inné, i.e. chuir mé uibheacha faoi dhá chearc ghoir inné.

Caithfidh sé go bhfuil airgead leagtha thart aige sin, i.e. caithfidh sé go bhfuil airgead sábháilte aige.

Bhí an seol leagtha in aice na tíre, i.e. bhí an seol crochta os cionn na taoibhe a bhí in aice na tíre den bhád.

Leagadh
Tá leagadh breá meránta ar Tharlach, i.e. tá cuma air gur duine lách sochmaí soineanta é.

Tá drochleagadh ar Dhonnchadh, i.e. tá cuma air nach bhfuil sé go maith. (An té a mbeadh cuma dhúranta urchóideach air, fosta, déarfaí go raibh 'drochleagadh' air.)

Leamh
Ná bí róleamh leis na daoine sin, i.e. ná bí róbhog leo.

Is leamh atá an ceann ort! i.e. is tú atá bog!

Leamhaireacht
Má ghní tú leamhaireacht ar bith leis an bhradán imeoidh sé ort, i.e. imeoidh sé ort mura gcoinní tú greim daingean air.

Lean
Má ghní tú cleachtadh de sin leanfaidh sé díot, i.e. greamóidh sé

díot agus beidh obair agat stad de.

Lean Eoghan den Ghaeilge ar fad, i.e. ní thug sé cúl don Ghaeilge riamh.

Níl a fhios agam cé a lean tú, i.e. cén duine den mhuintir a tháinig romhat a bhfuil tú cosúil leis.

Níor lean tú d'athair mura bhfuil dúil sa tobaca agat, i.e. bhí dúil ag d'athair ann agus níl tusa cosúil leis mura bhfuil dúil agat féin ann.

Léan
Bhí léan orm ag éisteacht leis ag iarraidh a bheith ag caint agus gan é in inmhe caint a dhéanamh mar ba cheart, i.e. bhí sé do mo chrá.

Chuirfeadh sé léan ar do chroí, i.e. ghoillfeadh sé go géar ort.

Leannán
Aicíd nó galar a ghreamaíos nó a leanas de dhuine leannán.

Lear
Tá lear beag ar an fhear sin, i.e. níl sé go díreach mar ba cheart ina chiall.

Is beag duine nach bhfuil a lear féin air, i.e. a easpa bheag féin céille nó sláinte.

Léar
Bhí léar mór daoine ina seasamh ag an doras, i.e. cuid mhór daoine.

Bhí léar mór ann, i.e. bhí mórán mór ann.

Léaró
Níor aithin mé Séamas nuair a d'fhoscail sé an doras nó bhí léaró an tsolais i mo shúile, i.e. bhí an solas láidir ag teacht sna súile orm.

Leas[1]
Ní bhíonn a fhios ag duine cá bhfuil a leas, i.e. ní bhíonn a fhios ag duine cad é is mó a rachas ar sochar dó.

I ndiaidh a aimhleasa a tchí an tÉireannach a leas, i.e. tchí sé a leas nuair a bhíos se rómhall.

Ba é do leas fanacht istigh inniu, i.e. b'fhearr duit gan a ghabháil amach inniu.

Ní le mo leas atá siad do mo chur chun na háite sin, i.e. ní mar mhaithe liom atá siad do mo chur ann.

Ba doiligh duit do leas éirí duit, i.e. níorbh airí ort rud maith éirí duit.

B'fhéidir nach dtáinig lá de do leas riamh ach é, i.e. b'fhéidir gurb é an rud is fearr a d'éirigh duit riamh é.

Caithfidh mé sin a dhéanamh, bíodh sé le mo leas nó le m'aimhleas, i.e. caithfidh mé a dhéanamh, déanadh sé maith nó olc domh.

Leas[2]
Is beag leas farraige atáthar a chur in úsáid anois, i.e. is beag duine a chuireas feamnach nó leathach nó leas den chineál sin ar na prátaí anois.

Leasaigh
An ag leasú a bhí sibh inniu? i.e. an ag cur aoiligh nó leas leis an bharr a bhí sibh inniu?

Leasluí
Bhí sé ar a leasluí, i.e. bhí sé idir a bheith ina shuí agus ina luí ar a leataobh.

Leataobh
Tá leataobh ar an lód sin, i.e. tá níos mó de ar thaobh amháin ná atá ar an taobh eile.

Suígí go cothrom. Tá leataobh ar an bhád agaibh, i.e. taobh ard agus taobh íseal.

Scairt sé i leataobh orm, i.e. scairt sé orm a theacht in áit ar leith ó na daoine eile a bhí i láthair.

Leath
Fuair sé leath droimscoilte den airgead, i.e. leath chothrom.

Chuir sé an coirce agus an seagal fríd a chéile leath mar leath, i.e. an oiread céanna d'achan chuid acu.

Tá fuath ag Eoghan ar Mhicheál agus níl aige ach a leath, i.e. tá an oiread céanna fuatha ag Micheál airsean.

Ní bhíonn sé sin sa bhaile leath an tsaoil, i.e. bíonn sé ar shiúl as an bhaile chomh minic agus a bhíos sé ann.

Tá áit ghalánta ansiúd. Bheifeá beo ann ar leath bia, i.e. tá an áit chomh deas agus go mbeifeá sásta fanacht ann agus gan agat ach leath do chuid bia.

Ag gabháil chun aonaigh atá sibh? Níl a fhios agam cá bhfuil bhur leath ag gabháil agus gan gnoithe ar bith agaibh ann! i.e. níl a fhios agam cad chuige a mbíonn a oiread agaibh ag gabháil ann gan gnoithe ar bith.

Leathbhonn
Bhí mo bhróga ag éirí caite agus chuir mé chuig an ghréasaí iad go gcuireadh sé leathbhoinn orthu, i.e. go gcuireadh sé boinn úra orthu.

An dtig leat leathbhoinn a chur suas? i.e. an dtig leat boinn úra a chur ar bhróga?

Leathbhreac
Is é Micheál do leathbhreac féin go díreach, i.e. tá Micheál go díreach cosúil leat ar achan dóigh.

Lá breá gréine a bhí ann, leathbhreac an lae inniu, i.e. lá go díreach cosúil leis an lá inniu.

Leathbhróg
Tá leathbhróg leis na Sasanaigh orthu, i.e. tá claon acu leis na Sasanaigh. Tá siad cineál i leith nó ar thaobh na Sasanach.

Leathcheann
Tá leathcheann air, i.e. tá a cheann ag cromadh anuas in aice a ghualann.

Leathchloíte
Leathchloíte go leor atá an duine bocht, i.e. lag go leor, fada go leor fríd.

Leathdhéanamh
Níor tugadh ar an chulaith sin ach leathdhéanamh, i.e. ní dhearnadh go maith ar chor ar bith í.

Leathdhuine
Níl san fhear sin ach cineál de leathdhuine, i.e. níl ann ach cineál d'amadán.

Leathfhoscailt
Rinne sé leathfhoscailt isteach ar an doras, i.e. níor fhoscail sé an doras ach go beag mar a dhéanfadh duine nach mbeadh ag brath a ghabháil isteach.

Leathlámh
Bhuailfinn le mo leathláimh thú, i.e. bhuailfinn thú le lámh amháin.

Leathnóg
Leathnóg ghirsí nó leathnóg mhná, i.e. girseach nó bean nach mbeadh an-ard agus í ramhar, cothaithe go maith.

Léigh
Is doiligh léamh air sin, i.e. is doiligh a inse cad é mar atá an scéal sin ina shuí.

Is doiligh intinn duine a léamh, i.e. is doiligh a inse cá hair a mbíonn duine eile ag smaointiú nó cad é an bharúil a bhíos aige féin féin.

Léim
D'éirigh sé de léim ina sheasamh, i.e. sheasaigh sé suas go tobann.

Chuaigh sé de léim thar an bhalla, i.e. léim sé thar an bhalla.

Bíodh léim an dorais agat! i.e.

imigh amach go gasta!

Tá Tomás ag iarraidh oibre agus tá obair le fáil in dhá áit aige, ach mura ndéana sé deifre agus rogha a dhéanamh eatarthu beidh léim an dá bhruach caillte aige, i.e. mura ndéana sé deifre ní bhfaighidh sé obair in áit ar bith acu.

Ghearr sé léim trasna na habhann, i.e. chuaigh sé de léim trasna na habhann.

Léine
Bhí lán a léine d'fhearg ar Thomás, i.e. bhí fearg mhór air.

Bhí gasúr mór agus gasúr beag ag troid agus thug an fear beag lán a léine don fhear mhór, i.e. bhí sé ábalta go leor ag an fhear mhór.

Léir
'An léir duitse bád ar bith?' 'Ní léir,' i.e. 'An dtig leatsa bád ar bith a fheiceáil?' 'Ní thig liom.'

Bhí an oíche chomh dorcha is nár léir duit do mhéar romhat, i.e. chomh dorcha is nach bhfeicfeá do mhéar dá gcoinneofá os coinne do shúl é.

Las an solas gur léir dúinn a chéile, i.e. sa dóigh ina bhfeicfimid a chéile.

Leircín
Chuir an bhó a cos ar an éan bhocht agus rinne sí leircín de, i.e. bhrúigh sí ar a chéile é.

Léirstean
'An bhfuil an fear sin dall ar fad?' 'Ní shílim go bhfuil. Sílim go bhfuil léirstean beag aige,' i.e. sílim go bhfuil lag-amharc beag aige.

Leisc
Rud idir náire agus faitíos, nó cotadh, an leisc.

Bhí leisc orm labhairt leat an t-am údaí cionn is an fear eile a bheith ag caint leat, i.e. bhí sort faitís orm labhairt.

Bhí siad ag déanamh a ndinnéara agus bhí leisc orm a ghabháil isteach, i.e. bhí sórt náire orm a ghabháil isteach.

Ní ligfeadh an leisc do na stócaigh éirí a dhamhsa i measc na strainséirí, i.e. ní éireodh siad a dhamhsa cionn is go raibh cotadh orthu.

Ní bhfuair mise cuireadh a ghabháil chuig an damhsa seo. Do bharúil an leisc domh a ghabháil ann? i.e. an síleann tú gur ábhar ceart leisce domh a ghabháil?

Níor mhaith liom a rá gurbh é Séamas a rinne sin leisc bréag a chur air, i.e. ar eagla go gcuirfinn bréag air.

Leith
Duine ar leith, i.e. duine dó féin, duine neamhchoitianta. (Deirtear 'áit ar leith' nó rud ar bith ar leith.)

Ní dheachaigh mé i leith nó i leataobh leis ach a rá leo féin féin, i.e. ní le duine ar bith eile nó ar chúl a gcinn a dúirt mé leo é ach leo féin ina láthair féin.

Nár labhair duine ar bith i do leith? i.e. nár labhair duine ar bith ar do shon, ar do thaobh?

Ní shílim go bhfuil sé sin i leith na Gaeilge, i.e. ní shílim go bhfuil spéis ar bith aige inti, go bhfuil sé ar thaobh na Gaeilge.

Bhí muintir na hÉireann uilig d'aon leith an uair sin, i.e. bhí siad uilig ar aon taobh amháin, ar ghualainn a chéile.

Níl mise in bhur leith nó in bhur n-éadan, i.e. tá mise ar nós cuma liom fán rud atá sibh a rá nó ag brath a dhéanamh.

Leithcheal

Caithfimid cuireadh a thabhairt do Bhrian. Níor mhaith liom leithcheal a dhéanamh air, i.e. níor mhaith liom gan cuireadh a thabhairt dósan chomh maith leis na daoine eile.

Níl a fhios agam cad chuige a dearnadh leithcheal ormsa nuair a bhí an tae á chur thart, i.e. níl a fhios agam cad chuige nár tugadh tae domhsa chomh maith le duine.

Leithead

Thug sí leithead do bhoise d'arán don bhean bhocht, i.e. giota aráin nach raibh ní ba leithne ná do bhos.

Níl ach tuairim is ar dhá leithead an tí sa mhainnear (sórt garraí bhig), i.e. níl an mhainnear ach tuairim is ar dhá uair chomh leathan leis an teach.

Thug siad buíochas do Dhia cionn is gur bhain siad amach leithead a dhá mbonn de thalamh na hÉireann arís, i.e. cionn is gur éirigh leo a theacht go hÉirinn arís.

Bhuail Feilimí leithead a dhroma ar an Albanach, i.e. thug sé greasáil mhaith dó.

Leitheadach

Tá an aicíd sin ag éirí iontach leitheadach, i.e. tá an aicíd sin ag teacht ar chuid mhór daoine.

Aicíd leitheadach go maith díobháil an airgid, i.e. coitianta go maith.

Leithéid

Ba deas a bheith ar an fharraige leithéid an lae inniu, i.e. lá chomh maith leis an lá inniu.

Ní fhóireann sin dár leithéidne, i.e. do dhaoine cosúil linne.

Tusa agus do leithéid féin eile is ciontaí leis sin, i.e. tú féin agus daoine eile cosúil leat.

'A leithéid de lá!' 'Cad é a leithéid de lá!' Le hiontas a déarfaí sin. (Cuirtear 'a leithéid' in úsáid le cuid mhór rudaí mar sin.)

Níl a leithéid de cheol ann, i.e. níl a leithéid ann ar chor ar bith.

Leithscéal

Chuaigh mise ar do leithscéal, i.e. an rud a rabhthas míshásta leat fá dtaobh de, dúirt mise nach raibh neart agat air, nach ort a bhí an locht, etc.

Más mar sin a bhí tá tú inleithscéil, i.e. is ceart glacadh le do leithscéal.

Níl a fhios agam cad é an leithscéal a fuair tú lena leithéid de shlaghdán a bheith ort, i.e. níl a fhios agam cad é an dóigh a bhfuair tú slaghdán chomh mór sin.

Is beag an leithscéal a ghníos a ghnoithe, i.e. is beag an leithscéal a bhíos de dhíth air.

Leon

D'éirigh sé ina leon fir, i.e. d'éirigh sé ina fhear bhreá mhór.

Leor

Is leor dó a bheith ábalta sin a dhéanamh, i.e. ní holc an obair dó í.

'Cad é mar atá an seanduine?' 'Is leor dó mar atá sé á sheasamh amach,' i.e. tá sé go maith (do dhuine chomh haosta leis).

Cad é an confadh atá ort? Ba leor duit dá mbeifí ag déanamh a dhath ort, i.e. níl leithscéal ar bith agat a bheith confach nó níltear ag déanamh a dhath ort.

Is leor liom a bhfaca mé de, i.e. chonaic mé mo sháith de. Níl mé ag iarraidh a fheiceáil arís.

Is leor a luas, i.e. beidh sé in am go leor a bheith ag smaointiú air nó ag fáil trioblóide ar bith uaidh nuair a thiocfas an t-am a gcaithfear smaointiú air.

Is leor an dífhortún nuair a thiocfas sé, i.e. ní ceart do dhuine a bheith ag gabháil in airicis na trioblóide.

Lia
Chuala mé sin chomh lia is atá méar orm, i.e. chuala mé go minic é. (Deirtear fosta, 'chomh lia is atá ribe i mo cheann'.)

Liath
Bhí siad ann ó dhuine liath go leanbh, i.e. bhí siad ann idir óg agus aosta.

Líbín
Tháinig sé isteach ina líbín bháite, i.e. agus é fliuch go dtí an craiceann.

Dheamhan i bhfad a bheadh an fhearthainn sin ag déanamh líbín de dhuine, i.e. ba ghairid a bheadh sí ag fliuchadh duine go maith.

Lig
Lig siad bás an mhadaidh de dhíobháil bia, i.e. lig siad don mhadadh bás a fháil leis an ocras.

Bhí spuaic ar mo láimh an áit ar scall mé í agus lig an dochtúir an spuaic, i.e. rinne sé poll ar an spuaic gur ligeadh an t-uisce amach aisti.

Ní ligfidh Diarmaid a rún le mórán daoine, i.e. coinneoidh sé a chuid gnoithí ceilte ar dhaoine eile.

Bhí an oiread sin fonn gáire orm gurbh éigean domh a ligint amach ar rud inteacht, i.e. b'éigean domh gáire a dhéanamh agus ligint orm féin gur faoi rud inteacht eile a bhí mé ag gáire.

Má tá fearg ort ní fhéadann tú a ligint amach ormsa, i.e. ní fhéadann tú a bheith feargach liomsa. Ní mise is ciontaí.

Lig don ghasúr, i.e. fág é. Ná bí ag gabháil dó.

B'fhearr do dhuine ligint den phíopa ar fad, i.e. b'fhearr dó gan an píopa a chaitheamh ar chor ar bith.

Ní ligfeadh an eagla duit sin a dhéanamh, i.e. ní dhéanfá sin cionn is go bhfuil barraíocht eagla ort. (Deirtear ar an dóigh chéanna 'ní ligfeadh an bród, an ghorta, an fhearg, an trua, an droch-chroí, etc. duit sin a dhéanamh'.)

Níl tú ach ag ligint ort go bhfuil eagla ort, i.e. ag cur i gcéill go bhfuil eagla ort agus gan í ort ar chor ar bith.

Lig Séamas air nár aithin sé mé, i.e. rinne sé liom mar a dhéanfadh sé le duine nach raibh aithne ar bith aige air.

Nuair a chonaic mise sin níor lig mé orm go bhfaca mé é, i.e. níor thaispeáin mé ar dhóigh ar bith go bhfaca mé é.

'Lig chun an bhodaigh mé ach ná lig an bodach de mo chóir.' Deirtear sin nuair a bhítear ag caint ar dhuine a d'iarrfadh go leor ar dhaoine eile ach nár mhaith leis féin a dhath a thabhairt uaidh.

Linn
Ní raibh sin ann le mo linnse, i.e. ní raibh sé ann i m'amsa.

Níor dhúirt Pádraig mórán le linn na strainséirí a bheith istigh, i.e. nuair a bhí na strainséirí istigh, agus as siocair go raibh siad istigh.

Liomóg
Bhí Eoghainín ag baint liomóg as na gasúraí eile, i.e. bhí sé ag breith idir a mhéar agus a ordóg orthu agus ag teannadh orthu.

Is annamh duine nach mbaineann an saol liomóg as, i.e. is annamh duine nach bhfaigheann a sháith féin de bhuaireamh an tsaoil.

Líon
Fear líon lán é sin, i.e. fear folláin

cothaithe.

Thug Máire do Liam fána líon séasúir é, i.e. thug sí greasáil mhaith den teanga dó.

Ar líon sé go fóill? i.e. an dtáinig an lán mara isteach go fóill?

Tá sé ag líonadh anois, i.e. tá an lán mara ag teacht isteach anois.

Líon sé suas de fhearg, i.e. d'éirigh sé lán feirge.

Is é a bhí líonta, i.e. is air a bhí an fhearg.

Liopasta
Duine liopasta go maith é sin, i.e. duine mór ramhar anásta agus a chuid éadaigh mar a bheadh sé ag titim de.

Tá an báinín sin róthrom, róliopasta, i.e. tá an báinín sin chomh ramhar mosach agus nach dtiocfadh culaith dheas chumtha a dhéanamh de.

Lochán
Tá talamh an fhéir uilig ina lochán uisce ó tháinig an fhearthainn, i.e. tá polláin uisce thall agus abhus in achan áit ar thalamh an fhéir.

Locht
Má ta sin air, tá a sháith de locht air, i.e. tá an locht sin olc gan a thuilleadh a bheith air.

Mura maith leat a ithe caith chuig an mhadadh é agus ní bhfaighidh seisean lá loicht air, i.e. beidh lúcháir ar an mhadadh a fháil le hithe.

Chuir Nóra locht Fhearghail lena chois, i.e. d'inis sí dó cad é an locht a bhí air.

Beathach lochtach, i.e. beathach capaill nó bó nó beathach ar bith a mbeadh locht air.

Thug an fear sin iarraidh beathach lochtach a chur orm, i.e. beathach a dhíol liom gan inse domh go raibh locht ar bith air.

Airgead lochtach, i.e. airgead a gheofaí go mí-ionraice.

Loic
Bhí Micheál ag gabháil chun na farraige ach bhí droch-chuma ar an lá agus loic sé, i.e. ní dheachaigh sé chun na farraige.

Bhí sé ag brath a ghabháil de léim thar an chlaí ach b'ard leis é agus loic sé.

Lóicéad
'Tá lóicéad breá leat,' a déarfaí le duine a bheadh ag teacht ón tsiopa agus dornán maith earraí leis.

Loisc
'Ó loisc mé an choinneal loiscfidh mé an t-orlach,' a déarfadh duine a bheadh ag maíomh go raibh a oiread de chineál inteacht oibre déanta aige, nó a oiread airgid caite aige léi, agus nárbh fhiú dó stad mar mhaithe lena mbeadh gan déanamh nó gan chaitheamh.

Loit
Déanfaidh tusa loit! i.e. déanfaidh tusa cuid mhór más fíor duit!

Ar loiteadh an fear a thit? i.e. ar gortaíodh go mór é?

Lom
Tá an brachán sin rólom, i.e. ró-uisciúil.

Ní ag magadh a bhí mé ar chor ar bith ach lom dáiríre, i.e. bhí mé chomh dáiríre agus a thiocfadh liom a bheith. ('Lom d'aon turas', 'lom diabhlaíochta', etc.)

Lonaidh
'Beir ar an lonaidh mar is ceart. Shílfeá gur spád atá agat.' Déarfaí sin le duine a bheadh anásta ag bualadh bainne. Is leis an lonaidh a ghnítear an bainne a bhualadh.

Long
Fágadh idir long agus lamairne mé,

i.e. d'imigh an bád nó an traein agus mé fá aon de bheith in am.

Longadán

Bhí an bád ag longadán ar an tsnámh, i.e. bhí sí ag bogadh anonn agus anall go suaimhneach beag. (Duine nó beathach a bheadh ag bogadh anonn agus anall go beag mar sin dearfaí go raibh sé 'ag longadán'.)

Lóntaí

Rinne sé sin dá lóntaí féin, i.e. dá dheoin féin, lena thoil féin.

Lorg

Ní raibh lorg gloine ar aon duine acu, i.e. ní raibh cuma ar dhuine ar bith acu go raibh sé i ndiaidh a bheith ag ól.

Níor chuir mé lorg ar bith orthu, i.e. ní dheachaigh mé á gcuartú nó a chur a dtuairisce ar chor ar bith.

Lorgaireacht

Tá cuid de chuid cailíní na hÉireann nach bhfuil ag déanamh mórán lorgaireachta ar Naomh Bríd, i.e. níl siad ag leanúint de na béasaí a chleacht Bríd.

Luach

Tá luach an airgid agat sna bróga sin, i.e. is fiú iad an t-airgead a thug tú orthu.

Tá a thrí luach ar achan chineál ó bhí an cogadh ann, i.e. tá achan chineál i bhfad níos daoire ná a bhíodh siad roimh aimsir an chogaidh.

Ní dheachaigh an t-eallach dubh a luach go fóill, i.e. níl luach mór go leor le fáil ar an eallach dhubh go fóill.

Ní dheachaigh tusa leath do luach go fóill, i.e. níl an meas ort go fóill ba cheart a bheith ort.

Leoga, chuir Pádraig an bhó chéanna go bun a luach, i.e. bó a bhí sé a cheannacht, thairg sé nó thug sé a oiread uirthi agus ab fhiú a thabhairt uirthi.

'Go dtuga Dia a luach sin duit,' a déarfadh duine leis an té a bheadh i ndiaidh gar a dhéanamh dó.

Is iomaí Éireannach bocht a díoladh faoina luach, i.e. is iomaí Éireannach a dearnadh spíodóireacht air mar mhaithe le hairgead.

B'fhiú duit dornán beag airgid a chaitheamh ar an teach. Beidh a luach de phléisiúr agat, i.e. beidh tú chomh sásta leis an teach agus go mbeidh lúcháir ort cionn is gur chaith tú an t-airgead le bail a chur air.

B'fhiú duit gloine beag a thabhairt d'Aindrias. Gheofá a luach de chuideachta, i.e. an t-airgead a dhíolfá ar son na dí, gheofá a luach de ghreann nuair a thiocfadh an aoibh ar Aindrias.

Luas

D'imigh sé an dá luas dá bhfuair sé an t-airgead, i.e. chomh luath géar agus a fuair sé an t-airgead.

Cluinfear an scéal ar luas nó ar moille, i.e. cluinfear go fóill é fada gairid an t-am go dtí é.

Luath

Níor luaithe a chonaic mé é ná a d'aithin mé cé a bhí ann, i.e. d'aithin mé é chomh luath agus a chonaic mé é.

Ba luaithe a chaillfeadh Eoin an ceann ná a dhéanfadh sé a leithéid sin, i.e. ligfeadh Eoin a cheann a bhaint de sula ndéanfadh sé a leithéid sin.

Fear gnoitheach Séamas. Ní luaithe thall ná abhus é, i.e. bíonn sé in achan áit.

Lúb

Is fiú áit a thabhairt do Phádraig i lúb chuideachta, i.e. ghní Pádraig a sciar féin den chaint agus den ghreann san áit ina mbíonn daoine cruinn i gcuideachta a chéile.

Lúcháir
Bhí tinte ar achan ard ag na daoine ag déanamh lúcháire, i.e. bhí a oiread lúcháire ar na daoine roimh cibé scéala a fuair siad agus gur las siad tinte ar na harda.
Tá lúcháir mhór orm romhat, i.e. tá lúcháir mhór orm cionn is tú a fheiceáil.

Luigh
Luígí isteach leis an obair, i.e. oibrigí go maith, go dícheallach.

Tá an fear sin ag luí leis an ól, i.e. tá sé ag ól go trom.

Tá an oiread seo den iasc ag luí do Mhicí cionn is gur leis an bád, i.e. an oiread seo le fáil mar sciar aige.

Luíochán
Rinneadh luíochán roimh na Sasanaigh san áit sin, i.e. chuathas i bhfolach rompu agus thángthas orthu san áit sin.

Lúircíneach
Níl ann ach lúircíneach de dhuine, i.e. duine beag casta cam lagbhríoch.

Luspairt
Cad é atá ann ach luspairt linbh? i.e. níl sé ach ina thachrán bheag óg go fóill.

Lustan
Lustan, i.e. na lusa a fhásas fríd bharr na bprátaí, etc. agus a bhíos á bplúchadh.

Tá an cuibhreann prátaí sin lán lustain. Caithfear a ghlanadh.

Lústar
'Tá lústar mór san fhear sin.' Déarfaí sin fá dhuine a chuirfeadh fáilte as cuimse romhat nó a bheadh ag freastal go plásánta ort achan am dá bhfaigheadh sé faill. (Bíonn lústar mór i gcuid de na madaí fosta.)

Lúth
Tá lúth na teanga ag, nó le, Séamas, i.e. tig an chaint leis go réidh. Tá deis a labhartha aige.

Dá mbeadh lúth na gcnámh liom chan anseo a bheinn, i.e. dá mbeinn éascaí gasta ar mo chois ní bheinn anseo.

Tá an duine bocht ina luí gan lúth gan láthair, i.e. níl sé ábalta bogadh, nó ábalta duine eile a aithne, b'fhéidir.

M

Má
Tá siad ag teacht anois agus má tá féin tá an t-am sin acu, i.e. ba cheart dóibh a bheith ag teacht ní ba luaithe ná seo.

Más é an leanbh sa chliabhán é tá bróga air, i.e. gan fiú an leanbh sa chliabhán nach bhfuil bróga air. Bíonn bróga ar na leanaí anois sula mbíonn siad ábalta siúl ar chor ar bith.

'Nach n-aithníonn tú an fear sin? Sin Pádraig Ó Dónaill.' 'Muise, más é, ní hé,' i.e. más é sin é níl sé cosúil le mar a bhíodh sé roimhe seo.

Bhí an dúchallán ag na gasúraí agus bhagair Seán orthu a bheith ní ba suaimhní; ach má b'fhearr mar sin an scéal! i.e. bhí siad chomh callánach agus a bhí riamh, mura raibh siad ní ba challánaí.

Macasamhail
Fear mór ard é, macasamhail Bhriain anseo, i.e. fear mór ard cosúil le Brian.

Mo mhacasamhail féin de dhuine,

i.e. duine go díreach cosúil liom féin.

Madadh

'Cé atá ag an mhadadh?' a deirtear nuair a chluintear an madadh ag tafann le duine inteacht amuigh.

Má thig sibh anseo arís cuirfidh mé an madadh ionaibh, i.e. cuirfidh mé an madadh sa tóir oraibh — in bhur ndiaidh.

Is fearr duit an madadh a bheith go maith duit ná go holc duit, i.e. duine ar bith, is cuma cé é féin, is fearr duit é a bheith leat nó i d'éadan — é a bheith ina chara agat ná é a bheith ina namhaid agat.

Níl meas madaidh agam ar an fhear sin, i.e. níl meas ar bith agam air.

'Ní thabharfainn sin don mhadadh,' a déarfaí fá dhrochbhia, etc.

Tá an scéal sin ag madaí an bhaile, i.e. níl duine ar bith ar an bhaile nach bhfuil an scéal sin aige.

Thug siad bail na madadh orm, i.e. thug siad tréan achasáin agus drochtheanga domh.

Madadh doininne, i.e. cineál de thuar ceatha a shíltear a bheith ina chomhartha doininne.

Magadh

'Éist an magadh!' a deir duine le duine eile a mheasas sé a bheith ag déanamh barraíocht molta air.

Ná déan ula mhagaidh díot féin, i.e. ná déan ábhar magaidh díot féin.

Maicín

D'éirigh an maicín, i.e. thoisigh an troid.

Maide

Ní heagal do Éamann a mhaidí a ligint le sruth, i.e. seasóidh Éamann ceart dó féin.

Is mór a lig muintir na hÉireann a gcuid maidí le sruth agus an tír a ligint a fhad síos agus atá sí, i.e. is iad a bhí leamh gan spiorad.

Bhí Síle ag tógáil maide as uisce do Bhrian, i.e. bhí sí ag gabháil ar a leithscéal, ag seasamh ceart dó, á shaoradh ó cibé coir a bhíothas a chur síos dó.

An té a bheadh ag iompar cónra nó bara lámh nó rud den chineál sin, dá mbeadh sé ar toiseach déarfaí go raibh sé 'sna maidí tosaigh' agus dá mbeadh sé ar deireadh déarfaí go raibh sé 'sna maidí deiridh'.

Maidin

Cá raibh tú ó mhaidin? i.e. cá raibh tú go dtí an t-am seo de lá?

Chuaigh Micheál amach a dh'iascaireacht anocht ach beidh sé ar ais fá mhaidin, i.e. nuair a thiocfas an mhaidin.

Caithfidh mé a bheith i mo shuí ar béal maidne, i.e. chomh luath agus a thiocfas an mhaidin.

Mair

'Cá fhad a mhair an céilí aréir?' 'Mhair sé ón seacht go dtí an dó dhéag a chlog.'

'Go maire tú is go gcaithe tú é,' a deirtear le duine a mbíonn ball úr éadaigh air. In amanna deirtear 'go maire tú is go gcaithe tú, is go stialla tú, is go stróca tú é.' Más le fear gan phósadh a bhítear ag caint cuirtear 'go bpósa tú bean ann' leis an ghuí.

'Go maire sibh an saol úr,' a deirtear le lánúin i ndiaidh a bpósta.

'Ar mhair tusa an saol úr do Shéamas? Rinne mise dearmad é a mhairstin dó.'

Mairg

Is mairg nár fhan sa bhaile, i.e. is trua nár fhan mé sa bhaile. (Le tuilleadh brí a chur ann deirtear 'is mairg agus is rómhairg', nó 'is mairg agus is dhá mhairg'.)

Duine gan mhairg gan mhuláid, i.e. duine nach gcuirfeadh chugat nó uait.

Is mairg a fágadh thíos leat, i.e. is trua an té a fágadh i do mhuinín agus tú chomh beagmhaitheasach is atá tú.

'Char mhairg a bheadh i do mhuinín!' Deirtear sin go fonóideach le duine nach mbíonn mórán cuidithe ann.

Máirseáil
Bíonn máirseáil shonraíoch ag an fhear sin, i.e. maireann sé ag caint ar scéal go dtí go mbítear dúthuirseach de.

Maise
Rud ar bith a bheadh chomh deas sin is go gcuirfeadh sé aoibhneas ort a bheith ag amharc air deirtear 'go gcuirfeadh sé maise ar do shúile cinn'.

Is maith an mhaise duit é, i.e. is maith thú agus a leithéid de ghníomh, nó de obair, a dhéanamh.

Chonacthas an gasúr amuigh ar an doimhneacht is gan snámh aige; agus, ba mhaith an mhaise do Sheosamh é, chuaigh sé de léim amach fána cheirteach go dtug sé an gasúr isteach.

Nár chloíte an mhaise dóibh é! i.e. nach iad a bhí gan mhaith agus a leithéid a dhéanamh.

Dheamhan a dhath gur fearr an mhaise do Dhonnchadh ná do Shéamas mar atá sé á sheasamh amach, i.e. gan amhras ar bith, is fearr atá Donnchadh ag iompar na haoise ná Séamas.

Maistín
Is é sin an maistín! i.e. is é an duine garbh gan mhúineadh é.

Máistreacht
Tá dúil mhór sa mháistreacht agat, i.e. is maith leat a bheith ag cur daoine eile faoi do smacht.

An bhfuair tú an cheist sin a mháistreacht go fóill? i.e. ar éirigh leat an cheist sin a fhuascailt go fóill?

Maiteach
Rinne Eoin lá mór oibre inné agus murar éirigh sé go luath inniu tá sin maiteach aige, i.e. is ceart maithiúnas a thabhairt dó.

Maíteach
Bhéarfadh Aindrias an t-airgead domh ach níor mhaith liom a iarraidh air, tá sé chomh maíteach sin, i.e. ghní sé an oiread sin cainte fá chuidiú ar bith a bheir sé uaidh.

Maith
Is mó an t-olc ná an mhaith a leithéid sin a dhéanamh, i.e. b'fhearr rud mar sin a fhágáil gan déanamh.

Is tú atá gan mhaith! i.e. níl maith ar bith ionat.

Níl maith a bheith ag caint leat, i.e. níl aird ar bith agat ar mo chuid cainte.

Tá maith duit a bheith ag caint leis an fhear sin! i.e. níl ach amaidí duit a bheith ag caint leis.

Labharfainn leo dá mbeadh maith liom ann, i.e. dá measainn go dtabharfadh siad aird ar bith orm.

'Cad é mar atá Pádraig?' 'Leoga, tá an duine bocht ó mhaith,' i.e. tá an chuid is fearr dá shaol caite.

Ní fhaca mé aon duine riamh chomh beag de mhaith leat, i.e. ní fhaca mé aon duine ba lú a raibh maith ann ná thú.

'Is maith an rud a dhéanfaidh tú!' a deirtear le gasúr óg nó le girseach nuair a ghní siad drochrud.

Má tá an oiread sin codlata ortsa is maith mar atá an té nach deachaigh a luí le trí oíche, i.e. an té nach deachaigh a luí le trí oíche is ceart dó níos mó codlata, fá ghiota mhór, a bheith air ná atá ortsa.

Is maith mo chuimhne ar an chéad lá a tháinig tú isteach anseo, i.e. tá cuimhne mhaith agam air.

Maitheas

Is iomaí maitheas bheag a rinne sí orm, i.e. is iomaí bronntanas beag a thug sí domh.

Mala

'Fágfaidh mé an mhala ar an tsúil agat,' a deir duine a bhíos ag bagairt ar dhuine eile go mbuailfidh sé greasáil air.

Níl a dhath agam nár bhain mé amach as allas mo mhalacha féin, i.e. níl agam ach an rud ar oibir mé go crua ar a shon.

Ag gabháil in éadan na mala, i.e. ag gabháil in éadan an chnoic.

Tá an mhala linn anois, i.e. chan ag gabháil in éadan na mala a bheas muid feasta ach ag gabháil síos léi.

Is doiligh an mhala sin a thógáil, i.e. is doiligh gabháil suas go barr na mala sin.

Níl a fhios agam ó mhala na glóire cá deachaigh Seán, i.e. níl a fhios agam ar chor ar bith, ar chor ar bith, cá deachaigh sé.

Scean siad a chéile ó mhala na glóire, i.e. thug siad drochtheanga as cuimse dá chéile.

Mála

Ba mhó do mhála ná do sholáthar, i.e. caitheadh níos mó leat ná a shaothraigh tú riamh.

Níl aon amhrán ina mhála nár cheol sé, i.e. cheol sé achan amhrán dá bhfuil aige.

'Tá mo mhála reaite', a deir duine nuair a bhíos deireadh a chuid amhrán ráite aige.

Malairt

Déanfaidh mé malairt leabharthaí leat, i.e. bhéarfaidh mé leabhar duit ar leabhar de do chuid féin.

Ní dhéanfainn malairt áite le Micheál ar chéad punta, i.e. ní rachainn in áit Mhicheáil agus m'áit féin a thabhairt dósan dá bhfaighinn céad punta ar shon sin a dhéanamh.

Fuair mé an leabhar sin ar malairt, i.e. ar shon leabhair a thug mé uaim.

Dúirt Síle an focal ba mheasa ina ceann le Nuala agus, leoga, thug Nuala malairt di, i.e. thug Nuala gach dara focal do Shíle.

Ní fhaca mé le haois chapall na malairte thú, i.e. is fada an lá ó chonaic mé thú.

Mall

An raibh Eoin abhus ar na mallaibh? i.e. an raibh sé anseo le gairid?

Ar na mallaibh ab éigean don leabhar sin a theacht amach, i.e. caithfidh sé gur le gairid a tháinig an leabhar sin amach.

Malltriallach

'An dtáinig Dónall a chuidiú leat?' 'Tháinig ach, leoga, ba mhalltriallach é,' i.e. go righin fadálach a tháinig sé.

Mám

Tá airgead ina mhháma aige sin, i.e. tá neart airgid aige.

Mámh

Más fearr hartas ná cineál ar bith eile cárta sa chluiche is 'mámh' cárta ar bith de na hartais. Sa chluiche sin beidh an muileata, an speireata agus an sruth ina ndráite. 'Drámh' cárta ar bith nach bhfuil ina mhámh.

Mana

Ní thabharfadh Naos isteach ar chor ar bith gnoithe an talaimh a shocrú leis an deartháir; ach níorbh iontas ar bith sin ná ba é sin an mana a bhí aige ar fad, i.e. ba é sin an rún a bhí aige i rith an ama.

Tá aon mhana amháin uilig acu, i.e. is ionann toil, dóigh nó dearcadh atá acu uilig.

Tá drochmhana ag Seoirse fá do choinne, i.e. níl sé go maith duit agus má thig leis dochar ar bith a dhéanamh duit déanfaidh sé é.

Manrán

Níl ann ach manrán de dhuine, i.e. níl ann ach duine a bhíos i gcónaí ag caint go míshásta, ag éileamh ar fad. (Déarfaí le duine mar sin go mbíonn sé ag manrán nó go bhfuil sé manránach.)

Mantach

Tá an fear sin mantach, i.e. baintear stadanna ina chuid cainte as. Is minic nach bhfaigheann sé leis ach cuid den fhocal is mian leis a rá.

Mantaíl

Tá mantaíl bheag sa duine bhocht, i.e. tá sé cineál beag mantach.

Maoil

Cuir maoil ar an chliabh, i.e. líon an cliabh os cionn an bhéil.

Cliabh prátaí fána mhaoil, i.e. cliabh líonta os cionn an bhéil de phrátaí.

Bhí Eoghan ag obair agam inné agus tá Éamann ina áit inniu agam ach má b'olc maoil is measa mullóg, i.e. ní raibh Eoghan rómhaith ag obair ach b'fhearr é ná Éamann.

Maoiseog

'D'imigh an fear sin i bhfad ó shin agus níor phill sé, agus níor smaointigh sé ar an bhaile go dtí nach raibh baile (teach nó áit) ar bith aige. Tá sé ag gol in áit na maoiseoige anois.' Deirtear sin fá dhuine ar bith a bhíos ag caoineadh an rud a chaill sé san áit ar cailleadh é.

Maol

Bhuail mé m'uillinn ar an bhalla agus thit an sciathán maol marbh liom, i.e. ní raibh mé in inmhe mo lámh a thógáil.

Maos

Tá éadach ar maos sa tobán sin, i.e. tá eadach in uisce sa tobán sin de gheall ar an salachar a dhéanamh bog air.

Tá an tachrán sin chomh salach is go mbeadh maos seachtaine de dhíth air.

Bhí mé amuigh faoin fhearthainn agus tá mo chuid éadaigh ar maos, i.e. tá mo chuid éadaigh uilig fliuch.

Mar

Creidim go mbeidh tú féin ag an damhsa mar dhuine, i.e. chomh maith le duine ar bith eile.

Tá sé ag éirí bródúil, mar Phádraig, i.e. tá sé sin ag éirí bródúil — Pádraig atá mé a mhaíomh.

Tá mo chroí briste acu, mar chearca, i.e. tá mo chroí briste acu sin — is iad na cearca atá mé a mhaíomh.

Síos mar seo is fearr duit a ghabháil, i.e. síos an bealach seo atá mé a thaispeáint duit.

Níl Mánas cosúil le mar a bhí sé sula deachaigh sé go Meiriceá, i.e. d'athraigh sé ó chuaigh sé go Meiriceá.

Bhí Fearghal ag screadaigh mar a bheadh fear mire ann, i.e. mar a screadfadh fear mire.

Bhí mo cheann mar a bheifí ag sá scine ann, i.e. bhí pian ann chomh géar agus dá mbeifí ag sá scine ann.

Mar dhea gur tusa a bhí ag gabháil cheoil aréir! i.e. an féidir gur tusa a bhí ag gabháil cheoil aréir?

Maraigh
Bíonn marú duine idir dhá scéal, i.e. bíonn a oiread difir idir an dá insint a bheirtear ar scéal agus go ndéanfadh sé fianaise le duine a chur chun na croiche.

Caithfidh mé deifre a dhéanamh chun an bhaile nó mairbhfear mé, i.e. beifear ag tabhairt achasáin domh cionn is a bheith a fhad amuigh mura ndéana mé deifre.

'Ar mharaigh tú a dhath?' a deirtear le duine a bheadh i ndiaidh a bheith amuigh ag iascaireacht — go háirithe le slat.

Marbh
Lig do na mairbh, i.e. ná bí ag rá a dhath olc fá na daoine atá marbh.

Lig sé béic as a mhusclódh na mairbh, i.e. béic mhillteanach.

Is cuma domh mo bheo nó mo mharbh, i.e. is cuma domh cé acu beo nó marbh a bheas mé feasta.

Ní moladh mairbh ar bith é a rá gur fear cneasta cóir a bhí i Micheál, i.e. ní cionn is é a bheith marbh atá mé á rá sin leis.

Tá mo chnámha marbh liom ó tháinig an slaghdán orm, i.e. tá mo chnámha nimhneach tuirseach.

Farraige mharbh, i.e. farraige an-chiúin.

Marbhán samhraidh
Cuir cídeog ort. Ba leor duit a bheith ag gabháil amach mar sin dá mbeadh marbhán samhraidh ann, i.e. b'fhearr duit cídeog (seál nó cóta mór) a chur ort. Ní hionann an aimsir seo agus aimsir the lár an tsamhraidh.

Marbhánta
Tá mé cineál marbhánta inniu; ach tá an lá marbhánta ar scor ar bith, i.e. tá mé cineál tromchroíoch inniu; ach, an sórt lae atá ann, dhéanfadh sé duine tromchroíoch.

Marc
Ní aithneoinn arís é. Níor choinnigh mé marc ar bith air, i.e. níor choinnigh mé cuimhne ar a chuma nó ar a chosúlacht.

Margadh
Cad é an mhaith a bheith ag caint air sin anois, an lá i ndiaidh an mhargaidh? i.e. nuair atá sé rómhall agus nach ndéan caint ar bith an scéal a leigheas.

Ba é an dath bán a bhí ar an im a chuir ó mhargadh é, i.e. ní cheannófaí an t-im as siocair é a bheith róbhán sa dath.

Marla
Spré ar an mharla! i.e. spré ar an chréatúr bheag gan mhaith.

Maróg
Duine a bheadh ag titim chun feola nó chun raimhre fá bhun a ghoile déarfaí go raibh sé 'ag titim chun maróige' nó 'ag tógáil maróige'.

Masla
Fuair Aodh masla mhór ag déanamh an tí sin, i.e. bhí cuid mhór oibre ag baint leis an teach aige — obair a thuirsigh agus a sháraigh é.

Tá beathach capaill anois acu agus tógann sé cuid mhór den mhasla díobh, i.e. ghní an beathach cuid mhór den obair a bheadh le déanamh acu féin gan é.

Thug siad masla chainte domh, i.e. thug siad drochtheanga domh agus náirigh siad mé.

Maslach
Obair mhaslach í sin, i.e. obair í a thuirseodh duine go mór.

Tá Niall iontach maslach air féin ag obair, i.e. ghní sé cuid mhór oibre. Ní dhéan sé scíste in am ar bith. (Duine, fosta, a bheadh cineál aingiallta garbh ag obair agus a thuirseodh é féin go gasta, déarfaí go raibh sé maslach air féin.)

Maslaigh
Ná maslaigh thú féin, i.e. ná maraigh thú féin ag obair. Glac níos réidhe, níos suaimhní, an obair.

Máthair
'Sin máthair an oilc anois agat,' a déarfaí le duine nuair a gheofaí an dealg nó cibé rud eile a bheadh ag déanamh angaidh ann. 'Máthair an tsilidh' a bhéarfaí ar a leithéid sin fosta.

Máthair an uisce, i.e. an tobar nó an loch a mbeadh sruthán uisce ag teacht as.

Meabhair
Níl meabhair ar bith ag an tseanduine inniu, i.e. tá sé gan chiall gan chuimhne.

Chaill sé a mheabhair, i.e. chaill sé úsáid a intinne.

Meabhraigh
Bíonn sé sin ag meabhrú leis ar fad, i.e. ag smaointiú go domhain.

Méad
Ní raibh a fhios acu cad é bhí siad a dhéanamh ar mhéad agus a bhí de lúcháir orthu, i.e. bhí lúcháir chomh mór sin orthu.

Ní ar mhéad agus atá Conall mór ach tá an t-urra ann, i.e. níl mé á rá gur fear an-mhór atá i gConall ach deirim gur fear láidir é.

Dá mhéad do dheifre béarfaidh an saol ort, i.e. is cuma cad é an deifre a dhéanfaidh tú tiocfaidh an t-am ina gcaithfidh tú do shuaimhneas a ghlacadh (san uaigh). (Is ionann sin agus a rá nach bhfuil ach amaidí do dhuine a bheith róshaolta (róshantach ar shaibhreas saolta) ar an ábhar go dtiocfaidh an t-am ina gcaithfidh sé sin uilig a fhágáil ina dhiaidh.)

Méadaíocht
Ní fhaca mé Micheál ó tháinig sé i méadaíocht, i.e. ó d'fhás sé aníos.

Tá Brian agus Máire i gceart anois; tá an chlann i méadaíocht acu, i.e. tá an chlann uilig tógtha nó de chóir a bheith tógtha acu.

Meadhrán
Tá rud inteacht ag déanamh meadhráin do Niall inniu, i.e. tá buaireamh inteacht air nach ligeann dó smaointiú ar rud ar bith eile.

Meall
Más é sin an rud a bhfuil siad ag dúil leis tá eagla orm go mbainfear mealladh astu, i.e. tá eagla orm nach bhfaigheann siad an rud a bhfuil siad ag dúil leis agus go mbeidh siad cineál míshásta nuair a tchífidh siad sin.

Bhain tú mealladh asam. Dúirt tú go dtiocfá go tigh s'againne aréir agus d'fhan mé istigh leat, ach ní tháinig tú.

Mheallfadh Pádraig an t-éan ón chrann, i.e. bhéarfadh sé ar dhuine rud ar bith a dhéanamh dó lena chuid plámáis. (Deirtear fosta 'mheallfadh sé an t-úll ón chraobh'. Duine a bheadh ábalta a leithéid sin a dhéanamh déarfaí gur duine 'meallacach' é.)

Meanach
Ar bhain tú an meanach as an iasc sin? i.e. ar ghlan tú na putóga as an iasc?

Tháinig na páistí ar an tseanchlog

agus ní raibh i bhfad gur bhain siad an meanach aisti, i.e. ní raibh i bhfad gur bhain siad as a chéile í, gur bhain na rothaí, etc., amach aisti.

Méanar
Is méanar duit atá ag imeacht ar do chuid laetha saoire, i.e. is aoibhinn duit é.

Nár mhéanar a bheadh ábalta sin a dhéanamh! i.e. nárbh aoibhinn don té a dtiocfadh leis sin a dhéanamh!

Nár mhéanar dá mbeadh Gaeilge ag achan duine in Éirinn, i.e. nár bhreá an rud é.

Méanfach
Cuirfidh tú do ghiall as áit ag méanfaigh, i.e. nach millteanach an mhéanfach atá ort!

Meanma
Dúirt mé mo chuid urnaí i mo mheanma, i.e. dúirt mé i m'intinn iad.

Abair an t-amhrán i do mheanma agus b'fhéidir go smaointeofá ar an fhocal a bhí ansin, i.e. abair leat féin i d'intinn é — gan é a rá amach go hard.

Méar
Tá an obair sin ar bharr na méar agat, i.e. tá lámh mhaith agat uirthi. Thig leat í a dhéanamh gan braodar ar bith.

Ní strainséir ar bith thusa. Ba chóir nach mbeadh méar ar bith de dhíth ort le do chuid a dhéanamh anseo, i.e. ba chóir go n-íosfá greim bia anseo gan fiacha a bheith ar aon duine a bheith ag tabhairt ort a dhéanamh. (Caithfidh duine a mhéar a chur i mbéal gamhain óig le tabhairt air a chuid bainne a ól corruair, agus is dóiche gur as sin a tháinig an rá seo suas.)

'An raibh tú i Leitir Ceanainn?' 'Bhí, chomh lia is atá méar orm,' i.e. bhí mé ann uair os coinne achan mhéar dá bhfuil orm.

Ná leag méar air sin, i.e. ná bain dó ar chor ar bith.

Mearadh
'Cad é an mearadh atá ort?' a déarfaí le duine a dhéanfadh rud gan chiall.

Tá mearadh tobaca ar Sheán inniu, i.e. tá sé ag cailleadh a chéille de dhíobháil tobaca.

Cad é an boc mearaidh a thug ort sin a dhéanamh? i.e. cad é an dóigh inar chaill tú a oiread de do chiall agus go dearn tú a leithéid sin?

Méaradóireacht
Ná bí ag méaradóireacht mar sin ar an leabhar ar chor ar bith. Millfidh tú í, i.e. salóidh tú an leabhar agus brúfaidh tú na duilleoga má bhíonn tú ag úthairt uirthi le do chuid méar ar an dóigh sin.

Mearbhlán
Ná gabh suas ansin nó tiocfaidh mearbhlán i do cheann agus titfidh tú, i.e. éireoidh tú éadrom sa cheann. Mothóidh tú do cheann mar a bheadh sé ag gabháil thart.

Méaróg
Ní méaróg ar bith a rinne a leithéid sin de pholl ar an fhuinneog, i.e. ní mionchloch bheag a choinneodh duine idir a mhéar agus a ordóg a rinne an poll sin.

Meas
'An bhfuil Séamas istigh?' 'Ní hé mo mheas go bhfuil,' i.e. ní shílim go bhfuil.

Is olc an rud meas rógaire a thabhairt do dhuine agus gan siocair agat leis, i.e. rógaireacht a chur síos do dhuine gan fáth gan siocair.

Cad é an meas bréige atá agat orm?

i.e. cad chuige a sílfeá gur ag inse bréige atá mé?

Is beag mo mheas ar an fhear sin, i.e. is beag is fiú liom é.

Measa
Déanfaidh Brian gnoithe maith go leor. Tá sé láidir. Is measa liom Donnchadh ná níl sláinte rómhaith aige.

Cé is measa leat? i.e. cé is fearr leat?

Má b'olc mise i gceann na hoibre sin ba mhíle ba mheasa tusa, i.e. ba mhaith mé féin le do thaobhsa — i gcomórtas leatsa.

Measarthacht
'Tá measarthacht ar achan rud,' a deirtear nuair a bhítear ag rá go deachaigh duine rófhada le caitheamh aimsire nó le hobair ar bith.

Fear é sin a bhfuil measarthacht léinn aige, i.e. cuid mhaith léinn.

Tar le measarthacht, i.e. ná bí ag iarraidh nó ag déanamh barraíocht.

Meath
Bhí mé ag déanamh gur tusa a rinne sin agus tchím nár mheath mo bharúil orm, i.e. tchím anois go raibh an ceart agam.

Mheath na prátaí luatha orm, i.e. ní tháinig siad chun tosaigh mar ba cheart.

Tchítear domh gur mheath Séamas, i.e. gur éirigh sé tanaí. Tá cuma mheaite air.

Bhí na buachaillí ag gáire fá Sheán nuair a bhí sé ag gabháil cheoil agus chuir sin meath air, i.e. d'fhág sin é sa dóigh nár cheol sé chomh maith is ba cheart dó.

Tá eagla orm gur ort a bhí meath an mhargaidh, i.e. gur tú a fuair an chuid ba mheasa den mhargadh.

Méid
D'éirigh méid as cuimse sa ghasúr sin, i.e. d'fhás sé go mór.

Cad é an mhéid atá ann anois! i.e. cad é chomh mór is atá sé anois!

Tá na prátaí sin ag gabháil in anmhéid, i.e. tá siad ag éirí rómhór.

Fear a bhfuil a sháith méide agus meáchain ann Séamas, i.e. fear é atá mór go leor agus trom go leor.

Níl méid nó meáchan i Micheál, i.e. níl ann ach duine beag éidreorach. Ní hé amháin nach bhfuil airde ar bith is fiú ann ach níl toirt ann ach oiread.

Meigead
Tá meigead ar fónamh ag Máire, i.e. tá tréan geab aici — neart le rá aici.

Cailleach an mheigid, i.e. bean nó cailín a mbeadh cuid mhór le rá aici.

Meigeadach
Stadaigí den mheigeadaigh, a pháistí, agus gabhaigí a chodladh, i.e. stadaigí den ghiob geab cainte atá agaibh agus gabhaigí a chodladh.

Meigeadán
Is tú an meigeadán beag! i.e. is agat atá an geab, a chréatúir bhig!

Meil
Bíonn Aodh ag meilt ar fad, i.e. ní stadann Aodh ach ag caint ar rud inteacht.

Méile
Bhí cnap mine ann chomh mór le méile gainimh, i.e. chomh mór le hardán gainimh, mar a bhíos le feiceáil de chóir na farraige.

Chuaigh siad síos fá na méilte, i.e. síos fán áit ina bhfuil ardáin an ghainimh.

Meilleog
Duine a bhíos iontach feolmhar fá

na pluca agus fán smigead, bíonn meilleoga air.

Amharc na meilleoga atá air! i.e. amharc chomh feolmhar fá na giallbhaigh leis! Tá an fheoil ina fillteacha air!

Meirg

Triomaigh an pota sin nó tógfaidh sé meirg, i.e. tiocfaidh meirg air.

Seanscéal agus meirg air, i.e. scéal a chuala achan duine.

Meisce

Bhí sé ar leathmheisce; ar bogmheisce, i.e. bogtha go breá; bhí braon maith ólta aige.

Bhí sé ar steallaí meisce, i.e. lán go bun na teanga; bhí dhá thaobh an bhealaigh mhóir leis; bhí póit mhillteanach ólta aige.

Mí

Mí de gach ráithe samhlú, i.e. samhlú na ráithe a thig ina diaidh. (Bíonn an mhí dheireanach den earrach cosúil leis an tsamhradh, agus dá réir sin.)

Mian

Bhí Pádraig — Peadar ba mhian liom a rá — bhí sé anseo inné, i.e. bhí mé ag brath a rá go raibh Peadar anseo ach ina áit sin dúirt mé Pádraig.

Ní dhéanfaidh sé sin a dhath ar bith ach nuair a thiocfas sé ar a mhian féin, i.e. nuair is maith leis féin a dhéanamh.

'An mbeidh tú ag gabháil a dh'obair amárach, a Sheáin?' 'Ní ar mo mhian atá. Caithfidh mé a ghabháil.'

Míchlú

Cuirfidh gnoithe na troda sin míchlú ar an áit, i.e. beidh drochiomrá ar an áit i ndiaidh na troda a bhí ann.

Míchóngar

An gcuirfeadh sé míchóngar ar bith ort an litir sin a chur sa phosta domh? i.e. an gcaithfeá a ghabháil amach as do chosán?

Míghnaoi

An colm a d'fhág an gearradh ar aghaidh na girsí, fágfaidh sé míghnaoi choíche uirthi, i.e. fágfaidh sé cuid den dóighiúlacht de dhíobháil nó d'easpa uirthi. (A dhath ar bith a mbainfí cuid den deiseacht de, deirtear gur cuireadh míghnaoi air.)

Míghreann

Bíonn sí sin i gcónaí ag déanamh míghrinn, i.e. ag inse scéalta, etc. a chuireas daoine a throid le chéile. (An té a ghníos a leithéid sin, deirtear gur duine míghreannmhar é.)

Míle

An screadach a bhí acu, chluinfeá míle ó bhaile í, i.e. bhí screadach as cuimse acu.

Tá an teach s'acusan fá mhíle den áit seo, i.e. míle, nó níos lú, ón áit seo.

Mill

Tá an gasúr sin millte agat, i.e. rinne tú ró-sheanaimseartha é, nó rinne tú barraíocht peataíochta air, nó rinne tú rud inteacht leis arbh fhearr dó féin gan déanamh é.

Is furasta páistí a mhilleadh, i.e. is beag cleachtadh a bhíos de dhíth orthu leis an rud contráilte nó an drochrud a fhoghlaim.

Tá aimsir mhaith anois ann ach creidim go mbeidh a mhilleadh sin ann amach anseo, i.e. go mbeidh an drochaimsir ann ar ball.

Tá sé ag sábháil airgid anois ach cad é an mhaith dó é nuair a dhéanfas sé a mhilleadh sin arís, i.e. nuair a chaitheas sé an t-airgead go hamaideach.

Mín

Agus Seoirse, cé gur mín é, bhí sé ar obair chomh maith le duine, i.e. bhí Seoirse ag déanamh diabhlaíochta chomh maith le duine cé go bhfuil cuma chomh suaimhneach sin air is go sílfeá nach ndéanfadh sé a leithéid.

Minic

'B'fhéidir go gcuirfeadh Éamann bronntanas beag chugat.' 'Cuirfidh! Ba mhinic leis!' i.e. is beag bronntanas a chuir sé riamh chugam.

Míofar

Nach míofar an madadh é sin! i.e. nach gránna an madadh é!

Bhí sé míofar ag Donnchadh sin a dhéanamh, i.e. ní raibh sé deas nó múinte aige sin a dhéanamh.

Míol buí

Chaith mé tamall ag éisteacht le Seán agus le Séamas ag cur míolta buí i gcoraíocht, i.e. ag caint ar rudaí a dhéanamh nach mbíonn dul acu iad a dhéanamh choíche.

Mionn

'Bhéarfá mionn an leabhair gur fear a bhí ag caint.' An té a bheadh ag éisteacht le gramafón agus gan é a chluinstin roimhe, déarfadh sé sin.

Bhí Conall ar na mionnaí marbha nach labharfadh sé le Seonaí arís, i.e. bhí rún daingean aige — nó dúirt sé go raibh — nach labharfadh sé arís leis.

Tá sé sin iontach mórmhionnach, i.e. tá sé an-tugtha do na mionnaí móra.

Mírún

Is iontach an mírún a bhíos ag cuid de na daoine, i.e. is iontach chomh droch-chroíoch don chomharsain agus chomh héadúil is a bhíos cuid de na daoine.

Misneach

Níl misneach ar bith san fhear sin, i.e. níl brí ar bith ann. (Sin an chiall is minice a bhíos le 'misneach' i dTír Chonaill. 'Uchtach' an focal a bhíos acu le neamheagla a thabhairt le tuigbheáil. Ach deirtear 'tá sé chomh maith agat a ghlacadh ina mhórmhisneach,' i.e. gan luí faoin bhuaireamh ach neamhiontas a dhéanamh de.)

Místá

Rinne Eoin místá mór orm, i.e. d'amharc sé orm ionann is dá mbeadh sé ag rá go raibh míshásamh mór air liom.

Miste

Dheamhan a miste liom, i.e. is róchuma liom.

An miste a fhiafraí díot cá bhfuil tú ag gabháil? i.e. an dochar ar bith a fhiafraí díot?

Cá miste duitse Mánas a chuid airgid uilig a chaitheamh? i.e. nach cuma duitse é? Dá mbeadh sé gan a chaitheamh féin ní thabharfadh sé aon phingin duit.

'An imreoidh sibh cluiche cártaí?' 'Ní miste linn,' i.e. táimid sásta cluiche a imirt.

Míthapa

Bainfidh tú mo mhíthapa asam go fóill, i.e. bhéarfaidh tú orm rud inteacht a dhéanamh go fóill a mbeidh mé buartha faoi ina dhiaidh.

Bhainfeadh sé sin a mhíthapa as aingeal as na flaithis, i.e. tá sé chomh diabhalta sin is go gcuirfeadh sé fearg ar aingeal féin.

Mitheas

Tháinig sé de mhitheas duit a theacht, i.e. bhí an t-am dearg agat a theacht.

Mithid
Is mithid domh a ghabháil chun an bhaile, i.e. tá sé in am agus thar an am agam a bheith ag gabháil chun an bhaile.

Mó
Ní mó ná go bhfuil mé ábalta cos a chur fúm, i.e. níl ann ach go dtig liom siúl.

Is mó is luath liom a chaithfidh mé imeacht, i.e. tchítear domh gur róluath a thiocfas am imeachta.

Is mó is mór liom a dearn mé dóibh sin cheana féin, i.e. tchítear domh go dearn mé go leor dóibh agus gan tuilleadh a dhéanamh.

Mochéirí
Ní mochéirí ar bith do Phádaí pósadh, i.e. níl sé a dhath róluath aige pósadh.

Mochóirí
Mochóirí maith Séamas, i.e. is maith a thig le Séamas éirí go luath.

Modh
Insíodh an scéal sin domhsa i modh fírinne, i.e. mar scéal fíor.

Chuala mé sin i modh rúin, i.e. mar rún.

Gheobhaidh Eoin modh is urraim ansin, i.e. bhéarfar urraim mhór san áit sin dó.

Móide
Ní móide go dtig siad anocht, i.e. ní dóiche go dtig.

Is móide an náire duit, i.e. is amhlaidh is mó cúis náire agat.

Moiglí
Duine breá moiglí Eoin, i.e. duine Eoin nach furasta corraí a chur air, duine ar furasta a theacht leis.

Moill
Ná baintear moill asat go dtara tú ar ais, i.e. ná cuir am ar bith amú ar an chosán.

Bhain sin moill mhór asainn, i.e. choinnigh sin ar gcúl go mór sinn.

Níl a dhath de mhoill sin a dhéanamh, i.e. is furasta sin a dhéanamh.

Ní bheidh moill ar bith ort sin a dhéanamh, i.e. beidh tú ábalta a dhéanamh gan trioblóid ar bith.

Beidh mé leat gan mhoill, i.e. is gairid go raibh mé leat.

Móin
Ag baint mhóna.

'Bachta' an áit a mbaintear an mhóin agus 'amach as éadan an bhachta' a bhaintear í. Baintear an mhóin le 'sleán', cineál de spáid fá choinne na hócáide. Dhá fhód nó 'péire' a thógas an sleán achan iarraidh, agus téitear síos dhó nó trí fhód ar doimhne. An té a bhíos thíos ar urlár an bhachta ag caitheamh na móna aníos ar dhroim an bhachta, bíonn sé 'ag cur as poll'. Bíonn duine eile 'ag srathnú' — ag spré na bhfód ina sraitheanna ar an droim. Tiontaítear í nuair a bhíos sí cineál beag tirim agus i gceann dornán eile de laetha ghnítear í a 'chróigeadh' — ghnítear 'cróigeáin' di. A ceathair nó a cúig de fhóide ina seasamh in éadan a chéile a bhíos in achan chróigeán. Ansin nuair a bhíos sí tamall eile ar triomú ghnítear í a 'athchróigeadh' — ghnítear 'athchróigeán' nó cróigeán níos mó di. Tógtar í nuair a bhíos sí tirim i gceart agus ghnítear clampaí nó cruacha di. Bíonn daoine ar leith ag déanamh an chlampa, i.e. ag cur 'aile' ar an mhóin — ag cur eagair ar na fóide a bhíos i dtaobh an chlampa — 'ag druid an chlampa'.

Níl a fhios agat nach san áit seo a bhainfí móin duit go fóill, i.e. b'fhéidir gur san áit seo a gheofá céile agus gur ann a bheifeá i do chónaí go fóill.

Moirt

Tá an bealach ina mhoirt cháidheach, i.e. tá an bealach mór ina chlábar bhog.

Bean a dhéanfadh barraíocht suaite ar an taos agus í ag déanamh aráin, déarfaí go raibh sé ina mhoirt righin aici.

Mol

Mholfainn féin le Brian, ba chuma cad é a déarfadh sé, i.e. déarfainn go raibh an fhírinne aige, gurbh ionann barúil a bhí agam féin agus aige féin, etc.

Is doiligh moladh leis i gcónaí, i.e. is doiligh do dhuine gan cur ina éadan corruair.

Ní mholfainn duit sin a dhéanamh ar chor ar bith, i.e. ní chomhairleoinn duit sin a dhéanamh.

'Cad é mar atá Aodh ag déanamh gnoithe ar an scoil?' 'B'fhurasta a mholadh, leoga,' i.e. níl sé ag déanamh gnoithe chomh maith sin agus nárbh fhurasta barraíocht molta a dhéanamh air.

'Tá lámh mhaith ar an obair sin agat.' 'Ó, leoga, b'fhurasta mo mholadh', i.e. níl lámh rómhaith agam ar chor ar bith uirthi.

'Is deas de do bhéal a mholas tú é,' a deirtear le duine a bhíos ag ithe nó ag ól cineál inteacht, agus á mholadh, agus gan é á roinnt leis an mhuintir a bhíos sa láthair.

Moll

Moll, i.e. carn beag.

Tá airgead ina mhollta acu sin, i.e. tá cuid mhór airgid acu.

Mór

Bheadh sé mór againn tú a ligint amach gan braon tae a thabhairt duit, i.e. ba mhillteanach an rud dúinn a leithéid a dhéanamh.

Bheadh sé mór agam a bheith ag dúil go dtabharfadh aon duine leabhar mar sin in aisce domh, i.e. bheadh sé iomarcach agam. Bheinn ag dúil le barraíocht.

Ní bheidh an mhuintir eile sásta, ach is mór sin! i.e. is cuma cé acu a bheas siad sásta nó nach mbeidh.

Ba mhór oraibh nach bhfuair sibh lá ar an fharraige, i.e. ba mhór an t-ábhar místhásta agaibh é.

Is mór liom an oiread sin airgid a thabhairt air, i.e. tchítear domh go bhfuil an t-airgead rómhór.

Ní bhfuair mé a oiread is ba mhaith liom a fháil ach caithfidh mé a mhór a dhéanamh de anois, i.e. caithfidh mé mo dhícheall a dhéanamh leis agus a bheith sásta leis.

Ní mór nár thit mé nuair a chuala mé an scéal, i.e. is beag nár thit mé.

Is mór an fear ceoil Cathal, i.e. tá dúil mhór sa cheol aige.

Char mhór liom duit a ghabháil siar ansin anocht! i.e. shílfinn gur bharraíocht agat a ghabháil anocht.

Bhí tú mór amaideach má rinne tú sin dó, i.e. bhí tú iontach amaideach.

Nuair a ghoilleas rud go mór ar dhuine, deirtear gur ghlac sé go mór é.

Mórluachach

Nach tú atá mórluachach! i.e. nach tú a shíleas tú féin a bheith i do dhuine mhór os cionn na ndaoine coitianta!

Ní thiocfadh siad sin chuig an damhsa seo. Sílidh siad nach bhfuil muidinne maith go leor acu. Nach mórluachach an mhaise dóibh é!

Mórtas
Bíonn Pádraig i gcónaí ag déanamh mórtais as a mhuintir féin, i.e. ag inse chomh maith leo, á rá gur beag duine atá cosúil leo, etc.

Mórtas thóin gan taca, i.e. an mórtas a ghní daoine nach mbíonn mórán ábhar mórtais acu.

Mórtas farraige, i.e. garbhadas farraige.

Mosach
Tá na stocaí sin rómhosach ag bróga éadroma, i.e. tá siad róthoirteach agus líonfaidh siad na bróga barraíocht.

Duine mosach, i.e. duine garbh, anásta, neamhsciobalta.

Mothaigh
Níor mhothaigh mé a leithéid sin riamh, i.e. ní fhaca mé is níor chuala mé a leithéid riamh.

Níor mhothaigh mé go dtáinig siad isteach, i.e. ní raibh a fhios agam ar chor ar bith iad a bheith ag teacht go dtí go raibh siad istigh agam.

Chaill an duine bocht a mhothú, i.e. d'éirigh sé sa dóigh nach raibh sé in inmhe a dhath a mhothú. (Nuair a bhíos duine sa dóigh sin deirtear go bhfuil sé gan mhothú.)

Mothánacht
'Tá mothánacht sneachta air,' a déarfaí nuair a bhíos cuma ar an aimsir go bhfuil an sneachta de chóir baile.

Muc
'Itheann na muca míne féin triosc.' Deirtear sin nuair a chluintear iomrá ar dhaoine suaimhneacha a bheith ag déanamh rudaí nach samhlófá dóibh cionn is iad a bheith chomh ciúin sin.

Muileann
Ba mhaith le Donnchadh uisce a tharraingt ar a mhuileann féin, i.e. rud a dhéanamh a rachadh ar sochar dó féin.

'Nach ndruideann tú do mhuileann in am ar bith?' Deirtear sin le duine a bhíos ag síorchaint.

Muin
Tá scéalta ar mhuin scéalta ag teacht chugainn inniu, i.e. cuid mhór scéalta nua.

Múineadh
Caithfear múineadh a chur ortsa, a chuilcigh, i.e. caithfear rud inteacht a dhéanamh leatsa, a ógánaigh, a bhéarfas ort gan a bheith chomh dalba is atá tú.

Bhí an máistir ag cur múinte ar na gasúraí — leis an tslat.

Níl múineadh madaidh orthu sin, i.e. níl siad ar dhóigh ar bith múinte.

Fuair tú slaghdán roimhe ag gabháil amach sna bróga éadroma sin agus sin ort arís iad. Is doiligh do mhúineadh, i.e. is doiligh ciall a theagasc duit. (Duine a dhéanfadh athuair an rud a rinne dochar dó roimh ré, déarfaí gur dhuine domhúinte é.)

Seo! Ól an braon beag tae seo. Is den mhúineadh a ghlacadh nuair atáthar á thairiscint duit, i.e. bheadh sé díomúinte agat gan a ghlacadh.

Ní den mhúineadh ceist a chur ort cá bhfuil tú ag gabháil, i.e. tá a fhios agam go bhfuil sé díomúinte an cheist sin a chur ort ach, ina dhiaidh sin, tá mé á cur ort.

'Ó tharla gan mhúineadh mé,' a deir duine nuair a bhíos sé ag cur ceiste, a mheasann sé a bheith cineál díomúinte, ar dhuine eile. Cuir i gcás — 'cad é thug tú ar na bróga sin, ó tharla gan mhúineadh mé?'

Muinín

Níl muinín ar bith ag Seán as féin, i.e. ní bhíonn uchtach ar bith aige go dtig leis féin a dhath a dhéanamh.

Níor mhaith liom a bheith i do mhuinín, i.e. níor mhaith liom gan a dhath a bheith agam ach an rud a bhéarfá thusa domh, nó an rud a dhéanfá domh.

Char mhairg a bheadh i do mhuinín! i.e. ba thrua an té a bheadh ag dúil le thusa a dhath a dhéanamh dó.

'An raibh mórán ag an damhsa aréir?' 'Bhí cupla céad duine ann, má bhí sé ina mhuinín sin,' i.e. bhí cupla céad ann, mura raibh níos mó ná sin ann.

'Bhain an gréasaí cúig is punta amach as na bróga sin a dhéanamh domh.' 'Is iontach a d'fhan sé ina mhuinín sin,' i.e. is iontach nár bhain sé amach ní ba mhó ná sin.

Muir

Bí ag dúil le muir ach ná bí ag dúil le béal na huaighe, i.e. ba chuma cá háit eile a mbeadh duine d'fhéadfaí a bheith ag dúil lena theacht ar ais ach ní philleann aon duine ón uaigh.

Muirín

Tá muirín mhór ar an duine bhocht, i.e. tá teaghlach mór aige agus gan iad in inmhe saothrú dóibh féin.

Muirliú

Cad é an muirliú atá ort? Cad chuige nach n-itheann tú do chuid aráin mar is ceart? i.e. cad chuige a bhfuil tú ag coinneáil an aráin i do bhéal agus gan tú ach á leathchogaint in áit a ithe mar ba cheart?

Mullachán

Ní dhéanfaimid clampa den dornán bheag móna sin. Ní dhéanfaimid ach mullacháin bheaga di, i.e. mollta beaga.

Mullachán gasúir, i.e. gasúr beag cruinnbhallach.

Múr

Rinneadh múr den bhád, i.e. briseadh ina conamar í.

Mura

Mura tú atá crosta! i.e. is tú atá crosta agus iontach crosta!

Mura bhfuil do sháith agat, bíodh agat! i.e. mura bhfuil do sháith agat is iontach an scéal é!

Ba cheart duit a ghabháil amach achan lá. Mura mbeadh duit ach siúl síos chun an chladaigh agus aníos ar ais, i.e. mura ndéanfá ach sin féin.

Múrthaí

Tá na múrthaí airgid acu sin, i.e. tá airgead as cuimse acu. (Deirtear fosta 'tá múrthaí an tsaoil acu sin'.)

N

Nádúr

Ní hionann nádúr atá ag Séamas agus ag Brian ar chor ar bith, i.e. ní hionann dóigh nó croí atá acu. (Duine acu lách agus an duine eile dúranta, b'fhéidir, nó duine acu fial fairsing agus an duine eile crua ceachartha, etc.)

Tá nádúr maith i bPádraig, i.e. duine dea-chroíoch Pádraig.

Tá na hÉireannaigh fial ó nádúr, i.e. tá sé sa dúchas ag na hÉireannaigh a bheith fial.

Nádúrtha

Lá bog nádúrtha nó oíche bhog nádúrtha, i.e. lá nó oíche a mbeadh ceobháisteach bheag éadrom ann agus gan fuacht ar bith a bheith ann.

Náir
Ba náir liom a rá nach raibh an t-airgead agam, i.e. dar liom gur chúis náire domh a rá nach raibh an t-airgead agam.

Ba náir le Donnchadh a admháil nach raibh a fhios aige, i.e. ní ligfeadh an náire dó a rá nach raibh a fhios aige.

Náire
Níl náire ar bith san fhear sin, i.e. ní thiocfadh náire a chur air.

Níl ciall do náire acu sin, i.e. níl a fhios ag na daoine sin cad é an rud náire.

Níl sa náire ach de réir mar a ghlactar í, i.e. an rud a chuirfeadh náire ar dhuine, ní chuirfeadh sé náire ar dhuine eile — ní hionann ciall do náire a bhíos ag na daoine.

'An ag brath do náire a thabhairt a bheifeá?' Déarfaí sin le duine a bheadh ag brath rud a dhéanamh a náireodh é.

Rinne tú díth na náire, i.e. rinne tú rud nach ndéanfadh duine a mbeadh náire ar bith ann.

Bhainfeadh sé sin do dheargnáire asat, i.e. dhéanfadh sé rud nó déarfadh sé rud a chuirfeadh náire an domhain ort.

Namhadach
Duine a bheadh an-araiciseach ag gabháil i gceann troda nó gasta ag bualadh buille, déarfaí go raibh sé 'chomh namhadach le heascann nimhe'.

Naomh
Beatha na naomh, i.e. ón lámh go dtí an béal.

Neach
'Neach' a bheirtear ar thaise nó ar dhuine nár chosúil le duine saolta.

Tháinig neach as an bhinn, i.e. tháinig rud inteacht cosúil le duine as an bhinn.

Nead
Is minic a bheirtear 'nead an diabhail' ar bhaicle daoine a bhíos ag déanamh míghrinn nó ag cur iaróige ina suí.

Is olc an t-éan a shalaíos a nead féin, i.e. drochdhuine amach an té a ghníos feall ar a theaghlach nó ar a mhuintir féin.

Néal
Chodlaigh mé néal beag, i.e. rinne mé codladh beag gairid.

'Thit néal beag orm,' a déarfadh duine a dtiocfadh codladh air agus é ina shuí.

Cuireadh néal i mo cheann, i.e. buaileadh sa cheann mé sa dóigh ar chaill mé mo mheabhair.

Níl néal ar Eoin, i.e. duine géarchúiseach Eoin, duine nach ndéantar mórán gan fhios dó.

Néaladóireacht
An bhfuil néaladóireacht ar bith ar an aimsir agat? i.e. an bhfuil maith ionat ag tuar an chineáil aimsire atá le theacht.

Neamart
Rinneadh neamart san obair sin, i.e. fágadh an obair sin gan déanamh.

Neamartach
Duine neamartach, i.e. duine a bhíos neamhshuimiúil faillitheach ina chuid oibre.

Neamh
Dheamhan a dhath ó neamh go hÁrainn nach mbíonn a fhios ag Máire, i.e. ní bhíonn rud ar bith ceilte uirthi.

Neamhacra
Tógadh an fear sin ar an neamhacra, i.e. ní bhfuair sé ocras

nó anás ar bith nuair a bhíthear á thógáil (nuair a bhí sé ag éirí aníos).

Tá Pádaí ar an neamhacra anois, i.e. níl sé i muinín duine ar bith anois.

Neamhbhuartha
Bhí Seán ina shuí ansiúd chomh neamhbhuartha lena bhfaca tú riamh! i.e. ní raibh cuma dá laghad air go raibh a dhath ag cur bhuartha air.

Neamhchead
D'imigh Máire ar neamhchead a muintire, i.e. d'imigh sí d'ainneoin a muintire.

Ar neamhchead a bhfuil beo, i.e. d'ainneoin a bhfuil beo.

Neamhchoireach
Is é an neamhchoireach a bhíos thíos leis, i.e. is é an duine nach ndéan an choir a íocas aisti.

Neamhfhalsa
Duine neamhfhalsa Brian, i.e. duine éascaí díbhirceach Brian.

Neamhghnoitheach
Tá tú féin chomh neamhghnoitheach liomsa, i.e. tá a oiread faille agat lena leithéid seo nó a leithéid siúd de obair a dhéanamh is atá agamsa.

An geimhreadh an t-am is neamhghnoithí sa bhliain, i.e. an geimhreadh an t-am is lú a mbíonn obair le déanamh ag na daoine agus is mó a mbíonn faill acu.

Neamhionann
Is neamhionann an lá inniu is an lá inné, i.e. tá difear mór aimsire nó rud inteacht eile idir an dá lá.

Is neamhionann thú féin is do dheartháir, i.e. tá difear mór idir thú féin agus do dheartháir.

Neamhiontach
Is neamhiontach don tachrán sin a bheith tuirseach, i.e. ní hiontas ar bith é a bheith tuirseach.

Is mithid do na daoine a bheith ag éirí neamhiontach ina leithéid sin, i.e. tá an t-am acu a bheith cleachta leis agus ag cailleadh suime ann.

Éireofar neamhiontach ann go fóill, i.e. tiocfaidh an t-am nach gcuirtear mórán suime ann.

Neamhiontas
Dhéanfainn féin neamhiontas de dhuine mar sin, i.e. ní ligfinn orm go bhfaca mé nó gur chuala mé é.

Glac mo chomhairlese agus déan neamhiontas den chineál sin cainte, i.e. ná tabhair aird ar bith uirthi.

Neamhshuim
'Cad chuige ar lig tú amú an cóta breá sin?' 'Tá, an neamhshuim,' i.e. tréan faillí nó neamart.

Rinne an sagart neamhshuim den scéal, i.e. rinne sé mar nárbh fhiú leis aird ar bith a thabhairt air nó suim ar bith a chur ann.

D'éirigh Seán neamhshuimiúil ina chuid oibre, i.e. chaill sé suim inti.

Neamhthuilleamaí
Tá Pádraig ar an neamhthuilleamaí, i.e. níl Pádraig i dtuilleamaí (i muinín) duine ar bith.

Neart
Níl neart agam ort, i.e. ní thig liom cabhair ar bith a thabhairt duit.

Níl neart air, i.e. níl leigheas ar bith ar an scéal.

Bhí Niall ina neart an uair sin, i.e. ba é an t-am ba láidre, ba chliste, ba mhórluachaí, nó ab fhearr ar dhóigh inteacht, dá raibh Niall riamh.

'An bhfuil Gaeilge agat?' 'Tá,

neart,' i.e. tá Gaeilge go leor agam.

Níl neart ar an bhás ach pósadh ar ais.

Neascóid

'Tá tú mar a bheadh neascóid fá shileadh ann,' a déarfaí le duine a bheadh chomh confach sin agus nach ligfeadh an eagla do dhuine ar bith a ghabháil dá chóir. Déarfaí an rud céanna le duine a bheadh ag ceasacht fá thrioblóid bheag nárbh fhiú le duine ar bith eile labhairt uirthi.

Neoid

Duine beag neoid Séamas, i.e. duine Séamas atá cineál fáilí, faiteach, corr, agus é mar a bheadh strainséir ann, ba chuma cad é an chuideachta ina gcasfaí é.

Ní

Tá, agus ní beag eile de, níor lena athair an teach sin ar chor ar bith, i.e. tá, agus pointe eile nár thrácht tú go fóill air, níor lena athair an teach sin ar chor ar bith.

Níor ní leis an chailín an fear eile, i.e. ní raibh dúil aici san fhear eile. Ní raibh sé ina taitneamh.

Nimh

'Tá nimh ort,' a déarfadh duine a ghortódh é féin ag troid nó ag coraíocht (mar chaitheamh aimsire) le duine eile. Déarfaí an rud céanna le duine a mbeadh sé de mhí-ádh air duine eile a ghortú agus gan iad ach ag caitheamh dartán ar a chéile le greann, cuir i gcás.

Tá an nimh san fheoil ag Aoidín domh, i.e. tá an t-olc istigh aige domh. Ba mhaith leis mo dhochar a dhéanamh.

Nó

Is ionann 'nó' agus 'óir' i dTír Chonaill.

Níl maith duit a bheith ag iarraidh ar Phádraig sin a dhéanamh nó ní dhéanfaidh sé é, i.e. níl maith duit a bheith ag iarraidh air a dhéanamh óir ní dhéanfaidh sé é.

Níl a fhios agam cad é a dúirt sé nó ní raibh mé ag éisteacht leis ar chor ar bith, i.e. níl a fhios agam cad é a dúirt sé ar an ábhar nach raibh mé ag éisteacht leis.

Nocht

Nocht an fear aniar chugainn, i.e. tháinig an fear aniar ar ár n-amharc.

Nod

Is leor nod do dhuine ghlic, i.e. tuigeann an fear glic mórán as beagán focal.

Nollaig

Idir an dá lá Nollag a bhí an ghaoth mhór sin ann, i.e. lá inteacht de na laetha idir lá Nollag agus an chéad lá den bhliain úr a bhí an ghaoth mhór sin ann.

Lá Nollag beag, i.e. lá na bliana úire.

Nós

Tá Brian ar nós cuma liom san obair, i.e. níl a chroí san obair. Is cuma leis cé acu a dhéanfaidh sé í nó nach ndéanfaidh. (Deirtear 'ar nós na réidhe' sa dóigh chéanna.)

Nua

Scéal nua thusa a bheith anseo, i.e. is annamh a bhíos tusa anseo.

Ba mhaith agus ba nua sin stiall de bhradán, i.e. is é a bheadh maith, agus is fada ó fuaireamar a leithéid. ('Ba mhaith agus ba nua sin,' a deirtear nuair a thráchtar ar chineál ar bith a bheadh maith agus nach bhfuarthas a leithéid le fada roimh ré.)

Nuaíocht

An bhfuil nuaíocht ar bith leat? i.e. an bhfuil scéal nua ar bith leat?

Cheannaigh mé cupla punta

caoireola a bheas againn lenár ndinnéar amárach. Beidh sí ina nuaíocht againn, i.e. beidh sí blasta againn cionn is gur fada ó bhí caoireoil againn roimhe.

Deirtear gur comhartha scéal nua a bheith ag tarraingt ar dhuine tochas a bheith ina ghaosán agus, mar sin de, deirtear gur 'ag tochas nuaíochta' a bhíos sé.

O

Ó[1]

Níl mé féin agus Micheál ar na hói le chéile, i.e. táimid amuigh ar a chéile. Ní labhraimid le chéile anois.

Ó[2]

Bhí mé ag bhreathnú uaim, i.e. bhí mé ag amharc thart ar gach taobh díom.

'An bhfaca tú Pádraig inniu?' 'Chonaic mé uaim é,' i.e. chonaic mé fá ghiota díom é ach ní raibh mé ag caint leis.

Is fada uait a bheith chomh gasta le do dheartháir, i.e. níl tú chóir a bheith chomh gasta leis.

Tiocfaidh sí uaidh sin nuair a thiocfas an aimsir mhaith, i.e. gheobhaidh sí biseach uaidh.

Bhí mé tuirseach ón lá, i.e. bhí mé tuirseach i ndiaidh mo lá oibre.

Cá raibh tú ó lá? i.e. cá raibh tú ó tháinig an lá? (Deirtear 'ó oíche' ar an dóigh chéanna.)

Tá an peann sin ó mhaith agat, i.e. tá an peann sin millte agat.

Tá Mánas ó thuatacht, i.e. tá sé ó mhaith. Féadtar dúil a bhaint dá rath.

Tá na bróga sin ó cheap is ó chóiriú, i.e. tá siad a fhad fríd is nach dtig a gcóiriú.

Níl a fhios agam cé uaidh a dtug tú sin, i.e. níl a fhios agam cén duine (de do ghaolta) a bhfuair tú an tréith sin uaidh.

Sílim gur ó d'athair a thug tú é, i.e. sílim gur d'athair a lean tú.

Cá bhfuil do phíopa uait inniu? i.e. cár fhág tú do phíopa? Ní fheicim thú á chaitheamh inniu.

Ó ba leis rothar a cheannacht cad chuige nár cheannaigh sé ceann maith? i.e. ó tharla go raibh sé de fhiacha air rothar a cheannacht, etc.

B'fhearr liom fanacht anseo ó ba liom fanacht in áit ar bith, i.e. ós rud é gurbh éigean domh fanacht.

Gabh thusa ar tús ós agat atá an t-eolas, i.e. cionn is gur agat atá an t-eolas.

Tá eagla ar na páistí roimh an tseanbhean agus é uathu uirthi, i.e. ní gan ábhar atá eagla orthu roimpi.

Seachtain ón Luan seo chugainn, i.e. fá cheann seachtaine i ndiaidh an Luain seo chugainn. (*cf.* Seachtain go Luan seo chugainn, i.e. seachtain a bheas caite nuair a thiocfas an Luan seo chugainn.)

Obair

Tá obair ag Niall leis an mhac, i.e. tá an mac ag tabhairt a sháith trioblóide do Niall.

Bhéarfaidh sé obair dúinn breith ar an traein, i.e. beidh sé de dhíth orainn deifre a dhéanamh le breith ar an traein.

Thug sé obair mhór dúinn breith uirthi an lá fá dheireadh, i.e. b'éigean dúinn deifre mhór a dhéanamh le breith uirthi an lá fá dheireadh.

Táimid níos maille ná sin féin inniu agus bhéarfaidh sé ár seanobair dúinn breith uirthi, i.e. caithfimid a bheith ar theann ár ndíchill le breith uirthi.

Chuaigh Aodh de léim thar an chlaí ach má chuaigh féin ba é a sheanobair é, i.e. bhí Aodh ar a dhícheall ach, mar sin féin, ní raibh ann ach gur éirigh an léim leis.

Nár bheag an obair duit féin sin a dhéanamh? i.e. nár chóir go ndéanfá féin an obair sin agus gan a bheith ag dúil le daoine eile í a dhéanamh duit?

Níl siad ar obair go fóill, i.e. níor thoisigh an obair, an damhsa, etc., acu go fóill.

Cuirfidh Micheál ar obair iad, i.e. bhéarfaidh Micheál orthu toiseacht.

Deir sé go bhfuil Tadhg greannmhar ach níl a fhios agam cad é a déarfadh sé dá gcluinfeadh sé ar obair i gceart é, i.e. níl a fhios agam cad é a déarfadh sé dá gcluinfeadh sé Tadhg nuair a bheadh an fonn ceart grinn air.

Ócáid
'Shílfeá gur fá choinne na hócáide a rinneadh é.' Déarfaí sin fá ghiota adhmaid nó a leithéid sin a chasfaí ag duine de thaisme agus a d'fhóirfeadh i gceart do ghnoithe inteacht a bheadh aige leis.

Cad é an ócáid atá agat anois? i.e. cá bhfuil tú ag gabháil nó cad é an gnoithe atá le déanamh agat anois?

Caithfidh sé gur ócáid phribhléideach a thug Dónall anoir fán am seo de lá, i.e. caithfidh sé gur gnoithe tábhachtach mórluachach a thug anoir é.

Och
Níl och nó mairg san fhear sin, i.e. níl beocht ar bith ann ar chor ar bith. Tá sé iontach tostach.

Ochras
Sháigh Máire an sparán ina hochras, i.e. sháigh sí isteach i mbrollach a cuid éadaigh é.

Ofráil
An bhfuil ofráil ort? i.e. an bhfuil sé d'oibleagáid ort airgead a dhíol os cionn a leithéid seo de dhuine atá marbh?

Óg
Bhí dúil sa ghloine ag Pádraig ó óg go haois, i.e. bhí dúil aige riamh ann.

Oibir
Théid an dochtúir a dh'iascaireacht achan lá mar gheall ar a bheith á oibriú féin.

D'éirigh Niall greannmhar nuair a d'oibir an t-uisce beatha é, i.e. nuair a chuaigh an bhiotáilte ina cheann.

Oíche
Bhí oíche rua aréir acu, i.e. rinne siad oíche ar leith di le greann nó le troid nó le cineál ar bith ar leith.

Oíche Fhéile Bríde, oíche Fhéile Pádraig, etc., i.e. an lá roimh lá na féile.

Oidhre
Má fuair Dónall bás d'fhág sé oidhre ina dhiaidh, i.e. d'fhág sé mac ina dhiaidh atá chomh maith nó chomh holc leis féin.

Óige
Bhí an Ghaeilge le Séamas as a óige, i.e. bhí sí aige ó bhí sé óg.

Níl óige nó amaidí orthu, i.e. ba cheart dóibh ciall a bheith acu. Tá aois na céille acu.

Oighreach
Bíonn oighreach ar chosa na bpáistí ag gaoth an tsiocáin, i.e. bíonn an craiceann acu cineál scríobtha agus greadfach ann.

Oiread
Gheibh na cailíní an oiread seo an

duisín as na stocaí a dhéanamh, i.e. gheibh siad suim áirithe as achan duisín stocaí.

Bhí a dhá oiread daoine amuigh is a bhí istigh, i.e. ní raibh istigh ach leath an méid daoine a bhí amuigh.

Fuair mé a oiread is nach dtiocfadh liom a ithe, i.e. fuair mé níos mó ná a thiocfadh liom a ithe.

Rinne mé a oiread oibre is a tháinig liom, i.e. ní raibh mé ábalta níos mó a dhéanamh ná a rinne mé.

Throidfeadh Seán a oiread féin de dhiabhal, i.e. throidfeadh sé diabhal chomh mór leis féin.

Is fiú d'oiread féin de ór thú, i.e. is fiú cnap óir chomh mór leat féin thú.

Níl a fhios agam ach oiread leat féin, i.e. tá tú chomh feasach nó chomh heolach ar an scéal is atá mise.

Níl a fhios agam ach oiread le cúl mo chinn, i.e. níl a fhios agam ar chor ar bith.

Ól

D'ól an mhóin an t-uisce, i.e. shúigh sí isteach an t-uisce.

D'ólfadh Fearghal an chros den asal, nó d'ólfadh sé an léine dá dhroim, nó d'ólfadh sé an Ghlas Ghaibhleann, i.e. ní thiocfadh a sháith ólacháin a thabhairt do Fhearghal.

Óladh agus ceoladh ó oíche go maidin, i.e. níor stadadh ach ag ól agus ag gabháil cheoil i rith na hoíche.

Ola

Chuaigh an ola ar Phádraig inné, i.e. chuir an sagart an ola dhéanach air.

Fuair an fear bocht bás gan ola gan aithrí, i.e. fuair sé bás gan sagart.

Ba é sin an ola ar a gcroí! i.e. ba é sin an rud a chuirfeadh an lúcháir orthu.

Olc

Níor dhúirt mé olc nó maith leo é, i.e. níor dhúirt mé leo ar chor ar bith é.

Imeoimid Dé Luain olc maith an lá, i.e. is cuma cé acu a bheas an lá olc nó maith.

Tá Mánas go holc do Eoin, i.e. níl dúil ar bith ag Mánas in Eoin agus ba mhaith leis a dhochar a dhéanamh. (Déarfaí fosta 'tá an dubholc ag Mánas do Eoin'.)

Thosaigh siad a screadaigh le holc, nó le tréan oilc, orainn, i.e. le míshásamh agus fearg a chur orainn.

Ní thabharfainn aird ar bith orthu. Ligfinn lena n-olc féin iad, i.e. bheadh a oiread trua agam dóibh as siocair a ndrochnádúir agus gur leor liom sin acu gan mé olc ar bith a dhéanamh dóibh.

Ní thig olc i dtír nach fearrde do fhear inteacht, i.e. is minic a ghnóthaíos duine ar thaisme nó ar mhífhortún duine eile.

Olcas

'Cé a bhí ag freastal sa tsiopa nuair a cheannaigh tú sin?' 'Mac fhear an tsiopa.' 'Muise, ní beag a olcas,' i.e. duine chomh holc agus a thiocfadh a bheith ann.

Dá olcas dá ndéanfainn féin an obair dhéanfainn chomh maith sin í, i.e. ba chuma cad é chomh holc is a dhéanfainn í ní dhéanfainn ní ba mheasa ná sin í.

Tá an saol ag athrach agus chan ar fheabhas ach ar olcas, i.e. chan ag bisiú atá sé ach ag gabháil chun donais.

Ollás
Ní dhearn siad ollás ar bith as, i.e. ní dhearn siad mórán cainte ar an bhua a fuair siad nó ar an obair a rinne siad.

Onfais
Tá onfais mhór ar an fharraige inniu, i.e. tá sí garbh agus tógtha go mór.

Ór
Ní dhéanfainn sin ar ór an domhain, ar ór na cruinne, ar ór nó ar airgead, i.e. ní dhéanfainn sin ba chuma cad é an luach saothair a bheadh le fáil agam.

'Bhí an t-ór is a luach agat,' a déarfaí le duine a gheobhadh airgead gan é a bheith de fhiacha air a luach de obair nó de earraí a thabhairt uaidh.

Óraice
Níl sé óraice ag duine géillstin do na pisreoga sin, i.e. níl sé indéanta ag duine géillstin dóibh.

Ní duine óraice ar bith an té a dhéanfadh a leithéid sin, i.e. ní duine ceart fiúntach a dhéanfadh a leithéid.

Caith anuas an madadh sin. Níl sé óraice ag duine madadh a bheith ina shuí ina ucht aige, i.e. níl sé ceart.

Ordaigh
Ní ordóinn duit a leithéid a dhéanamh, i.e. ní dhéarfainn go bhfuil oibleagáid ar bith ort a leithéid a dhéanamh.

Ordóg
'Shílfeá gur fá ordógaí uilig atá tú,' a déarfaí le duine a mbeadh sé ag sárú air obair láimhe ar bith a dhéanamh i gceart.

'Caithfidh sé gur chogain tú an ordóg,' a déarfaí le duine a thuar i gceart rud inteacht a bhí le theacht.

Tá dúil agam nach bhfeicim a leithéid arís go dté an ordóg ar mo shúile, i.e. go dtí go ndruidtear mo shúile i ndiaidh mo bháis.

Orlach
Tá Eibhlín ar bharr na gaoithe agus níl Anna orlach níos fearr, i.e. tá Anna lán chomh hamaideach le hEibhlín.

Ní ghoillfidh sin orlach ar Shéamas, i.e. ní chuirfidh sin buaireamh dá laghad ar Shéamas.

Tá an bolta sin an ceathrú cuid déag den orlach róchaol, i.e. claon beag bídeach róchaol.

'Ar shiúil tú an bealach uilig?' 'Shiúil, leoga, achan orlach de.'

Ó loisc mé an choinneal loiscfidh mé an t-orlach, i.e. ó tharla gur chaith mé bunús dá raibh agam caithfidh mé deireadh. Ní fiú domh éirí críonna anois.

Ortha
'Rinneadh ortha an leonta, ortha an déididh, etc., don fhear.' Is ionann ortha agus sórt urnaí nó focail a bhíos ag cuid de na daoine, go háirithe ag na seanmhná, agus a deirtear le biseach a dhéanamh don té a mbíonn leonadh, déideadh, etc. air.

'Níl a fhios agam cad é an ortha atá agat air,' a deirtear le duine a dtig leis slacht ar leith a chur ar a chuid oibre.

Os cionn
Níl sé os cionn fiche bliain, i.e. níl sé níos mó ná fiche bliain.

Tá sé sin, mura bhfuil sé os a chionn, i.e. mura bhfuil sé níos mó.

Os coinne
Is mairg gan punta agam os coinne achan am dá raibh mé san áit sin.

Tá an Ghaeilge ag teacht chun cinn sna scoltacha ach, os a choinne sin, tá sí ag fáil bháis sa Ghaeltacht.

Níor mhaith liom sin a rá os coinne Shéamais, i.e. níor mhaith liom a rá i láthair Shéamais.

Osna
Bhíthear ag baint achan osna as Máire, i.e. bhí Máire ag osnaíl go trom.

Osna nár shaothraigh buaireamh riamh, i.e. osna a bhainfeadh lúcháir as duine.

P

Pacáilte
'Bhí siad chomh pacáilte le scadáin i mbairille,' a déarfaí nuair a bheifí ag caint ar chomh tiubh agus a bhí na daoine i dteach a bhí lán ó chúl go doras acu.

Paidir
Deir Dónall corr-rud nach bhfuil sa phaidir, i.e. deir sé corr-rud nach bhfuil fíor, nach bhfuil maith, etc.

Paidir a chur le duine, i.e. paidir a rá ar son duine.

Paidrín
Bhí bunadh an tí ar an phaidrín ag gabháil isteach domh, i.e. bhí siad ar a nglúine ag rá an phaidrín nuair a chuaigh mé isteach.

Ba é fear an tí a chuir ceann ar an phaidrín, i.e. ba é fear an tí a chuir tús leis an phaidrín agus a chuir deireadh leis. Ba é a dúirt cibé urnaithe eile a dúradh roimh an phaidrín agus ina dhiaidh.

'Paidrín páirteach' a bheirtear ar an phaidrín a déarfadh scaifte comharsan agus iad cruinn i dteach amháin.

Páipéar
An ar an pháipéar a chonaic tú sin? i.e. an de thairbhe páipéar nuaíochta a fuair tú an scéala sin?

Chuala mé Nóra á bhaint sin as an pháipéar, i.e. chuala mé Nóra á léamh sin as an pháipéar.

Paiste
Sin a bhfuil de phrátaí póir againn agus ní dhéanfaidh siad paiste ar an chuibhreann sin, i.e. níl baol ar a oiread ann agus a chuirfeas an cuibhreann sin faoi phrátaí.

Páiste
Ní páiste anois thú, i.e. tá an t-am agat ciall a bheith agat.

Char dhadaidh páiste le do thaobh, i.e. ní bheadh páiste féin chomh leanbaí leat.

Pánaí
Mhuige go bhfuil pánaí bradáin leat, i.e. muise, tá bradán breá mór leat.

Pánaí fir, pánaí mná, etc. i.e. fear breá mór, bean bhreá mhór, etc.

Panc
Tá an tsráid sin chomh cáidheach le panc eallaigh, i.e. tá sí chomh salach leis an áit ina mbíonn an t-eallach cruinn ar an aonach.

Pardóg
Bhí maith do Dhónall a bheith ag cur troda ar Bhrian! Dhéanfadh Brian pardóg faoina thóin de, i.e. bheadh Brian an oiread sin ní ba treise ná Dónall agus go dtiocfadh leis a leagan ar an talamh agus suí ina mhullach.

Pasáid
Fuair Bríd a pasáid ó Mháire, i.e. chuir Máire chuig Bríd cibé airgead a bhí de dhíth uirthi lena tabhairt go Meiriceá nó chuig cibé áit eile a raibh sí ag gabháil ann.

Patalán
Patalán gasúir nó patalán girsí, i.e. gasúr nó girseach fá thuairim ceithre bliana de aois.

Tá Aoidín ina bhogphatalán mhaith anois, i.e. tá sé ina ghasúr mhaith mhór anois.

Patalán gé, patalán coinín, i.e. gé óg, coinín óg, etc. a mbeadh suas lena leathfhás déanta aige.

Péac

Tá an duine bocht i ndeireadh na péice, i.e. tá sé cloíte caite, nó tá sé i bhfad fríd, nó tá a sheal chóir a bheith tugtha, nó ní bheidh sé i bhfad beo.

Peaca

Níl sé saor ó pheaca agat a bheith ag cur a leithéid sin i gceann an duine bhoicht, i.e. ní dhéarfainn nach peaca duit a leithéid sin a chur ina cheann.

Is é an peaca é! i.e. is é an éagóir é!

Is é an peaca marfach é ligint dóibh sin a dhéanamh, i.e. ní ceart ar chor ar bith ligean dóibh sin a dhéanamh.

Péacach

Tá an t-éadach sin rópéacach, i.e. tá sé rófheiceálach, ró-éadrom sa dath.

Pearsa

Pearsa eaglaise, i.e. sagart, easpag, etc.

Is breá an phearsa fir é nó is breá an phearsa mhná í, i.e. is breá mór maiseach an fear é nó is breá mór maiseach an bhean í.

Bó mhaith mhór, shochma, chothaithe, déarfaí gur bhreá an phearsa bhó í.

Péas

Chuala mé go deachaigh Mánas sna péas, i.e. chuala mé go bhfuair sé obair mar phéas, mar phílear, mar gharda síochána.

Peata

Peata saoithiúil Séimí, i.e. duine greannmhar é.

Tá eagla orm nach bhfuil sa lá inniu ach peata, i.e. tá eagla orm go bhfuil an lá inniu rómhaith le bheith ag teacht as lár na doininne agus go mbeidh an drochaimsir ann amárach arís.

Peataíocht

Tá siad ag déanamh barraíocht peataíochta ar an leanbh sin, i.e. tá siad ag milleadh an linbh, ag tabhairt dó achan rud dá n-iarrann sé nó ag tabhairt barraíocht aire dó.

Péist

Tá eagla orm go bhfuil péist sa leanbh sin. Tá sé ag piocadh a ghaosáin ar fad.

Péisteog

Is é sin an phéisteog mhadaidh! i.e. is é sin an madadh garbh, drochadhainte, díomúinte.

Níl ann ach péisteog de dhuine, i.e. níl ann ach duine turcánta garbh, gan mhúineadh.

Piachán

Tá piachán ionam, i.e. tá mo sceadamán cineál scríobtha agus ceo ar mo ghlór. (Deirtear 'tá mé lán piacháin'.)

Pian

'Tá pian i mo chroí ag gáirí,' nó 'tá pian i mo chuid taobhanna ag gáirí,' a déarfadh duine a bheadh i ndiaidh tamall fada gáire a dhéanamh.

Tá Conall lag go maith ach níl pian nó piolóid air, i.e. má tá sé lag féin ní mhothaíonn sé pian ar bith ar chor ar bith.

Is mór an trua Donnchadh bocht. Tá sé i bpianaigh as miosúr, i.e. tá sé ag fuilstin pian an-mhór.

Pianpháis

Tá siad i bpianpháis ag fuireacht le scéala ón mhac, i.e. tá siad faoi imní léanmhar ag fuireacht le scéala uaidh.

Píce
An bheannóg ard a bhíos i mbarr seoil le linn maide a bheith sínte ar fiar idir í féin agus bun an chrainn.

Bain an píce as an tseol, i.e. bain as an maide agus lig anuas an bheannóg.

Píceáilte
Tá an seol róphíceáilte, i.e. tá sé rórite, rótheannta in airde.

Píle
Píle fir Pádraig, i.e. fear mór ard urrúnta Pádraig. (Deirtear 'píle mná', etc.)

Pilleadh
Cuir pilleadh i gceann do bhríste, i.e. tiontaigh aníos orlach nó fán tuairim sin de cheann do bhríste.

Pingin
Chosnódh an teach sin pingin mhaith airgid, i.e. chosnódh sé cuid mhór airgid.

Níl pingin rua acu, i.e. níl airgead ar bith ar chor ar bith acu.

Ní thabharfaidh tú d'aithreachas ar dhá phingin má ghní tú sin, i.e. ní beag an t-aithreachas a bheas ort má ghní tú sin.

'Gheobhaidh tusa na físeacha agus na pingneacha corra nuair a gheobhas do mháthair greim ort,' a déarfaí le gasúr nó le girseach, ag tabhairt le fios dóibh go bhfaigheadh siad greasáil den tslat agus sciúrsáil den teanga.

Tá an phingin bheag agus an phingin mhór de dhíobháil orthu féin, i.e. tá siad iontach santach ar airgead. Ba mhaith leo airgead na tíre uilig a bheith acu.

Pinsean
An bhfuil aois an phinsin aige? i.e. an bhfuil sé aosta go leor le pinsean na seandaoine a fháil?

Píobaire
Is mise a chaithfeas an píobaire a íoc, i.e. is mise a chaithfeas mo lámh a chur i mo phóca agus an costas a dhíol.

Tá Pádaí chomh maith le píobaire, i.e. tá tréan cuideachta agus grinn ann.

Pioc
Níl pioc ar an duine bhocht, i.e. tá sé iontach tanaí.

Piocadh
Ní raibh Caitlín ach de gheall ar a bheith ag piocadh asat, i.e. ní raibh sí ach de gheall ar eolas nó scéalta nua a fháil uait.

Piocadradh
Bíonn sí sin ag piocadradh ar fad orm, i.e. bíonn sí ag tabhairt goineog bheag domh go minic de gheall ar chorraí a chur orm.

Pionna
Ní raibh méid carnáin pionna ann, i.e. ní raibh sé chomh toirteach leis an cheann ramhar de phionna.

Pionós
Ní raibh a leithéid de phionós riamh orm, i.e. ní tháinig a dhath trasna orm riamh ba chrua a chur orm ná é.

Píopa
Coinneodh sin an tine ar an phíopa acu, i.e. coinneodh sé fá imní agus fá thrioblóid iad.

Pisreoga
Ní ghéillim do na pisreoga sin ar chor ar bith, i.e. ní thabhraim aird ar bith ar an chineál sin cainte a bhíos ag daoine a chreideas go bhfuil brí ar bith in orthaí, i mbrionglóidí nó i rudaí den tsórt sin.

Plaic
Chonaic an gasúr an toirtín ar an tábla agus bhain sé plaic as, i.e.

bhain sé leadhb mhaith as an toirtín.

Bhain an madadh plaic as an chaora, i.e. bhain sé greim maith mór aisti.

Plán mín
Níl a fhios agam cad é an dóigh ar chuir tú a leithéid de phlán mhín ar an chruach sin, i.e. níl a fhios agam cad é an dóigh ina dearn tú é ach is tú a chuir an creat deas cumtha uirthi.

Is le Máire a thig an plán mín a chur ar an scéal, i.e. is léi a thig an craiceann breá a chur ar an scéal.

Plásaí
Is é Pádraig an plásaí ceart! i.e. is é a bhíos lách pléisiúrtha le daoine, más fíor dó.

Pláta
Mura mbisí an saol beidh go leor daoine ar an phláta bheag, i.e. mura n-éirí obair agus airgead níos fairsinge ná atá siad beidh daoine go leor nach mbíonn a sáith le hithe acu.

Pléaráca
Pléaráca sonraíoch de bhean atá i mBríd, i.e. bíonn an domhan mór de chaint ráscánta gan chéill aici.

Pléiseam
Níl i nDonnchadh ach pléiseam de dhuine, i.e. mhairfeadh sé ag caint ó oíche go maidin agus níorbh fhiú d'aon duine a bheith ag éisteacht leis.

Ghní sé sin pléiseam d'achan scéal, i.e. ní bhíonn tús nó deireadh ar scéal ar bith aige.

An té nach ndéan a ghnoithe in am, beidh sé ina phléiseam.

Plobaire
Bheirtear 'plobaire' ar dhuine a mbíonn caint tholl thiubh aige agus fuaim léi mar a bheadh leis an uisce a bheifí a dhoirteadh as béal buidéil.

Plódaithe
Ní tháinig liom a ghabháil isteach nó bhí an doras plódaithe le daoine, i.e. bhí a oiread ina seasamh sa doras agus nach dtáinig liom a ghabháil isteach.

Pluc
Níl aon fhocal Gaeilge ina phluic, i.e. níl Gaeilge ar bith ar chor ar bith aige.

Bhí a theanga ina leathphluic ag Eoin agus é ag magadh orthu, i.e. bhí Eoin ag magadh orthu gan fhios dóibh.

Plúchadh
Bhí mé ag iarraidh a bheith ag plúchadh na ngáirí, i.e. ag iarraidh a bheith ag coinneáil istigh na ngáirí.

Bhí sé ag plúchadh sneachta, i.e. bhí sé ag cur sneachta go trom.

Pluisíneacht
Cad é an phluisíneacht gháirí a bhí oraibh agus na strainséirí istigh? i.e. cad chuige a raibh sibh ag gáirí go híseal fríobh féin nuair a bhí na strainséirí istigh?

Pobal
Déarfainn é dá mbeadh pobal an Aifrinn ag éisteacht liom, i.e. ba chuma liom an méid daoine a bhíos ag Aifreann Domhnaigh mé a chluinstin á rá sin.

Póca
Beidh Pádraig chomh sábháilte ansin agus dá mbeadh sé i bpóca an Athar Shíoraí, i.e. ní bheidh contúirt dá laghad ar Phádraig san áit sin.

Ghoidfeadh Mánas rud as póca an tsagairt, i.e. gadaí ceart Mánas.

Pointe
Mura raibh tú i do chodladh bhí tú sna pointí ba deise dó, i.e. mura

raibh tú i do chodladh is fíorbheag nach raibh.

Poll
Déanfaidh sin poll ar an airgead, i.e. déanfaidh sin níos lú an t-airgead.

'Tá poll ar an teach,' a deirtear le fios a thabhairt do dhuine go mbíonn duine eile ag éisteacht leis ag inse rud nár mhaith leis go gcluinfeadh an duine sin aige é.

Níor fhág mé poll nó plochóg nár chuartaigh mé, i.e. chuartaigh mé achan áit dá raibh ann le cuartú.

'Tá sé sin chomh faiteach agus go rachadh sé i bpoll,' a deirtear le duine a rachadh i bhfolach ar strainséir.

Pollánacht
Bíonn Dónall ag pollánacht air sin nuair a gheibh sé faill, i.e. bíonn Dónall ag gabháil don obair sin corruair mar a bheadh sé ag iarraidh a bheith á déanamh gan fhios.

Pór
Tá an drochphór san fhear sin, i.e. de dhream de dhrochdhaoine é.

Tá na prátaí sin reaite as pór, i.e. tá na prátaí sin a fhad á gcur agus nach bhfuil brí ar bith iontu mar phór.

Port[1]
Ní bheidh an port sin thuas i gcónaí agat, i.e. athróidh tú do bharúil den scéal sin go fóill.

Is minic a chuala mé Pádraig á rá sin ach tá athrach poirt anois aige, i.e. ní hé sin an rud a deir sé anois.

Cuir suas port, i.e. seinn port, nó cuir feadalach leis.

Nach ar Eoghan a buaileadh an port! i.e. nach ar Eoghan a imríodh an cleas!

Port[2]
Bhí an bád i mbéal an phoirt, i.e. bhí an bád sa cheann amuigh den phort, an ceann in aice na farraige de.

Tháinig an doineann ar an mhuintir a chuaigh chun an oileáin agus fágadh le port iad, i.e. ní tháinig leo a theacht amach as an oileán as siocair na doininne.

Pota
Ar scríob tú do phota go maith? i.e. an dearn tú d'fhaoistin go maith?

Sin an pota ag tabhairt achasáin don chiotal, i.e. duine ag cáineadh duine eile de thairbhe loicht nach bhfuil sé féin saor de.

Pótaire
Pótaire mór Naos, i.e. tá Naos tugtha don ólachán.

Prácás
Rinne sí prácás den bhrachán, i.e. mhill sí an brachán. Ní dhearn sí mar ba cheart é.

Níl aige sin ach prácás de Ghaeilge, i.e. níl aige ach Gaeilge shuaite gan mhaith.

Praota
Praota de dhuine, i.e. duine mór marógach sloganta.

Práta
Bhí achan súil ar Eoghan chomh mór le práta, i.e. bhí a chuid súl foscailte go mór le tréan iontais aige.

An práta beag a ithe leis an phráta mhór, i.e. na prátaí a ithe gan anlann ar bith.

Preab[1]
Preab na spáide, i.e. an méid créafóige a bhainfeadh duine amach le sáitheadh amháin den spáid.

Preab[2]
Preab leat! i.e. imigh leat go gasta.

Phreab Séamas ina sheasamh, i.e. d'éirigh sé de léim ina sheasamh.

Preabaire
'Nach maith atá Eoghan á sheasamh amach!' 'Is maith, mhuige. Tá sé ina phreabaire fir go fóill,' i.e. tá sé ina fhear urrúnta ghasta go fóill.

Priacal
Bhí an bhean bhocht i bpriacal san am, i.e. bhí sí i dtinneas clainne.

Príosúnach
Níl aon phingin dá bhfaigheann Liam nach ndéan sé príosúnach di, i.e. taiscíonn sé achan phingin dá bhfaigheann sé.

Príosúntacht
Níl a fhios agam an bhfuair na daoine sin príosúntacht, i.e. ar cuireadh chun an phríosúin iad.

Fuair siad trí mhí de phríosúntacht, i.e. cuireadh i bpríosún go ceann trí mhí iad.

Prislíneach
Duine a mbeadh sruth uisce lena bhéal agus é ag caint. Ach is minice a bheirtear 'prislíneach' ar dhuine ainbhiosach a mbíonn barraíocht cainte aige.

Prislíneacht
Cad é an phrislíneacht a bhí airsean? i.e. cad chuige a raibh seisean ag déanamh a oiread cainte agus gan eolas ar bith aige ar an scéal a rabhthas ag caint air?

Prócadóir
Cén prócadóir fir é sin? i.e. cé hé an fear mór ramhar cothaithe sin?

Progaí
'Amharc an progaí deas,' a déarfadh páiste nuair a tchífeadh sé gamhain deas óg.

Puirtleog
Cé leis an phuirtleog bheag dheas girsí? i.e. cé leis an ghirseach bheag dheas chruinnbhallach?

Purgóid
Thug mé cupla lán spúnóige d'ola ina phurgóid don leanbh.

Is é Éamann an phurgóid de dhuine! i.e. is é Éamann a bhuairfeadh thú le síorchaint.

'Bhí Nábla againn aréir.' 'Muise, bhí purgóid agaibh,' i.e. má bhí sise agaibh bhí sibh tuirseach di féin agus dá chuid cainte.

Pus
Cad é an pus atá ar Sheán anois? i.e. cad é an míshásamh atá anois air?

Putóg
Inseoidh Pádraig a bhfuil ar thóin a phutóige aige, i.e. ní fhágfaidh Pádraig a dhath nach n-insíonn sé.

Ba bheag sin ar thóin do phutóige, i.e. d'íosfá nó d'ólfá i bhfad níos mó ná sin.

R

Rá
Is é sin an fear atá mé a rá, i.e. is é sin an fear a bhfuil mé ag caint air.

A rá is de go ndéanfá a leithéid sin! i.e. nach millteanach an rud é a bheith le rá go ndéanfá a leithéid!

Rábálaí
Rábálaí breá fir Tadhg, i.e. oibrí mór Tadhg. Saothraíonn sé neart airgid.

Rabhán
Rabhán casachtaí, i.e. taom casachtaí. (Ina rabháin — ina shealanna a mhaireas cupla bomaite i gceann gach tamaill —

a thig casachtach an treacha.)

Ná bain don leanbh go mbí an rabhán reaite aige, i.e. go stada an chasachtach aige. (Deirtear 'rabhán caointe' fosta.)

Rabharta
An méadú a thig ar an lán mara le linn tús gealaí agus le linn an ghealach a bheith iomlán. Tig an lán mara níos faide aníos agus tránn sé níos faide síos le linn rabharta ná a ghní sé nuair nach mbíonn rabharta ann — le mallmhuir.

Tús rabharta, iomlán rabharta, deireadh rabharta.

Tá an rabharta ina theann, i.e. tá sé san am is iomláine dá mbíonn sé.

Tá cúl ag gabháil ar an rabharta, i.e. tá sé ag gabháil chun deiridh.

Rabharta mór na Féile Muire agus rabharta mór na Féile Bríde, dhá rabharta chomh mór agus a bhíos ann.

Racán
Callán mór cainte nó troda.

Níor luaithe a dúirt Mánas sin ná a d'éirigh an racán, i.e. níor luaithe a dúirt sé é ná a thosaigh an callán nó an troid nó an dá chuid i gcuideachta a chéile.

Bhí an dúracán i dtigh Aoidín aréir, i.e. bhí troid mhór ann.

Ba é sin an rud a thóg an racán, i.e. an rud ba chiontach leis.

Ráchairt
Tá ráchairt mhór ar an mhóin as siocair an gual a bheith gann, i.e. tá iarraidh mhór ar an mhóin.

Ní raibh ráchairt ar bith ar an eallach inné, i.e. ní raibh mórán daoine ag iarraidh eallach a cheannacht.

K

Racht
Racht caointe, i.e. caoineadh dian ar feadh tamaill bhig. (Deirtear 'racht feirge', 'racht gáire', etc.)

Lig sé amach a racht, i.e. thug sé cead a chinn don chaoineadh, don gháire, etc., gan féacháil lena choinneáil istigh.

Shocair sé nuair a fuair sé an racht thairis, i.e. nuair a lig sé don fhonn gháire nó don fhearg a bhí air é féin a chloí.

Bhí an bád faoi racht seoltóireachta, i.e. bhí sí ag seoladh léi fá shiúl ghéar.

Ráflaíocht
Cad é an ráflaíocht atá ort? i.e. cad é an chaint gan chéill, gan tús, gan deireadh atá ort?

Bíonn Nuala ag ráflaíocht léi ar fad, i.e. bíonn sí ag caint léi ar fad agus gan mórán céille leis an chaint a bhíos aici.

Ragairí
Daoine óga a imíos amach as a mbaile féin i ndiaidh na hoíche agus a théid a bhualadh bob ar mhuintir na mbailte eile a shiúlann siad — ag goid an aráin, ag ól an bhainne orthu, etc.

An raibh na ragairí agaibh aréir?

Raimhre
'Níl raimhre ribe de dhifear eatarthu,' a déarfaí le dhá mhaide, etc. arbh ionann raimhre dóibh.

Murar bhuail an chloch an fhuinneog chuaigh sí fá raimhre ribe de, i.e. chuaigh sí iontach deas don fhuinneog.

Ráithe
Bíonn Seán ag obair leis ar feadh cheithre ríráithe na bliana, i.e. bíonn sé ag obair ó cheann ceann na bliana.

Ramás
Níl san amhrán sin ach ramás gan mhaith, i.e. níl ann ach caint gan chéill.

Rámha
Ba cheart duit an ghaoth a bhaint de do rámha, i.e. ba cheart duit do rámha a choinneáil sa dóigh nach mbéarfaidh an ghaoth air nuair a bhíos sé os cionn an uisce agat.

Rámhailleach
Cad é an rámhailligh atá ort? i.e. cad é an chaint seachránach atá tú a dhéanamh? (Bítear ag caint ar 'rámhailligh na Nollag', 'rámhailligh an phósta,' etc.)

Ramhar
Tá Donnchadh iontach ramhar sa chéill, i.e. tá sé garbh aingiallta.

Tá siad chomh ramhar le brúitín, i.e. tá na daoine sin iontach aingiallta.

Rann
Rannfadh Dónall do chnámha ar a chéile, i.e. bhuailfeadh Dónall do sháith ort.

Rás
Chuaigh an madadh i ndiaidh na ngasúr agus shéid an rás, i.e. d'imigh na gasúraí an méid a bhí ina gcorp ag teitheadh roimh an mhadadh.

D'imigh Séamas ar a sheanrás, i.e. d'imigh sé ina rith chomh gasta agus a tháinig leis.

Ráscánta
Duine ráscánta, i.e. duine a dhéanfadh nó a déarfadh rud ar bith a smaointeodh sé air.

Rath
Cuirfidh sin ó rath na bliana iad, i.e. cuirfidh sin a oiread de mheath orthu agus nach ndéan siad maith ar bith i mbliana.

Má thoisíonn Diarmaid ar an ólachán féadtar dúil a bhaint dá rath, i.e. níl ach amaidí a bheith ag dúil go ndéanfaidh sé a dhath a mbeidh maith dó féin nó d'aon duine eile ann.

Ré
Ré dhorcha, i.e. an t-am a thig idir deireadh agus tús gealaí.

Beidh sé de dhíth oraibh lampa a thabhairt libh anocht nó tá an ré dhorcha ann.

Reacht
Tá sin ag éirí ina reacht, i.e. táthar ag tuigbheáil gurb é sin an rud is ceart a dhéanamh.

Tá reacht úr ann anois, i.e. cleachtadh úr idir a bheith ina ghnás agus ina dhlí i measc na ndaoine.

Is é sin reacht an mhargaidh, i.e. is é sin an rud atá tuigthe ag lucht margaidh.

Réaraíocht
Níl iontas ar bith do Shíle an ceol a bheith aici. Tá an réaraíocht inti, i.e. bhí an ceol ag an mhuintir ar shíolraigh sí uathu.

'Tá an réaraíocht iontu,' a déarfaí fá dhaoine a bheadh maith ag cineál ar bith a raibh a muintireacha rompu maith aige.

Reath
Reath na prátaí, an mhóin, etc. i.e. caitheadh deireadh na bprátaí, na móna, etc.

Tá na prátaí sin reaite as cineál, i.e. táthar a fhad ag cur na bprátaí sin ar an talamh seo agus nach bhfuil maith iontu mar phór. Ní fhásann prátaí maithe ar a bpór.

Réidh
An bhfuil tú réidh leis an tábla? i.e. an bhfuil do ghnoithe leis an tábla déanta agat?

Tig an Ghaeilge le Seoirse go réidh,

i.e. labhrann Seoirse an Ghaeilge gan bacaíl ar bith.

Dá mbeadh ciall ag muintir na hÉireann ní bheadh siad chomh réidh sa Ghaeilge agus atá siad, i.e. ní bheadh siad chomh neamhshuimiúil inti agus atá siad.

Dá mbeifeá chomh heolach ar Fhearghal agus atá mise bheifeá ní ba réidhe ann, i.e. ní chuirfeá an oiread sin suime ann.

Is réidh agatsa a bheith ag caint mar sin, i.e. is furasta duitse a bheith ag caint. Ní tusa atá thíos leis an obair.

Réir
Tá Niall mór agus trom dá réir, i.e. tá meáchan de réir a mhéide ann.

An de réir na ráithe nó de réir na bliana a dhíolann tú an cíos?

De réir an phíosa atá siad ag obair, i.e. gheibh siad an oiread seo de thuarastal ar son an oiread seo oibre.

Lig fá réir an tábla sin, i.e. réitigh an tábla (go bhfaightear obair inteacht eile a dhéanamh leis).

Réitigh
Fan go réití mé an cosán duit, i.e. fan go ndéana mé an cosán níos réidhe duit.

'Go réití Dia a chosán dó,' a deirtear fá dhuine a bheadh ag fáil bháis nó go díreach i ndiaidh bás a fháil.

Ná gearr an t-adhmad in éadan an ghráinnín agus tiocfaidh sé níos réitithe leat, i.e. gearrfaidh sé níos réidhe duit.

Riar
Is minic a riar Séamas do Dhiarmaid, i.e. is minic a thug Séamas cuidiú (airgead, etc.) do Dhiarmaid.

Is doiligh riar daoibh uilig, i.e. is doiligh an rud atá de dhíth ar achan duine agaibh a thabhairt daoibh.

Riaráiste
Tá riaráiste mór cíosa ar Phádraig, i.e. tá sé chun deiridh go maith leis an chíos. Tá cuid mhór cíosa le díol aige ba cheart a bheith díolta roimhe seo aige.

Ribe
Bhí an lá chomh ciúin agus nach mbogfadh ribe ar do cheann.

Righ
Righ an rópa sin, i.e. tarraing go teann é sa dóigh nach mbíonn sé crochta go scaoilte.

Tá sé chomh rite le bogha fidile, i.e. chomh teann le bogha fidile.

Tá an áit seo rite leis an ghaoth, i.e. níl foscadh ar bith ag an áit seo ar an ghaoth.

Ní thiocfaidh Aodh chomh luath sin. Níl sé chomh rite sin fá choinne oibre, i.e. níl sé chomh fonnmhar sin le toiseacht a dh'obair.

Righin
Is righin a thig duine óg, i.e. cuireann duine óg thairis tinneas a bhéarfadh bás duine aosta.

Righneas
Ní ligfeadh an righneas duit a dhéanamh mar a d'iarr mé ort, i.e. an nádúr righin atá agat, ní ligfeadh sé duit a dhéanamh gan d'am féin a dhéanamh de — gan fanacht go mbeifeá féin sásta a dhéanamh.

Rigín
Ná tógaigí an rigín den teach le bhur gcuid calláin, i.e. ná déanaigí a leithéid de challán mhór.

Rinneach
Tá cuma rinneach ar an ghrian, i.e. tá cuma chuileadach uirthi nach dea-thuar ar bith ar an aimsir.

Ó, leoga, tá gnúis rinneach go leor ar an fhear chéanna, i.e. leoga, ní dhéarfainn nach mbeadh an fear céanna confach go leor, de réir mar atá gnúis air.

Riocht

Bhí Séamas i riocht a chiall a chailleadh, i.e. bhí sé chomh tógtha, nó chomh buartha, agus go sílfeá go gcaillfeadh sé a chiall.

Bhí Peadar agus Eoghan i riocht a chéile a mharú, i.e. bhí siad chomh feargach agus go sílfeá go mairbhfeadh siad a chéile.

Ríomh

Má gheibh Mánas an oiread sin airgid ní bheidh ríomh leis, i.e. níl a fhios cad é a dhéanfaidh sé le tréan bróid.

Ris

Bhí a chuid ladhar ris fríd na seanbhróga, i.e. bhí a chuid ladhar nochta, le feiceáil.

Caithfidh sé go bhfuil sé ag trá nó tá an charraig dhubh ris, i.e. tá an charraig dhubh ar amharc agus bíonn sí faoi uisce le barr láin mhara.

Rith

Tá rith a bhéil agus a theanga le Micheál, i.e. tá sé iontach cainteach agus is cuma leis cad é a déarfaidh sé.

Tugadh rith a bhéil agus a theanga don bhuachaill sin, i.e. lig a mhuintir dó a rogha rud a rá, bíodh sé olc maith. Níor chuir siad múineadh ar bith air.

Tá an t-ádh ina rith ort, i.e. tá ádh as cuimse maith ort. Tá achan ádh is fearr ná a chéile ag teacht ort.

Lig Niall é féin chun reatha, i.e. d'imigh sé ina rith, nó tháinig sé ina rith, i ndiaidh a bheith ina sheasamh nó ag siúl roimh ré.

D'imigh na gasúraí agus d'imigh Conall sa ruaig reatha ina ndiaidh, i.e. d'imigh sé an méid a bhí ina chnámha sa tóir orthu.

'Ar rug tú ar an traein?' 'Rug, de thoradh reatha,' i.e. rug, ach ní raibh ann ach gur rug.

Ródach

Rinne an foladóir ródach ar Naos, i.e. lig sé cuid den fhuil as Naos ag déanamh go leigheasfadh sin é ó cibé aicíd nó galar a bhí air.

Rinne na cearca ródach ar na prátaí, i.e. scríob siad an chréafóg de na prátaí agus mhill cuid mhaith acu.

Rógaireacht

Tá eagla orm go dearn siad rógaireacht ort, i.e. tá eagla orm nach raibh siad ionraic leat agus, mar sin, go bhfuair tú an chuid ba mheasa den mhargadh.

Rogha

Déan do rogha rud, i.e. déan cibé rud is fearr leat féin.

Is doiligh rogha a bhaint astu seo, i.e. is doiligh an ceann is fearr acu a aithne.

Rud a ghlacadh de rogha ar rud eile, i.e. rud a thoghadh in áit ruda eile.

Roghnachas

Ag déanamh roghnachais ar rud, i.e. á ghlacadh de rogha ar rud eile.

Roimh

Bíonn Niall i gcónaí ag gearradh roimh Dhónall, i.e. bíonn Niall i gcónaí ag ceapadh Dhónaill sa chomhrá, ag cur ina éadan.

Cé acu Gaeilge nó Béarla atá tú a chur roimh na páistí? i.e. cé acu Gaeilge nó Béarla a labhrann tú leo?

Roinn

Níl roinn ar bith agam leo, i.e. ní dhéanaim gnoithe ar bith leo.

B'fhearr duit gan roinn a bheith agat leis an fhear sin, i.e. b'fhearr duit fanacht amach uaidh.

'Cé leis an roinnt?' a deirtear ar an uair a bhítear ag fiafraí cé an duine a mbíonn a sheal ann leis na cártaí a roinnt.

Rois

Bhí achan rois mhionnaí móra ag Colm, i.e. bhí sé ag ligint mionnaí móra ina ndeilíní as.

Roisteacha gaoithe móire, i.e. séideoga millteanacha gaoithe.

Roisteacha farraige móire, i.e. tonnta garbha farraige.

Roisteacha toirní, i.e. toirneach scáfar agus neart di.

Roth

Ní bheidh maith ar bith sa talamh sin i rith an rotha, i.e. ní bheidh maith ann choíche.

Ní bheidh tú ábalta sin a dhéanamh i rith rothaí na gréine, i.e. choíche, go deo.

Tá Séamas ar rothaí an domhain anois, i.e. tá an saol ag éirí i gceart anois leis.

Rothán

Tá rothán ar an fhear sin ar fad, i.e. tá sé míshásta i gcónaí agus an chuma sin air.

Rua

Chuala mé go dearn sibh oíche rua aréir de, i.e. oíche mhór spóirt.

Ruabhéic

Lig Dónall ruabhéic as, i.e. scread mhór a chluinfí i bhfad ó bhaile.

Ruóg

Corda nó ribín a bheadh fuaite amach agus isteach fríd éadach sa dóigh ina dteannfaí an t-éadach ar a chéile nuair a tharraingeofaí dhá cheann an chorda.

Tá eagla orm gur annamh a scaoileas Donnchadh an ruóg i mbéal an sparáin, i.e. gur annamh a fhosclaíos sé an sparán le hairgead ar bith a bhaint as.

Ruaig

Cuireadh an ruaig orthu, i.e. díbríodh iad.

Is fada ó chuaigh mé a dh'amharc ar Sheonaí. Caithfidh mé ruaig a thabhairt siar amárach, i.e. caithfidh mé a ghabháil siar a dh'amharc air amárach, mura bhfana mé aige ach tamall beag féin.

Rúchladh

D'éirigh sé de rúchladh nó d'imigh sé de rúchladh, i.e. d'éirigh sé nó d'imigh sé go gasta tobann.

Rud

Níorbh fhearr liom rud maith ná thú a bheith abhus aréir, i.e. bhéarfainn rud maith uaim ar thú a bheith abhus. Ba mhaith liom i gceart thú a bheith abhus.

Ní fearr duit rud maith ná an obair sin a bheith déanta agat, i.e. is fiú rud maith duit í a bheith déanta.

Rúid

Thug Séamas rúid amach ar an doras, i.e. rith sé amach go gasta.

Léim rúide, i.e. léim a dtugann duine rúid leis sula ngearrann sé í.

Rún

Ní scéal rúin é ó chluineas triúr é, i.e. an rud a mbíonn eolas ag triúr air ní fada go mbíonn eolas ag a thuilleadh air.

Ní ligfidh Tomás a rún le mórán, i.e. duine druidte Tomás agus ní inseoidh sé a ghnoithe do mórán daoine. (Deirtear fosta 'ní ligfidh sé a rún le héanacha an aeir'.)

Ní hé an dea-rún a bhí faoi Mhicheál nuair a rinne sé sin, i.e. ní le maith a dhéanamh a rinne sé é.

Féadann tú na caoirigh a mharú má chuaigh mírún madaidh fúthu, i.e. má tá súil ag madadh orthu agus é ag dúil lena marú.

Rún gadaí agus rún madaidh dhá dhrochrún.

Tá rún agam sin a dhéanamh, i.e. tá sé d'intinn agam sin a dhéanamh.

Rúpach
Tá rúpach bhreá shlaite agam fá bhur gcoinne, i.e. tá slat mhaith mhór agam (le greasáil a bhualadh oraibh).

Rúpach girsí, i.e. girseach ghasta fhadchosach.

Ruspa
Bheir an sagart ruspa mór do na daoine óga, i.e. ní chaitheann sé a gcuid locht go mór orthu. Ní bhíonn sé róthrom orthu.

S

Sábháil
Níl sábháil le déanamh ar airgead anois, i.e. ní féidir airgead a shábháil anois.

'Dia ár sábháil,' a deirtear nuair a tchítear nó a chluintear rud ar bith scáfar.

Saíán
Iasc beag óg a bhíos le fáil fá Lúnasa.

Chuaigh na fir amach a dh'iarraidh saíán, i.e. amach i mbád agus eangach leo.

Saibhreas
Déanfaidh tú do shaibhreas ar an obair sin, i.e. déanfaidh tú neart airgid uirthi.

Sáigh
Lig don ghasúr. Tá tú sáite as i dtólamh, i.e. tá tú i gcónaí ag gabháil dó. Ní thabhrann tú suaimhneas dó in am ar bith.

Bhí a dhá shúil sáite sa bhád aige, i.e. mhair sé ag amharc ar an bhád gan a shúile a thógáil di ar chor ar bith.

Chuala mé go bhfuil do bhacán sáite fá dheireadh agat, i.e. go bhfuil tú ag gabháil a phósadh, go bhfuil do mhargadh déanta fá dheireadh.

Saighead
D'imigh an bád tosaigh mar a bheadh saighead ann, i.e. go fíorghasta.

Sáil
Bhí Niall isteach sna sála againn, i.e. tháinig Niall isteach go díreach inár ndiaidh.

Tá na daoine óga ag baint na sál dá chéile ag tarraingt ar Mheiriceá, i.e. tá siad ag imeacht go Meiriceá agus ag imeacht go tiubh.

Saill[1]
Níl mórán saille ar chnámha Sheáinín, i.e. tá Seáinín tanaí go maith.

Saill[2]
Tchífinn saillte i Sasain iad sula ndéanfainn an obair sin dóibh, i.e. ní dhéanfainn an obair sin dóibh ar chor ar bith, ba chuma cad é a déarfadh siad nó cad é a dhéanfadh siad.

Tá dúil mhór agam i scadáin úrshaillte, i.e. scadáin úra nach mbeadh saillte os cionn oíche amháin nó fán tuairim sin.

Sáimhín
Bhí Peadar ar a sháimhín suilt aréir, i.e. bhí sé iontach sásta de féin agus den tsaol mhór aréir.

Saint
Ní ligfeadh an tsaint do Dhiarmaid sin a dhéanamh, i.e. ní dhéanfadh sé sin cionn is é féin a bheith róshantach, rócheachartha.

Sáith
Níl anás ar bith orm agus, altú do Dhia, tá an tsláinte agam, agus nach bhfuil sáith duine ar bith ansin? i.e. cad é níos mó ná sin a d'iarrfadh aon duine?

D'ith mé mo sheacht sáith, i.e. d'ith mé a oiread agus a bhí de dhíth orm agus i bhfad níos mó ná sin.

Is doiligh a sáith den damhsa a thabhairt don mhuintir óga, i.e. tá barraíocht dúile sa damhsa acu.

Má tá an t-airgead ag Micheál is mór a sháith féin de, i.e. air féin a chaitheann sé cuid mhaith de.

Salann
Ní choinneoinn salann liom féin ar an obair seo, i.e. ní ghnóthóinn a oiread ar an obair seo agus a cheannódh salann le haghaidh mo chodach domh.

Ní fiú salann le bhur gcuid sibh mura ndéana sibh sin, i.e. is beag is fiú sibh mura ndéana sibh sin.

Samhail[1]
Níl a fhios agam cad é an tsamhail a bhéarfainn don chruinniú daoine a bhí ann, i.e. cá leis a gcuirfinn an cruinniú i gcosúlacht.

Dá bhfeicfeá Fearghal aréir! Ní thiocfadh leat de shamhail a thabhairt dó ach fear meisce, i.e. ní thiocfadh leat é a chur i gcosúlacht le duine ar bith ach le fear meisce.

Nuair a thráchtar ar anchuma, etc. a bheith ar dhuine, deirtear 'a shamhail i gcloch': 'Chonaic mé fear inné agus, a shamhail i gcloch, ní raibh cosa ar bith air.'

Samhail[2]
Níor shamhail mé go dtiocfá ar ais chomh luath sin, i.e. níor smaointigh mé ar chor ar bith go dtiocfá chomh luath sin.

Cé a shamhlódh sin do Phádraig? i.e. cé a smaointeodh go ndéanfadh Pádraig a leithéid sin?

Ní shamhlóinn a leithéid choíche duit, i.e. ní smaointeoinn choíche go ndéanfá a leithéid.

Is iomaí rud iontach a shamhailtear do dhuine, i.e. is iomaí rud iontach a thig i gceann duine.

Samhnas
Chuirfeadh sé samhnas ar dhuine a bheith ag éisteacht leis an fhear sin, i.e. níl duine ar bith dá mbeadh ag éisteacht leis nach dtabharfadh fuath dó féin agus dá chuid cainte.

Saoire
Tá an lá mar an tsaoire inniu againn, i.e. níl obair ar bith le déanamh againn inniu. Tá an lá inniu mar a bheadh an Domhnach ann, ach is minic a deirtear sin Dé Domhnaigh féin.

Saoirsineacht
Is le Proinsias a thig an tsaoirsineacht a dhéanamh, i.e. is maith an saor é Proinsias. Is é a ghní obair mhaith saoir.

Saoiste
Dá bhfeicfeá na saoistí iargúlta a bhí amuigh i gcúl an oileáin inniu, i.e. na tonnta móra fada farraige a bhí ann.

Saoithiúlacht
Ní thabharfainn aird ar bith ar an rud a dúirt Tadhg. Le saoithiúlacht a dúirt sé é, i.e. ag déanamh grinn a bhí sé nuair a dúirt sé é.

Saol
Cad é an saol atá agat? i.e. cad é an dóigh atá ort?

Tá saol an mhadaidh bháin ag Micheál, i.e. tá saol breá falsa aige.

Is mór a d'athraigh na daoine ar na saolta deireanacha seo, i.e. is mór an t-athrach a tháinig ar na daoine le tamall.

Ní fhacthas a leithéid ó bhí an saol ina ghasúr, i.e. ní fhacthas a leithéid riamh.

Níor ól Pádraig aon deoir uisce bheatha lena shaol beatha, i.e. níor ól Pádraig uisce beatha riamh.

Ní fhaca mé a leithéid ó chuir Dia ar an tsaol mé, i.e. ní fhaca mé a leithéid riamh. (Deirtear fosta 'ó tháinig mo cheann ar an tsaol'.)

Cad chuige a bhfuil a leithéid de dheifre ort? Béarfaidh an saol ort, i.e. tiocfaidh an t-am a gcaithfidh tú gnoithe an tsaoil a fhágáil i do dhiaidh.

Bheir an saol a bhail féin ar gach aon duine, i.e. níl imeacht ag duine ar bith ar chorraithe an tsaoil, ar an aois nó ar an bhás.

Is iomaí comhrá a bhí agam le Séimí agus, má b'fhada a shaol, ag caint ar an fharraige a bhíodh sé ar fad, i.e. ní éiríodh Séimí tuirseach choíche de bheith ag caint ar an fharraige.

Tá tú ón tsaol ag caitheamh tobaca, i.e. tá tú ag tabhairt do bháis féin ag caitheamh tobaca.

Tá an saol ina shuí ar a thóin ag Séamas anois, i.e. tá achan chineál ag Séamas chomh maith is a d'iarrfadh sé a bheith.

Tá na daoine uilig an tsaoil ar shiúl go teach an phobail, i.e. tá achan duine acu ar shiúl go teach an phobail.

'Bhí tuilleadh fad ar do shaol,' a deirtear le duine a bhí i gcontúirt mhór bháis agus a tháinig slán.

'Go saolaí Dia thú,' a deirtear go minic mar bhuíochas le duine a ghní obair inteacht do dhuine eile.

Saolach

Tá eagla orm nach mbíonn an ghirseach sin saolach, i.e. tá eagla orm go bhfaighidh sí bás go hóg.

Saor

Tá an mhóin saor samhlaidh ag Aodh, i.e. tá sí aige gan costas ar bith.

Thug mé dó saor samhlaidh é, i.e. thug mé dó in aisce é.

'Is é an saorchonradh é,' a deirtear le rud ar bith a bhíos iontach saor.

'An bhfuil ocras ort?' 'Níl mé saor,' i.e. tá a bheagán nó a mhórán ocrais orm.

Ní raibh sé saor ó pheaca agat a bheith ag magadh ar an duine bhocht, i.e. ní dhéarfainn nár pheaca duit é.

Saothar

Ná faigh a leithéid de shaothar uaidh, i.e. ná bíodh an oiread sin trioblóide ort ag iarraidh a bheith á dhéanamh go maith.

Fuair Micheál saothar mór ón teach sin, i.e. d'oibir Micheál go crua ag déanamh an tí sin nó ag cur baile air.

Beidh do shaothar in aisce agat, i.e. ní bheidh a dhath le fáil ar son do chuid oibre agat.

Ní fiú mo shaothar a bheith ag gabháil don obair sin ar chor ar bith, i.e. ní fiú domh an obair sin a dhéanamh ar mhaithe lena mbíonn de thairbhe agam aisti.

Ná bíodh sé de shaothar ort sin a dhéanamh, i.e. ná déan sin, ní fiú duit a dhéanamh.

Ba mhaith liom an obair a dhéanamh go maith ó chuaigh mé fána shaothar, i.e. ó tharla gur chuir mé trioblóid orm féin léi.

'An dtáinig Séamas aréir?' 'Ní tháinig nó a shaothar air,' i.e. ní tháinig. Níor chuir sé an oiread sin trioblóide air féin.

'An bhfuil deireadh déanta agat?'

'Níl nó a shaothar air,' i.e. níl deireadh déanta nó chóir a bheith déanta.

Saothraí
Saothraí beag maith fir Proinsias, i.e. fear beag a oibríos go dícheallach agus a shaothraíos cuid mhaith airgid é.

Saothraigh
Is maith a shaothraigh tú sin! i.e. d'oibir tú go maith ar a shon sin. Níorbh fhéidir duit a athrach éirí duit.

Is fada á shaothrú sin thú, i.e. is fhada ag tarraingt air sin agus ag obair ar a shon thú.

Sáraigh
Bhí mé ag iarraidh a bheith á dhéanamh sin ach sháraigh orm, i.e. níor éirigh liom a dhéanamh.

Déanfaidh Séamas sin nó sáróidh sé air, i.e. mura ndéana Séamas sin ní cionn is nach bhféachann sé go maith leis.

Ní dhéanfaidh mé sin mura sáraí orm, i.e. ní dhéanfaidh mé é mura gcaithe mé a dhéanamh.

Sáraíonn sin ar a bhfaca mé riamh, i.e. is fearr, nó is measa, sin ná rud ar bith dá bhfaca mé riamh.

Níl sárú Thomáis le fáil i gceann na hoibre sin, i.e. ní féidir duine ar bith a fháil is fearr a dtig leis an obair sin a dhéanamh ná Tomás.

Sárfhios
Dúirt Pádraig go dtiocfadh sé aniar aréir ach bhí a shárfhios agam féin nach dtiocfadh, i.e. bhí a fhios agam nach dtiocfadh sé.

'Níl a fhios agam an deachaigh Eoghan chuig an damhsa aréir.' 'Ó! nach bhfuil a shárfhios agat go deachaigh?' i.e. nach bhféadann tú a bheith cinnte go deachaigh?

Sásta
Tá an gasúr sin iontach sásta agam, i.e. ghní sé cuid mhór oibre domh a chaithfinn féin a dhéanamh murab é é. (Rud ar bith a fhágas a chuid oibre éadrom nó furasta ag duine deirtear go bhfuil sé sásta.)

Ní bheidh Pádraig róshásta duit má deir tú sin leis, i.e. beidh míshásamh ar Phádraig leat má deir tú sin leis.

Scáfar
Tá an toirneach scáfar, i.e. cuireann sí a bheagán nó a mhórán eagla ar achan duine.

Scáil
Níl san fhear sin ach scáil, i.e. tá an fear sin iontach meaite.

Scaileog
Bhí mé amuigh ag snámh agus bhí an scaileog ag baint na súl asam, i.e. bhí na bliotaí (na miontonnta) do mo bhualadh sna súile agus do mo dhalladh.

Scair
Darna achan scair den mhóin agus den chloch aoil a chuirtear san áith nuair a bhítear ag dó aoil, i.e. sraith móna ar íochtar, sraith den chloch aoil ina mullach, sraith eile móna, agus dá réir sin.

Scaird
Thit cloch mhór sa loch ag mo thaobh agus scaird an t-uisce aníos orm.

Scalán
Chuaigh scalán sa chruinniú nuair a tháinig na saighdiúirí, i.e. scab na daoine a bhí cruinn i gcuideachta a chéile.

Scalladóir
Is í Nábla an scalladóir ceart mná, i.e. is í a cháineas a cuid comharsan go géar buan.

Scallta
Cé a d'oibreodh dóibh ar an airgead sin? Iad féin agus a bpunta beag scallta sa tseachtain, i.e. iad ag dúil go bhfaigheadh siad daoine a d'oibreodh ar chomh beag le punta sa tseachtain.

Scamhán
Ghoill sin go dtí na scamháin orthu, i.e. ghoin sé go mór iad. Níor mhaith leo ar chor ar bith sin a chluinstin nó a fheiceáil á dhéanamh.

Scaob
Ní dhéanfaidh Dónall sin go dtí go dté na trí scaob udaí air, i.e. na trí lán sluaiste den chréafóg a chaitheann an sagart os cionn an té a bhíos á chur san uaigh. Ní dhéanfaidh Dónall sin choíche.

Scaoil
Ní raibh Diarmaid le scaoileadh nó le ceangal, i.e. bhí sé chomh tógtha sin agus nárbh fhéidir ciall a chur ann.

Scaoil a cheann leis an bheathach, i.e. bain de an t-adhastar agus tabhair cead an bhealaigh dó.

Fuair na gasúraí ceann scaoilte inné, i.e. fuair siad cead a ghabháil ina rogha cosán. Ní raibh sé d'fhiacha orthu a ghabháil chun na scoile, nó a leithéid sin.

Féadann tú do bheannacht a scaoileadh leis an airgead sin, i.e. sin airgead nach bhfaigheann tú ar ais.

Scaoll
Bhí scaoll iontach faoi Eoghan aréir, i.e. bhí eagla mhór ar Eoghan agus an chuma sin air.

Chuaigh siad i scaoll, i.e. chuaigh siad ar leathmhire le heagla.

Cuir scaoll den mhadadh sna cearca sin, i.e. cuir an madadh iontu go scanraí sé ar shiúl iad.

Scaollmhar
Cad é an dreach scaollmhar a bhí air! i.e. cad é an chuma eaglach scanraithe a bhí air!

Scaoth
Dá bhfeicfeá an scaoth a bhí ann! Bhí an dúscaoth ann! Bhí scaoth ar fónamh ann! i.e. bhí scaifte an-mhór ann.

Scar
Ní scarfaidh Pádraig le mórán, i.e. ní thabharfaidh sé mórán uaidh.

Scaradh oíche agus lae, i.e. teacht an lae.

Scártha
Níl dúil agam san áit sin. Tá sí róscártha, i.e. rógharbh, rófhuar, rórite leis an ghaoth.

Scarthanach
Bíonn Seoirse ina shuí leis an scarthanaigh, i.e. éiríonn sé sula mbíonn an lá geal i gceart. Éiríonn sé go luath.

Scáth
Is fearr suí ar an scáth ná suí ar an bhlár, i.e. is fearr foscadh ar bith dá olcas é ná a bheith gan foscadh ar bith. Is fearr beagán féin de chineál ar bith ná a bheith folamh ar fad.

Níl scáth ar bith ag Nóra uirthi féin, i.e. níl náire ar bith inti. Is cuma léi cad é a dhéanfaidh sí nó a déarfaidh sí.

Ní thig leat an carr a fheiceáil anois. Tá sé ar scáth an tí udaí, i.e. tá an teach úd idir thú agus an carr.

Ní fiú duit a rá go bhfuil cuidiú ar bith agat ar scáth a bhfuil mise á dhéanamh duit, i.e. ní fiú duit a rá gur cuidiú ar bith an méid atá mise a dhéanamh.

Sceadamán
Bhí an bheirt ar ghreim sceadamáin le chéile, i.e. bhí greim ag gach duine acu ar sceadamán

an duine eile — ar sceadamán a chéile.

Scéal
Tarraingidh scéal scéal eile, i.e. an té a bhíos ag éisteacht le duine eile ag inse scéil, is minic a chluineas sé rud a bheir scéal eile ina cheann féin agus théid sé á inse sin.

Tharraing Peadar scéal eile air féin ar eagla go dtráchtfaí ar an rud a bhí déanta aige, i.e. chuaigh sé a chaint ar ghnoithe inteacht nach raibh baint ar bith aige leis an rud a bhí déanta aige féin.

Ní hé sin an rud a bhfuil mé ag tarraingt an scéil air, i.e. ní hé sin brí mo scéil.

'Cad é tá Micheál ag brath a dhéanamh anois?' 'Sin scéal nach dtig liom a inse,' i.e. sin rud nach bhfuil a fhios agam.

Dúirt Niall gurbh é Peadar a bhuail an chéad bhuille ach dúirt Peadar gurbh é Niall a bhuail é, agus chuaigh sé chuig an mháistir de gheall ar an chéad scéal a bheith aige féin, i.e. ar eagla go gcreidfeadh an máistir Niall dá bhfaigheadh sé a scéal féin a inse ar tús.

Ní scéal aon duine amháin é a bheith as obair, i.e. is iomaí duine amuigh as obair.

Scéal reatha, i.e. scéal a bhíos ag gabháil thart ó dhuine go duine agus gan mórán fírinne ann, b'fhéidir.

Ní scéal scéil atá agam air, i.e. an rud atá mé a inse, tá á fhios agam é a bheith fíor óir chonaic mé, nó chuala mé, á dhéanamh nó á rá é.

'Gach scéal fríd na sceithirí,' a deir duine nuair a tharraingíonn sé air scéal inteacht nach mbíonn baint aige leis an ábhar comhrá a mbítear ag caint air.

Tá scéal fada ar an aimsir, tá sí chomh garbh sin, i.e. tá sí iontach garbh, chomh garbh sin go dtiocfadh leat scéal fada a inse uirthi.

Scéal a chluineas tír agus a cheileas muintir, i.e. scéal náireach fá dhuine ba mhaith lena mhuintir a choinneáil ceilte ach a mbeadh achan duine ag caint air.

Tá slaghdán ort ach is beag an scéal thú. D'fhan tú amuigh faoin fhearthainn i rith an lae inné, i.e. ní ábhar trua ar bith thú má tá slaghdán féin ort. D'fhéad tú gan fanacht amuigh faoin fhearthainn.

Scéalaíocht
'Nach fuar an lá inniu!' 'Ó! tá scealaíocht air,' i.e. tá sé iontach fuar, chomh fuar sin agus go dtiocfadh a bheith ag scéalaíocht air.

Sceallán
Níl sa chuibhreann sin ach scealláin, i.e. níl ann ach conamar de phrátaí beaga gan mhaith.

Sceimheal
An bhfuil an chruach ag an sceimheal acu go fóill? i.e. an bhfuil cos na cruaiche chomh hard acu agus go bhfuil sí réidh leis an cheann a chur uirthi?

Sciathán
Coinneoidh mé fad mo sciatháin uaim é, i.e. ní dhéanfaidh mé mór nó beag leis.

Scifleachán
Cén scifleachán é sin? i.e. cén duine bratógach é sin?

Scige
Ag scige agus ag magadh a bhíos sé sin ar fad, i.e. ag gáire go magúil faoi dhaoine agus ag iarraidh a bheith ag déanamh amadán díobh.

Scil[1]
Níl scil na bhfiach ar Aindrias bhocht, i.e. níl ann ach na cnámha.

Tá sé iontach scilte, i.e. lomchnámhach.

Tá sé ina sciltreacha trá, i.e. tá an lán mara ar shiúl glan agus an trá silte tirim. (Deirtear fosta, 'tá sciltreacha trá ann.')

Scil[2]
Scil Tomás leis i rith an ama, i.e. níor stad sé ach ag caint i rith an ama.

Ag scileadh ar fad a bhíos sé, i.e. ag caint leis ar fad.

Sin rud nár scil mé le duine beo, i.e. nár inis mé do dhuine ar bith.

Scileach
Tá an mhóin sin ina scileach uilig, i.e. tá sí chomh tirim crua sin agus gur thit na fóide as a chéile ina ngiotaí beaga. (Bheirtear scileach ar thalamh chrua thirim mar a bheadh ar dhroim leice.)

Scinc
Níl sa bhrachán sin ach scinc, i.e. níl ann ach stuif lom uisciúil gan mhaith. (Tae a bheadh ró-éadrom, bhéarfaí scinc air fosta.)

Scioldram
Níl sa tae sin ach scioldram, leoga. Rinne mé réidh go róghasta é, i.e. níl maith ann. Tá sé ró-éadrom.

Scíon
'Scíon' a bheirtear ar an loinnir ar leith a thiocfadh i súile duine le heagla nó le fearg nó le fonn díoltais, etc.

Bhí Conall iontach tógtha aréir. Dá bhfeicfeá an scíon a bhí ina shúile!

Scíontachán
Tháinig corrscíontachán ina dhiaidh sin, i.e. corrdhuine leis féin go mall.

Sciorraidheam
Duine crua gasta, sciorraidheam.

Scíste
Déan do scíste, i.e. lig díot an tuirse.

Chuamar i gceann an bhealaigh arís nuair a bhí ár scíste déanta againn, i.e. nuair a ligeamar dínn an tuirse.

Sciurd
Dúirt sí sin, muise, agus chan focal a sciurd uirthi é, i.e. níorbh é an rud a d'imigh an focal uirthi gan í smaointiú roimh ré air.

Sciurdaidh éan as gach ealt, i.e. bíonn duine in achan teaghlach mhór nach mbíonn cosúil lena chuid deartháireacha nó deirfiúracha ina dhóigh, nó b'fhéidir ina dhreach.

Scód
Tá barraíocht scód aige á fháil, i.e. tá sé ag fáil barraíocht de chead a chinn — dá chomhairle féin.

Scóig
Má gheibhimse greim scóige ort cuirfidh mé múineadh ort, i.e. má gheibhimse greim sceadamáin ort.

Scóigín
Buachaill modhúil múinte macánta é sin. Ní hionann é agus scóigíní eile, i.e. ní hionann é agus buachaillí eile magúla gan mhúineadh.

Scoilteán
Bhí mé ag leagan scoilteán inniu, i.e. bhí mé ag leagan pór prátaí ar an talamh le haghaidh a gcumhdach le créafóg.

Scoiteach
Shín na scoiteacha, i.e. thoisigh na scaiftí daoine a reáchtáil, ag teitheadh as áit inteacht nó ag tarraingt ar áit inteacht.

Bhí an dúscaoth cruinn fán doras ach baineadh scoiteacha astu nuair a tháinig Brian amach, i.e. d'imigh siad ina rith ina scaiftí beaga soir agus siar.

Scoith[1]
Ní raibh Mánas i bhfad ag scoitheadh an mhuintir a bhí sa rás leis, i.e. á bhfágáil i bhfad ina dhiaidh.

Tháinig scoitheadh ar an bhád, i.e. síobadh amach chun na farraige móire í.

Áit scoite í sin, i.e. áit í sin atá i bhfad ó bhaile — nach furasta a ghabháil a fhad léi.

Tá Cormac ina éan scoite, i.e. leis féin, gan duine ar bith a chuideodh leis nó a thógfadh an cian de.

Tá an ghaoth mhór ag scoitheadh an choirce, i.e. ag croitheadh an choirce agus ag baint an ghráin de.

Scoith[2]
Tá scoith na Gaeilge ag Feilimí, i.e. tá an chuid is fearr den Ghaeilge aige.

Déanfaidh sin scoith gnoithe, i.e. déanfaidh sé gnoithe ar fheabhas.

Scolb
Ní bhfuarthas lá scolb nó scéala ar Phádraig ó d'imigh sé, i.e. níor chualathas iomrá ar bith air.

Scotbhach
D'éirigh an scotbhach gáire, i.e. an méid daoine a bhí i láthair, chuaigh siad a gháirí.

Scríob
'An bhfuair sibh mórán den mhóin a thiontú inniu?' 'Thugamar scríob thart uilig uirthi,' i.e. rinneamar sórt tiontaithe uirthi uilig.

Deireadh na scríbe, i.e. deireadh ama nó deireadh báire.

Scríobóg
Tá dúil mhór ag Máire sna scríobóga, i.e. sa chuid sin den bhrachán a ghreamaíos den phota agus a chaitear a scríobadh de.

Scrios
D'fhéad tú cupla pingin a thabhairt don duine bhocht. Ní scriosfadh sin thú, i.e. ní fhágfaidh sin folamh thú.

Níor scrios Bríd í féin mura dtug sí duit ach an méid sin, i.e. ní dhearn sí a haimhleas le féile.

Sea
'Nach beag sea a bhí ann,' a déarfaí fá dhuine a gheobhadh bás le tinneas gairid nó tinneas nach measfaí a bheith an-chontúirteach.

Seach
Nach iontach go dtáinig an sagart isteach an lá sin seach lá ar bith eile.

Cad chuige a bhfaighinnse cuireadh seach duine ar bith eile? i.e. ach oiread le duine eile.

Seachain
'Níl ann ach seachain an ceann agus buail an muineál,' a deir duine le duine eile ionann is gurb é an scéal amháin atá ag an bheirt ar rud inteacht ach go mbíonn an dara duine ag rá nach é.

Tá Diarmaid ar a sheachnadh, i.e. tá sé ar shiúl ón bhaile ar eagla go mbéarfadh na péas nó na saighdiúirí air.

Seachrán
Bhain seachrán dóibh, i.e. chuaigh siad ar seachrán, ar strae.

Tháinig seachrán beag ar an fhear sin, i.e. chuaigh sé cineál beag ar seachrán san intinn.

Dheamhan a bhfuil de sheachrán ort, i.e. tá a fhios agat go maith cad é mar atá an scéal.

Tchím go bhfuil tú chomh seachránach liom féin, i.e. tchím nach bhfuil eolas agat ar an scéal ach oiread liom féin.

Seal

'Cad é a choinnigh a fhad sa tsiopa thú?' 'B'éigean domh fanacht le mo sheal,' i.e. b'éigean domh fanacht go dearnadh freastal ar na daoine a bhí ann romham.

Ní imíonn an aicíd sin go dtí go dtugann sí a seal, i.e. ní imíonn sí go dtí go mbíonn a cúrsa féin reaite aici.

Thug na seanghnásanna sin a seal, i.e. mhair siad ar feadh tamaill agus fuair siad bás.

Ní mhairfidh an seanduine i bhfad. Tá a sheal chóir a bheith tugtha.

Níl áit (fostú) rómhaith ag Seán ach bainfidh sé a sheal aisti, i.e. fanfaidh sé inti a fhad agus a fhóireas dó.

Dúirt Niall go mbainfeadh seisean a sheal as an tseanteach, i.e. go ndéanfadh an seanteach a ghnoithesean a fhad agus a bheadh teach de dhíth air.

Séala

Tá séala a chodach ar an ghasúr sin, i.e. tá cuma ar an ghasúr sin go bhfaigheann sé a sháith bia.

Tá an obair ar shéala a bheith críochnaithe, i.e. tá sí chóir a bheith críochnaithe.

D'fhág Bríd an teach seo ar shéala a bheith ag gabháil chun an tsiopa, i.e. dúirt sí gur ag gabháil chun an tsiopa a bhí sí ag fágáil an tí seo di.

Chonaic mé Aodh ag obair amuigh inniu agus, ar an tséala sin, bhí mé ag déanamh go raibh biseach air, i.e. ar siocair go bhfaca mé amuigh é shíl mé go raibh biseach air.

Sealaíocht

'Ar iompair tú féin an t-ualach sin fad an bhealaigh?' 'Níor iompair. Rinne mé féin agus Dónall sealaíocht,' i.e. d'iompair duine againn gach dara tamall é.

Sealán

Ní fhaca mé a leithéid sin ó chuaigh mo mhéar i sealán, i.e. ó pósadh mé. (Bheirtear sealán ar rud ar bith a mbíonn déanamh fáinne air.)

Sealán na croiche, i.e. an chuid de rópa an chrochta a chuirtear thart ar mhuineál an té a bhíthear a chrochadh.

Seamsóg

Ní fiú seamsóg é, i.e. ní fiú dada é.

Sean-

Tá seanaithne agam ar Pheadar, i.e. is fada an lá aithne ar Pheadar agam.

Bhí mé ag scairtigh i sean-ard mo chinn ort, i.e. bhí mé ag scairtigh ort chomh hard agus a bhí i mo chloigeann.

Ghní Brian seanbhailéad d'achan scéal, i.e. maireann sé i bhfad rófhada ag caint ar scéal ar bith dá mbaineann sé de.

Ná déan a leithéid de sheanbhailéad den scéal, i.e. tar le níos lú a rá fá dtaobh de.

Bhuail Éamann a sheanbhuille ar an doras, i.e. bhuail sé an doras chomh trom agus a tháinig leis.

Níor mhuscail mé inniu go raibh an lá caite. Ní bhfuair mé mo sháith codlata a dhéanamh le seachtain agus bhí seanchodladh orm. i.e. an codladh a chaill mé.

'Cad é mar atá Donnchadh inniu?' 'Tá sé ar a sheanléim,' i.e. go hanmhaith.

Séan

Má bhí Pádraig ina fhear bhreá dhóighiúil aon uair amháin féadann sé sin a shéanadh anois, i.e. chaill sé an bhreáthacht agus an dóighiúlacht.

Seanadh
'Níor chuir an buachaill sin litir chuig a mhuintir ó d'imigh sé. Nach beag seanadh a bhí ann!' Duine ar bith a ghní neamhshuim ina mhuintir féin deirtear gur 'beag seanadh atá ann'.

Seanchas
Bhí sé ag cur seanchais fá dtaobh duit, i.e. bhí sé ag fiafraí cad é mar a bhí tú, etc.

Nuair a chuala mise sin níor chuir mé an seanchas ní b'fhaide, i.e. níor thrácht mé ní ba mhó ar an scéal.

Seanduine
Is mór atá an seanduine ag teacht ar Pheadar, i.e. tá cuma aosta ag teacht ar Pheadar go gasta.

Ná lig an seanduine ort go fóill, i.e. ná luigh faoin aois mar a bheadh seanduine ann go fóill.

Seasaigh
Is maith a rinne tú ceart a sheasamh do do mhuintir féin, i.e. is maith a rinne tú a ghabháil i leith do mhuintire, do mhuintir a chosaint.

Seasóidh Mánas a chuid féin orthu, i.e. ní ligfidh Mánas a dhath dá cheart féin leo.

Ní sheasaíonn an bainne i bhfad leis an teas seo, i.e. is gairid a bhíos an bainne ag éirí géar leis an teas seo.

Caithfidh tú seasamh do do mhargadh, i.e. caithfidh tú an margadh a rinne tú a chomhlíonadh.

Seasta
Dá dtéadh ag Niall an post sin a fháil bheadh sé seasta, i.e. bheadh dóigh mhaith feasta air.

Tá Dónall agus Nuala seasta anois. Tá an chlann uilig ag obair acu, i.e. tá siad i gceart anois. Ní bheidh anás feasta orthu.

'Dúirt Aoidín go dtiocfadh sé a dh'amharc ort.' 'Muise, beidh mé seasta!' i.e. déanfaidh sin maith mhór domh!

Séibe
Bhí gnoithe agam le Dónall agus shíl mé go gcaithfinn a ghabháil suas chun tí aige ach casadh orm i mbéal na séibe inné é, i.e. go tobann nuair nach raibh mé ag dúil leis.

Séid
Shéid an rás ag na gasúraí, i.e. thoisigh siad a rith go tiubh.

D'imigh Eoghan amach agus shéid air ag obair, i.e. d'imigh sé amach agus thoisigh a dh'obair go díbhirceach.

Shéid an bheirt ar a chéile, i.e. thoisigh an bheirt a throid le chéile, ag tabhairt masla cainte dá chéile, etc.

Seol[1]
Bhí Micheál ar an tseol chasta le gabháil go Meiriceá go dtí go bhfuair sé a athrach de chomhairle, i.e. bhí a intinn déanta suas aige go rachadh sé agus fonn air a ghabháil go dtí sin.

Seol[2]
Cad é a sheol an bealach seo iad? i.e. cad chuige a dtáinig siad an bealach seo?

Siamsa
Níl siamsa ar bith san fhear sin, i.e. níl caint nó ceol nó cuideachta nó cineál ar bith caitheamh aimsire ann.

Siar
Brúigh siar an doras, i.e. brúigh an chomhla isteach in aice an bhalla ar a chúl.

Suigh siar ón tine, i.e. suigh amach ón tine.

Caith siar an deoch, i.e. ól suas an deoch.

D'fhág sé siar a raibh sa ghloine, i.e. d'ól sé a raibh sa ghloine.

Sin rud nach bhfeiceann tú go dtara siar aniar agus bata leis, i.e. sin rud nach bhfeiceann tú choíche.

Sibh
Cluinim nach bhfuil ann ach sibh, i.e. go bhfuil sibh chomh mór le chéile agus go bhfuiltear ag caint oraibh dá thairbhe sin.

Sifín
'Bhainfeadh sifín cocháin braon fola as.' Déarfaí sin fá dhuine a bheadh iontach dearg san aghaidh.

Sil
Ar shil tú na prátaí? i.e. ar bhain tú an t-uisce as pota na bprátaí?

Tá a gcuid droch-chroí ag sileadh orthu anois, i.e. an t-olc a rinne siad san am a chuaigh thart, tá sé ag gabháil ina n-éadan anois — tá siad ag díol ar a shon anois.

Ghortaigh mé mo mhéar agus tá eagla orm go bhfuil sé ag deanamh silidh, i.e. tá eagla orm go bhfuil stuif shalach ag cruinniú faoin chraiceann san áit inar gortaíodh mé.

Síl
Is beag a shíl mé go bhfeicfinn thusa anseo, i.e. ní tháinig an smaointiú i mo cheann ar chor ar bith go bhfeicfinn anseo thú.

Ná síl chugat féin go bhfaighidh tú cead sin a dhéanamh, i.e. ná lig duit féin a shílstean nó a chreidbheáil go bhfaighidh tú cead sin a dhéanamh.

Cé a shílfeadh sin do Shéamas! i.e. cé a smaointeodh go ndéanfadh Séamas a leithéid sin!

Sin
Ní raibh de sin ach sin, i.e. chuir sin (an méid a d'inis mé) deireadh leis an chuid sin den scéal.

Sín
Sín an tslat orthu, i.e. buail leis an tslat iad.

Sín chugam an leabhar sin, i.e. tabhair an leabhar sin a fhad liom agus tabhair domh é.

Shín an rás ag na gasúraí, i.e. d'imigh na gasúraí ina rith.

Sín leat, i.e. imigh leat go gasta.

Tá an lá ag síneadh, i.e. tá an lá ag éirí fada.

Sioc[1]
Ní lú orm an sioc ná an obair seo, i.e. níl a dhath is mó a bhfuil fuath agam air ná an obair seo.

Sioc[2]
Shioc an sú, i.e. d'éirigh an sú chomh ramhar is go ngearrfá le scian é.

Tá mé sioctha leis an fhuacht, i.e. níl mé ábalta bogadh, tá mé chomh fuar sin.

Bhí siad sioctha leis na gáirí, i.e. ní raibh siad ábalta bogadh leis na gáirí.

Siocair
Tá an t-athair tinn agus, ar an tsiocair sin, ní dóiche go dtig Seán anocht, i.e. is dóiche nach dtig Seán cionn is go bhfuil an t-athair tinn.

Ní thiocfadh Donnchadh isteach ar siocair an sagart a bheith istigh, i.e. ní thiocfadh Donnchadh isteach cionn is go raibh an sagart istigh.

Siocán
Oíche shiocáin, i.e. oíche a mbíonn sioc ann. (Deirtear 'lá siocáin', 'aimsir shiocáin', etc.)

Síon
Tá síon mór leis an fhearthainn sin, i.e. tá gaoth thréan ag tiomáint na fearthainne roimpi.

Bhí mise i mo shuí ar thaobh an tsín den charr, i.e. ar an taobh a gcaithfeadh m'aghaidh a bheith leis an tsíon.

Tháinig Niall chun an bhaile oíche na seacht síon, i.e. oíche gharbh dhoineanta a bhí ann an oíche a tháinig Niall chun an bhaile.

Sioparnach
Mharaigh an cat cuid de na héanacha agus fuair cuid eile acu bás. Chuaigh siad chun sioparnaí glan orm, i.e. chuaigh siad gan dóigh, ó mhaith, orm.

Lig Mánas a ghnoithe chun sioparnaí, i.e. lig sé dó éirí sa dóigh nach raibh maith ar bith ann nó dea-thoradh ar bith air.

Síor
Nach raibh mise á shíor-rá sin leat? i.e. nach raibh mise i gcónaí á rá sin leat?

Siorradh
Tá siorradh fuar isteach ar an doras sin, i.e. tá tarraingt fhuar ghaoithe sa doras sin.

Síor-rothaí
Níl maith in Aodh ag obair. Níor éirigh a dhath riamh leis agus ní éireodh dá mbeadh dhá thaobh na síor-rothaí faoi, i.e. dá mba leis an saol mór.

Síos
Bhí Dónall agus Nóra le pósadh ach tá sin síos agus suas anois, i.e. tá deireadh leis sin anois. Ní phósfar iad.

Chuir an fhearthainn an obair síos agus suas orainn i.e. d'fhág an fhearthainn an obair gan déanamh againn.

Níor mhothaigh mé aon duine riamh ag cur síos gadaíochta do Dhiarmaid, i.e. níor mhothaigh mé aon duine á rá go dearn sé gadaíocht.

Síothlaigh
Nach mór a shíothlaigh an aimsir! i.e. nach mór a shocair sí!

Shíothlaigh an duine bocht, i.e. tháinig suaimhneas an bháis air.

Ná gabh a chaint leo go síothlaí tú, i.e. ná gabh a chaint leo go n-imí an fhearg díot, go n-éirí d'intinn níos suaimhní.

Sitheadh
Thug Micheál sitheadh síos fá na beanna, i.e. d'imigh sé go tobann fá shiúl ghéar, nó ina rith, síos fá na beanna.

Siúil
Shiúil an sagart úr na tithe uilig, i.e. thug sé cuairt ar achan teach.

Ar shiúil tú ar na prátaí uilig, ar an mhóin uilig, etc? i.e. an obair a bhí le déanamh leis na prátaí, leis an mhóin, etc., an dearn tú le hiomlán na bprátaí, na móna, í?

Fear siúlta an bhealaigh, i.e. fear a bheadh ag gabháil thart ó áit go háit. Fear bocht, cuir i gcás.

Siúl
Cad é an siúl atá fút anois? i.e. cá bhfuil tú ag gabháil anois nó cad é an gnoithe atá agat?

Is iomaí áit a mbíonn mo shiúlsa, i.e. is iomaí áit a mbíonn gnoithe agamsa a ghabháil ann.

Chonaic mé Pádraig ag gabháil siar fá shiúl ghéar, i.e. chonaic mé Pádraig ag siúl siar go gasta.

Bhí an carr ag cruinniú siúil ag gabháil síos an mhala dó, i.e. bhí an siúl ag géarú, ag éirí ní ba ghaiste de réir a chéile aige.

Chuireamar amach cupla rámha eile ag brath tuilleadh siúil a bhaint as an bhád, i.e. ag brath an bád a chur chun tosaigh ní ba ghaiste.

Chúlaigh Séamas ag brath an siúl a bhaint den bhád, i.e. ag brath stad a chur ar an bhád.

Dá bhfeicfeá an siúl a bhí leis an bhád mhór! i.e. dá bhfeicfeá chomh gasta agus a bhí an bád mór ag gabháil!

Tá an bád eile ag cailleadh siúil, i.e. tá sí ag éirí níos fadálaí.

Sladchonradh
Tá sladchonradh ansin agat, i.e. tá conradh mór ansin agat. Tá tú á fháil go saor.

Sláinte
Cad é mar atá tú ag fáil na sláinte? i.e. cad é an cineál sláinte atá agat?

'Crann do shláinte leat,' a deirtear le duine a ghní gníomh maith.

Slán
'Slán codlata agaibh,' a deir duine le muintir an tí a bhíos sé a fhágáil in am luí.

Rachaidh mé siar Dé Domhnaigh, slán a bheas mé, i.e. rachaidh mé má bhím beo, slán.

'Slán gach samhail,' a deirtear nuair a thráchtar ar dhuine a mbíonn anchuma nó míghnaoi air.

Slat
Slat an cheannaí, i.e. slat iomlán de reir tomhais.

Bhí sé ina luí ar shlat a dhroma, i.e. bhí sé ina luí sínte ar chúl a chinn.

Thit sé ar shlat chúl a chinn, i.e. thit sé siar díreach ar lorg a chúil.

Sliocht
Fuair Dónall a chuid go maith nuair a bhí sé ag éirí aníos agus tá a shliocht air anois. Ta sé ina fhear bhreá láidir, i.e. tá sé le haithne air go bhfuair sé a chuid go maith.

Níor chuir siad mórán fáilte romham agus beidh a shliocht orm. Ní rachaidh mé dá gcóir arís, i.e. beidh sé le haithne orm nár chuir siad mórán fáilte romham.

Sliomach
Is fiú dósan a bheith ag caint, an sliomach cáidheach! i.e. cad chuige a bhfuil seisean ag caint? Ar ndóigh, níl spiorad nó fearúlacht ar bith ann!

Sliopach
Tá sliopach ar mo lámha leis an fhuacht, i.e. tá mo lámha chomh fuar sin agus nach bhfuil mothú ar bith iontu.

Slis
Fuair sé iasacht airgid ó Bhrian agus má theannann Brian na slisneacha air beidh sé san anás, i.e. má théid Brian a dh'iarraidh an airgid air nó a thabhairt air é a thabhairt ar ais.

Slisbhuille
Buille nach dtitfeadh a throm uilig san áit amháin ach a thiocfadh anuas, cuir i gcás, ar thaobh an leicinn ar dhuine agus a stróicfeadh an leiceann roimhe.

Slogach
Níl ann ach slogach de dhuine, i.e. níl ann ach duine santach ar mhaith leis achan ollmhaitheas a bheith aige féin.

Slogóg
Bhain sé slogóg bhreá as an bhuidéal, i.e. d'ól sé cupla bolgam maith mór as.

Sloinne
Cá shloinne thú? i.e. cad é an sloinne atá ort?

Fear do shloinne, i.e. fear ar bith arb ionann sloinne dó féin agus duitse.

Slúiste
'Éirigh amach as sin, a shlúiste!'

Déarfaí sin le duine nó le madadh a bheadh ina luí thart go falsa.

Smailc
Bhain sé achan smailc as an phíopa, i.e. achan lán mór béil toite.

Smailleac
Bhuail tú smailleac cheart air, i.e. bhuail tú buille breá trom air.

Smeach
Níl smeach ann, i.e. níl bogadh ar bith ann. Tá sé marbh.

Rug an madadh ar an chearc agus níor fhág sé smeach ar bith inti, i.e. mharaigh sé glan í.

Smeacharnach
Labhair sé liom fríd smeacharnaigh, i.e. bhí gach dara focal agus gach dara hosna chaointe aige agus é ag caint.

Smíochtáil
Shéid an smíochtáil acu, i.e. thosaigh an bualadh acu ar a chéile.

Smionagar
Thit an cupa agus rinneadh smionagar de, i.e. rinneadh giotaí beaga de.

Smior chailleach
'An dtug siad an t-airgead daoibh go fóill?' 'Thug, ach bhí an smior chailleach bainte as sula bhfuaireamar é,' i.e. choinnigh siad uainn a fhad é agus nach raibh sult ar bith dúinn ann nuair a fuaireamar é.

Thug Micheál an páipéar nuaíochta domh ach bhain sé an smior chailleach as an chéad uair, i.e. choinnigh sé riamh é go dtí go raibh deireadh a raibh air léite aige féin agus an páipéar ag titim as a chéile.

Smolchaite
Tá an chulaith sin smolchaite agat cheana féin, i.e. tá sí leathchaite agus an bláth di cheana féin agat.

Smúit
Bhí smúit inteacht ar Mhánas, i.e. rud inteacht ag cur gruaime air.

Smut
Cad é an smut atá anois ort? i.e. cad é is ciall don chuma mhíshásta atá ort anois?

Tá sé sin faoi smut ar fad, i.e. ní bhíonn aoibh mhaith in am ar bith air.

Snag
Tháinig snag beag agus bhain mé an baile amach, i.e. d'ísligh an ghaoth agus d'imigh mé chun an bhaile sula dtéadh sé a chur air arís.

Snagarnach
Cad é an snagarnach atá ort? i.e. cad é an monamar nó an leathchaint atá tú a dhéanamh? Cad chuige nach n-abrann tú amach go breá fearúil cibé atá le rá agat?

Snaidhm
Is furasta an corda a scaoileadh. Chan snaidhm chrua a chuir mé air ach snaidhm reatha, i.e. snaidhm nach mbeadh le déanamh ach ceann an chorda a tharraingt lena scaoileadh.

Snaidhm na péiste, i.e. ortha a dhéanfaí le corda os cionn gamhna a mbeadh pianta ann.

Shnaidhm siad iad féin ina chéile le tréan lúcháire, i.e. bheir siad ar a chéile agus theann iad féin le chéile.

Snáith
Is mairg gan sórt inteacht anlainn againn a shnáithfimis leis na prátaí seo, i.e. anlann a d'íosfaimis i gcuideachta na bprátaí le blas a chur orthu.

'Bhí míshásamh mór ar Dhónall cionn is nach deachaigh tú a chuidiú leis inné.' 'Dheamhan a miste liom. Snáitheadh sé sin leis an lá a dhiúltaigh sé iasacht na seisrí a thabhairt domh,' i.e. bíodh sin aige ar son iasacht na seisrí a dhiúltú domh.

Snáithe
Ní raibh snáithe ar an duine bhocht, i.e. bhí drochéadach air — fíor-dhrochéadach.

Snámh
An bhfuil snámh agat? i.e. an dtig leat snámh?

Tá scoth snámha ag Fearghal, i.e. tá Fearghal fíormhaith ag snámh.

An bhfuil an bád amuigh ar an tsnámh? i.e. ar dhoimhneacht chomh mór agus go bhfuil sí ag snámh.

Tá an seanteach sin ar snámh le ciaróga, le luchóga, etc. i.e. tá a oiread ciaróg, luchóg, etc. sa tseanteach sin agus go sílfeá go bhfuil sé beo — go bhfuil sé leis na ciaróga nó leis na luchóga ar a ndroim.

Snas
Tá snas an Bhéarla ar an Ghaeilge atá aige sin, i.e. an cineál Gaeilge atá aige, bhéarfadh sí an Béarla i do cheann.

Níl coir ar an Ghaeilge atá aige ach, ina dhiaidh sin, tá snas beag uirthi, i.e. tá Gaeilge mheasartha aige ach, mar sin féin, tá blas beag mínádúrtha uirthi.

Snáthadh
Bhí snáthadh breá ólta acu, i.e. bhí braon maith ólta acu.

Sneachta
Tá fuacht sneachta air, i.e. tá an aimsir chomh fuar agus go bhféadfadh sneachta a theacht in am ar bith.

Níorbh iontaí liom an sneachta dearg ná thú a fheiceáil ansiúd, i.e. chuir sé iontas orm thú a fheiceáil ansiúd — a oiread iontais agus dá bhfeicinn sneachta dearg.

Snua
Tá Peadar ag cruinniú snua ó fuair sé an t-airgead, i.e. ag bisiú ina ghné agus ina chuid éadaigh.

Só
'Níor mhó an só ná an t-anró,' a déarfaí fá athrach ar bith neamhshochrach a dhéanfadh duine.

Tá Liam ag brath an talamh a dhíol agus a ghabháil a chónaí ag an mhac ach b'fhéidir nár mhó an só ná an t-anró, i.e. b'fhéidir go bhfuil sé lán chomh maith mar atá sé — go bhfuil a oiread só anois aige agus a bheadh aige agus é ina chónaí ag an mhac.

Soc
Tá soc confach ar Mhicheál, i.e. cuma ghéar fhrisnéiseach ar a aghaidh.

Sochar
Chuaigh an t-athrach ar sochar do Phádraig, i.e. rinne an t-athrach maith do Phádraig.

Sin an rud is mó a rachas ar sochar duit, i.e. sin an rud is mó a dhéanfas maith duit.

Sócúl
Níl mórán sócúil ag an duine bhocht, i.e. mórán só nó pléisiúir.

'Nach ort atá an sócúl de dhíth!' Déarfaí sin le duine nach mbeadh anás ar bith air agus a bheadh ag iarraidh seo nó siúd le tuilleadh só a thabhairt dó féin.

Soghluaiste
B'fhurasta teach a dhéanamh san áit sin. Tá na clocha soghluaiste ann, i.e. le fáil de chóir baile gan mórán trioblóide.

Soghníomh
Tá teach agus áit bhreá ag muintir Chonaill. Tá soghníomh mór

déanta acu, i.e. tá obair mhaith mhór déanta acu á mbisiú féin sa tsaol.

Soiprigh
Chuir mé an gasúr a luí agus shoiprigh sé é féin isteach san éadach, i.e. tharraing sé an t-éadach leapa fá dtaobh de féin agus chuach é féin ann mar gheall ar a bheith seascair te.

Solas
Beidh tú sa bhaile ar sholas lae, i.e. sula dtige an oíche.

Tá Proinsias ag amharc ina sholas féin, i.e. mar mhaithe leis féin atá Proinsias ag caint nó ag obair.

Ní rachaidh mé chun na háite sin le mo sholas, i.e. ní rachaidh mé ann a fhad agus a bheas mé beo.

Chonaic mé ag teacht iad ag gabháil ó sholas dó, i.e. nuair a bhí an oíche ag toiseacht a thitim.

Déan deifre sula dté sé a chailleadh an tsolais, i.e. sula dtoisí an oíche a thitim.

Bhí an teach ar bharr amháin solais, i.e. fá sholas uilig.

Sona
Níl sé sona baint do dhuine bhocht, i.e. an té a ghní magadh nó éagóir ar dhuine bhocht, ní bhíonn ádh air.

Fuair mé crú beathaigh ar an bhealach mhór inniu. Deirtear go bhfuil sin sona.

Sonas
Ná bíodh sé de shonas nó de dhonas ort sin a dhéanamh arís, i.e. ná déan sin arís, gabhadh sé ar sochar duit nó gabhadh sé ar dochar duit.

Sonraigh
Nach sonrófá ar na daoine é? i.e. nach n-aithneofá ar a chuid daoine muinteartha é?

Níor chuir mé suim nó sonrú iontu, i.e. níor chuir mé suim ar bith dá laghad iontu.

Nach sonrófá fríd chruinniú é? i.e. nach dtabharfá fá dear thar na daoine eile a bheadh i gcruinniú é?

Sonraíoch
Tá sé sonraíoch, i.e. aisteach, iontach.

Sop
'Sin an sop a raibh an t-iasc ann.' Déarfadh duine sin, cuir i gcás, nuair a thógfadh sé páipéar folamh a raibh milseán ann roimh ré.

Sotal
'A leithéid de shotal!' nó 'bí ag caint ar shotal!' a déarfaí le duine a bhéarfadh anordú uaidh — duine, cuir i gcás, a d'ordódh do dhuine eile an obair a dhéanamh ba cheart dó féin a dhéanamh.

Spadar
Ná cuir an spadar sin ar an tine ar chor ar bith, i.e. an mhóin fhliuch sin.

Spairn
Ní raibh maith do Pheadar a ghabháil chun spairne le Séamas, i.e. a ghabháil i gcoraíocht nó i ndíospóireacht leis.

Spalp
Muise, ní chreidfinn é dá spalpadh sé an leabhar, i.e. dá dtugadh sé mionna an leabhair, dá bpógadh sé an leabhar (an Bíobla).

Spalpadh
Lean Eoghan na gasúraí ach d'imigh siad de spalpthacha reatha air, i.e. d'imigh siad ina rith go gasta agus d'fhág siad i bhfad ina ndiaidh é.

Spéir
Tá Mánas ar shiúl agus a cheann sa spéir aige, i.e. tá sé ar shiúl go ceannard bródúil.

Tá dea-spéir os cionn an stócaigh sin, i.e. tá cuma mhaith shoineanta air. Tá rud inteacht maith fá dtaobh de.

Spéis
Níl spéis ar bith agam sa damhsa, i.e. níl dúil ar bith agam ann.

Thug Seán spéis mhór don áit seo, i.e. thaitin an áit seo go mór leis.

Tabhair leat an leabhar eile más inti atá do spéis, i.e. más í is fearr leat.

Spíd
Fear modhúil Ruairí. Ní bhfuair sé spíd ar aon duine riamh, i.e. níor cháin sé agus ní dhearn sé cúlchaint ar aon duine riamh.

Spidireacht
'Cad é a bhí tú a dhéanamh inniu, a Shéamais?' 'Ó, dheamhan a raibh mé a dhéanamh ach ag spidireacht fán teach. Thug mé anuas cupla cliabh móna ón chaorán agus thug mé cupla stópa uisce aníos as tobar an chladaigh, agus sin a dearn mé.'

Spíodóireacht
Rinneadh spíodóireacht ar na stócaigh agus ach go bé sin ní bheadh a fhios ag na saighdiúirí choíche cá háit a raibh siad, i.e. ach go bé gur inis fealltóir inteacht do na saighdiúirí cá raibh siad.

Splaideog
Níl splaideog aige sin, i.e. níl ciall ar bith aige.

Bíodh trí splaideog chéille agat, i.e. bíodh rud beag féin céille agat.

'An bhfuil an tine as?' 'Tá, leoga. Níl splaideog inti,' i.e. tá sí marbh.

Splanc
D'imigh sé mar a bheadh splanc shoilse ann, i.e. mar a d'imeodh splanc de thine na spéire.

Titidh cuid mhór de na splancacha san fharraige, i.e. ar an fharraige a tharraingíos cuid mhór de thine na spéire.

Spléachadh
Thug sé spléachadh thart ar an áit, i.e. thug sé amharc gasta thart uirthi.

Spleota
É féin agus a spleota talaimh! i.e. é féin agus a ghiota beag de thalamh gan mhaith!

Spraic
Níl a fhios agam cén fear é ach chuir sé spraic orm, i.e. labhair sé liom, chuir sé forrán orm.

Sprais
Déanfaidh sé sprais roimh i bhfad, i.e. cuirfidh sé go trom.

Spreag
Ba é Dia a spreag thú gan a ghabháil chun na farraige inniu, i.e. ba é Dia a chuir i do cheann é. Ba é a bhí leat nach deachaigh tú.

Spré
Spré orthu! i.e. drochrud go dtara orthu.

Spré ort nár dhúirt sin leo! i.e. ní raibh maith ionat nuair nár dhúirt tú sin leo.

Spriolladh
Cad é an spriolladh atá i bPádraig! i.e. cad é chomh fearúil cuidiúil leis!

Níl spriolladh ar bith san fhear eile, i.e. níl féile nó fearúlacht ar bith ann.

Sracadh
Tá sracadh sa ghasúr sin, i.e. tá spiorad ann. Tá miotal ann.

Tá sracaí saoithiúla i nDonnchadh, i.e. ghní Donnchadh rudaí iontacha corruair, rudaí nach mbeifí ag dúil leo.

Srathnaigh
Shrathnaigh sé é féin trasna chladach na tine, i.e. shín sé é féin

amach os coinne na tine.

Is leor don mhóin sin mar atá sí ag dó agus nach dearn mé ach í a thógáil as an tsrathnú, i.e. í a thógáil as an áit ina raibh sí ar triomú ina sraitheanna.

Sréamlóg
Tá sréamlóga dubha sna prátaí sin, i.e. treallanna nó stríocacha dubha.

Níl dúil agam sna sréamlóga geala atá sa spéir, i.e. na scamaill fhada gheala sin.

Srón
'Gaosán' is minice a deirtear i dTír Chonaill ach deirtear 'thit sé ar a bhéal agus ar a shrón'.

Bhéarfaidh do shrón féin comhairle go fóill duit, i.e. má leanann tú de do dhóigh féin múinfidh sí go fóill thú.

Stá
Má chaitheann tú do chulaith úr achan lá ní bheidh sé i bhfad go mbeidh sí as stá agat, i.e. ní bheidh i bhfad go mbí an snua caillte aici.

Stáca
D'iarr d'athair ort an obair sin a dhéanamh ach ní hí atá ar do stáca, i.e. ní ar an obair ach ar rud inteacht eile atá tú ag smaointiú.

Stáid
D'fhág an madadh stáid fola ar an bhealach mhór áit a dtáinig roth an chairr air, i.e. d'fhág sé lorg fola ar an bhealach mhór an áit ina raibh sé ina rith i ndiaidh an roth a theacht air.

Staidéar
Níl staidéar ar bith sa bhuachaill sin, i.e. ní thig leis a intinn a choinneáil ar obair ar bith.

Stair
Bíonn Tadhg i gcónaí ag tabhairt startha ar dhaoine, i.e. ag fáil spíde ar dhaoine, ag tabhairt leasainmneacha orthu, ag magadh orthu.

Stálaíocht
Má théid tú chun stálaíochta le Niall beidh sé chomh righin leat féin, i.e. má fhéachann tú le bua a fháil air le tréan righnis.

Stán
Cad é an stánadh atá agat orm? i.e. cad chuige a bhfuil tú ag amharc chomh géar sin orm?

Stán sé idir an dá shúil orm. Sílim gur ag iarraidh mé a aithne a bhí sé.

Stangadh
Baineadh stangadh as Séamas nuair a casadh air mé, i.e. fágadh ina sheasamh le tréan iontais é.

Stangaire
Rinneadh stangaire díom nuair a chonaic mé ag teacht isteach iad, i.e. fágadh gan focal mé le tréan iontais.

Steall
Bhí steall mhaith ólta acu, i.e. braon maith mór.

Tá steall mhór tráite aige, i.e. tá an lán mara síos go maith ó bhí sé barr láin.

Stealladh
Bhí Liam ar steallaí meisce aréir, i.e. ar meisce amach is amach. (Deirtear 'ar steallaí mire' fosta.)

D'imigh an beathach ar steallaí cos in airde, i.e. chomh tiubh agus a tháinig leis.

Stiall
Is réidh stiall de chraiceann fir eile agat, i.e. is furasta duit a rá go ndéanfar siúd nó seo nuair atá tú á fhágáil le déanamh ag duine inteacht eile.

Stioc
Níl stioc san fharraige inniu, i.e. tá sí iontach ciúin.

Stiúir
Is doiligh stiúir a chur ar scaifte aosa óig, i.e. is doiligh scaifte de dhaoine óga a choinneáil faoi smacht.

Níl stiúir ar bith ag Seán air féin, i.e. cailleann sé a chiall nuair a thig fearg, etc. air.

Stiúradh
Thug Micheál stiúradh maith tirim don bhád, i.e stiúir sé í sa dóigh nár thóg sí uisce ar bith — nach dtáinig uisce ar bith ar bord.

Stoca
Nuair a bhítear ag déanamh stocaí fada tógtar an béal — cuirtear lúba béil na stocaí ar na dealgáin — ar tús agus ghnítear an 'béal beag' — an chuid den stoca fána bhéal nach ionann cineál lúbach di agus don chuid eile. Ina dhiaidh sin, ghnítear a oiread den stoca agus a chumhdós meall na coise agus ghnítear a íochtar sin a chúngú. 'Druid an mhill' a bheirtear ar an chúngú sin. Ghnítear ina dhiaidh sin an méid den stoca a bhíos ar chúl sháil na coise agus faoin tsáil. 'An preabán' a bheirtear air sin. Nuair a bhíos an preabán déanta ghnítear an chuid a bhíos thart ar an chois fán mhurnán, 'an giallfach' mar a bheirtear uirthi. 'An bhróg' a bheirtear ar an chuid eile di.

Stocaireacht
Chuaigh sé a stocaireacht chun na bainise, i.e. chuaigh sé chun na bainise gan chuireadh.

Stodach
Nach é Peadar atá stodach! i.e. nach beag caoithiúlacht nó lácht atá ann.

Stolptha
Tá an brachán sin iontach stolptha, i.e. tá sé róramhar. Tá barraíocht mine air.

Strabhas
Tá strabhas uirthi ar fad, i.e. tá cuma smutúil stuacach mhíshásta ar fad uirthi.

Straibhéiseach
Cailín straibhéiseach Méabha, i.e. cailín a bhfuil dúil mhór in éide ghalánta aici.

Straiméad
Bhuail Dónall straiméad ar an mhadadh, i.e. bhuail sé buille garbh aingiallta air.

Strambán
'Tá an traein mall anocht'. 'Ó, ba mhinic léi sin strambán a dhéanamh de,' i.e. ní rud annamh ar bith sin aici a bheith righin fadálach ar an bhealach.

Streachailt
'Nach maith a bhisigh siad sa tsaol!' 'Is maith. Rinne siad streachailt mhór,' i.e. rinne siad obair mhaith agus gan gléas rómhaith acu.

'Cad é mar atá tú ag déanamh gnoithe?' 'Ó, ag streachailt leis an tsaol agus an saol ag streachailt liom,' i.e. ag déanamh mo dhíchill agus é de dhíth orm mo dhícheall a dhéanamh.

Striongán
Buail suas striongán ar an fhidil, i.e. seinn suas port inteacht.

Stuaic
Chuir Donaidín stuaic air féin ag gabháil thart le mo thaobh, i.e. chor sé a cheann i leataobh ar eagla go gcaithfeadh sé labhairt liom.

Suaimhneas
Siúil ar do shuaimhneas, i.e. siúil go réidh. Ná bíodh a leithéid de dheifre ort.

Dhéanfadh Eoghan sin ar a shuaimhneas, i.e. dhéanfadh sé sin gan braodar ar bith a chur air féin.

Glac do shuaimhneas, i.e. glac an obair go réidh.

Is mór an gar an suaimhneas, i.e. is maith an rud daoine a bheith ag teacht le chéile i gceart agus gan iaróg ar bith a bheith eatarthu.

Mar gheall ar an tsuaimhneas a rinne mé sin, i.e. rinne mé sin ar eagla go mbeadh bruíon ann mura ndéanainn é.

Suaithní

Tá sin suaithní! i.e. tá sé iontach go deo!

Suaithníocht

Tá suaithníocht ar an teas atá ann, ar an fhuacht atá ann, nó ar rud ar bith eile, i.e. tá teas iontach ann, tá fuacht iontach ann, etc.

Suán glacach

'Fágaigí uaibh sin agus ná déanaigí suán glacach de.' Ball éadaigh nó leabhar nó rud ar bith a ndéanfadh barraíocht láimhdeachais é a mhilleadh, déarfaí sin leis na daoine a bheadh ag gabháil dó.

Suas

Cuir suas port, i.e. seinn port.

Chaith Máire goid na móna suas leo, i.e. mar gheall ar náire a chur orthu, chuimhnigh Máire dóibh gur ghoid (nó gur dúradh gur ghoid) siad an mhóin.

Is doiligh cur suas le Donnchadh, i.e. is doiligh gan titim amach leis.

D'iarr Brian orm a ghabháil isteach agus bhí leisc orm cur suas dó, i.e. bhí leisc orm a rá nach rachainn.

Suigh

Shuigh Pádraig an talamh le Mánas, i.e. thug sé an talamh do Mhánas ar cíos.

B'fhéidir go suífeadh sé an teach leatsa, i.e. b'fhéidir go dtabharfadh sé an teach duitse ar cíos.

Tá teach eile le suí, i.e. tá teach eile le fáil ar cíos.

Lig siad an bád ar an tanalacht agus shuigh sí, i.e. bhuail íochtar an bháid tóin na farraige agus ní bhogfadh sí.

Bhí a fhios ag an cheannaí go gcaithfeadh an duine bocht an bhó a dhíol agus shuigh sé ina bhun, i.e. ní thabharfadh an ceannaí luach ceart na bó don duine bhocht nó bhí a fhios aige go raibh an t-airgead de dhíth air agus go gcaithfeadh sé í a dhíol faoina luach féin.

'Cad é a bhain Tarlach amach as sibh a thabhairt chun an bhaile ar an charr?' 'Bhain sé amach barraíocht ach bhí a fhios aige go gcaithfimis a ghabháil leis agus shuigh sé inár mbun.'

Tá Proinsias ina shuí go te, i.e. tá neart de mhaoin an tsaoil aige.

Is doiligh suí gan locht a fháil, i.e. is doiligh feirm, teach, posta, nó rud ar bith a fháil nach bhfuil locht air.

Is é mo bharúil féin go bhfuil sé ina shuí ar dhoineann, i.e. is é mo bharúil go bhfuil achan chosúlacht drochaimsire air.

Bhí siad ina suí ar oíche a dhéanamh de, i.e. bhí sé socair ina n-intinn acu oíche mhór ghrinn, oíche mhór dhíospóireachta, oíche mhór dhíomúinte nó oíche mhór de chineál ar bith a dhéanamh de.

Súiche

Ná habair sin nó beidh an súiche sa phota, i.e. beifear míshásta má deir tú sin.

Bhí Séamas go maith domh fríd an tsúiche, i.e. fríd an iaróg uilig.

Súil

An bhfeiceann tú chomh críonna agus atá Micheál? Nár chóir go ndéanfadh sé do shúile duit, i.e. nár chóir go dtuigfeá gur cheart duit féin a bheith chomh críonna leis?

Níl iontas ar bith do Phádraig an deoir a bheith ar an tsúil aige, i.e. níl iontas dó a bheith i riocht a ghabháil a chaoineadh.

Bhí a dhá súil sáite ionat, i.e. níor stad sí ach ag amharc ort ar fad.

Bhí an sneachta ag baint na súl asam, i.e. ag gabháil isteach i mo shúile agus do mo dhalladh.

Coinnigh súil ghéar ar an ógánach sin, i.e. coimhéad go maith é.

Thug mé thart ruball mo shúile, i.e. d'amharc mé thart gan mo cheann a choradh.

Níor thit mo shúile ar a chéile aréir, i.e. níor dhruid mé mo shúile, níor chodail mé néal ar bith.

Líon sé an gloine amach ar an tsúil, i.e. chuir sé a oiread sa ghloine agus go raibh sé ag cur thairis.

Ní aithneodh súil dá deachaigh i gcloigeann gur tú a bhí ann nuair a bhí an t-éide udaí ort, i.e. ní aithneodh duine ar bith thú.

Ní fhaca mé a leithéid ó d'fhoscail Dia mo dhá shúil, i.e. ní fhaca mé a leithéid riamh.

Bhí fá shúil agam sin a dhéanamh, i.e. bhí rún agam, bhí mé ag brath, sin a dhéanamh.

Níor smaointigh mé air sin riamh gur chuir tusa ar mo shúile domh é, i.e. gur thrácht tusa liom air, nó go dtug tú orm suim a chur ann.

Dá bhfeicfeá chomh cóirithe agus a bhí Sorcha inné! Chan de shúil shalach ba chóir do dhuine amharc uirthi, i.e. b'fhiú do dhuine lán a dhá shúl a bhaint aisti.

Nach mór mise i do shúile! i.e. nach géar an coimhéad atá tú a dhéanamh ormsa!

Ba mhó do shúil ná do bholg, i.e. shíl tú nach raibh tú ag fáil do sháith le hithe ach ní tháinig leat an méid a fuair tú a ithe.

'Bhéarfadh sé a shúile don dall,' a déarfaí le rud ar bith a bheadh iontach maiseach le hamharc air.

Suim

Rud ar bith nó duine ar bith nach fiú mórán, deirtear gur beag an tsuim é.

Ní fiú a bheith ag caint ar rud chomh beag de shuim leis sin, i.e. ní fiú a bheith ag caint ar rud chomh neamhshuimiúil leis.

Duine gan suim é sin, i.e. duine nach fiú mórán.

Súimín

Bhain mé súimín as an ghloine, i.e. bhain mé bolgam beag bídeach as.

Sult

Ní bhfuair mé mo chuid a dhéanamh fá shult le dhá lá, i.e. ní bhfuair mé faill nó suaimhneas mo chuid bia a ithe mar ba cheart le dhá lá.

Ní thug siad an t-airgead domh gur bhain siad a shult as, i.e. bhí siad chomh fadálach á thabhairt domh, nó rinne siad a oiread cainte fá dtaobh de, agus nach raibh pléisiúr ar bith domh é a fháil.

Bhí an aimsir olc agus níor bhain mé sult ar bith as na laetha saoire, i.e. ní bhfuair mé pléisiúr ar bith astu.

T

Tá

Sin mar atá anois, i.e. an dóigh a bhfuil an scéal ina shuí.

'Cad é tá ar Bhrian nach bhfuil sé ag cuidiú leat?' 'Tá, an fhalsacht,' i.e. is é an rud seo atá air, an fhalsacht.

Tá leat an iarraidh seo, i.e. an rud a bhí tú ag iarraidh a dhéanamh nó a fháil, tá sé déanta nó faighte anois agat.

Tabhaigh
Bhí dea-chlú ar Mhánas riamh agus má bhí féin thabhaigh sé í, i.e. thuill sé í. Ba cheart dea-chlú a thabhairt dó.

Do chuid righnis féin a thabhaigh sin duit, i.e. ní éireodh sin duit ach go bé gur lean tú go rórighin de do chomhairle féin.

Tabhair
Thug Micheál a chreach nach raibh sé sa bhaile, i.e. dúirt sé gurb é a chreach nach raibh sé sa bhaile — gur mhór an trua gan é sa bhaile.

Bhéarfainn mionna an leabhair gur tú a rinne sin, i.e. mhionnóinn ar an leabhar gur tú a rinne é.

Bhéarfadh an áit seo an baile i do cheann, i.e. chuirfeadh an áit seo an baile i gcuimhne duit.

Cad é a bheir anseo thú? i.e. cad chuige a bhfuil tú anseo?

Cad é a bhéarfadh gur le Pádraig an teach? i.e. cad é an séala ar arbh fhéidir a rá gur le Pádraig é?

Cad é a thug ort sin a dhéanamh? i.e. cad é an fáth a dearn tú sin?

Déan é nó bhéarfaidh mise ort a dhéanamh, i.e. mura ndéana tú é cuirfidh mise d'fhiacha ort é a dhéanamh.

Ní thug siadsan mórán cuidithe dúinne agus thug mise sin le hinse dóibh, i.e. d'inis mé sin uilig dóibh.

Bhéarfaidh mise le fios dóibh nach bhfaigheann siad cead sin a dhéanamh arís, i.e. bhéarfaidh mise fios dóibh nach bhfágann faoi amhras ar bith iad ach a chinnteos dóibh nach bhfaigheann siad cead sin a dhéanamh.

Chuala mé féin iomrá ar dhaoine a tugadh as, i.e. daoine a thug an slua sí leo.

Má tá ocras ort tabhair leat giota den arán sin, i.e. faigh giota den arán sin duit féin.

An tusa a thug leat an peann a bhí anseo? i.e. an tusa a thóg an peann as an áit seo?

Cé uaidh a dtug Peadar an dóigh sin atá aige? i.e. cé an duine dá chuid daoine muinteartha a lean sé nuair atá an dóigh sin aige?

Creidim gur ón athair a thug sé é, i.e. creidim gur a athair a lean sé.

Ná déan sin arís nó bhéarfaidh mise thart le bois thú, i.e. buailfidh mé buille de bhois ort a bhéarfas ort tiompú thart mar a bheadh cnaipe damhsa ann.

Bhéarfaimid cor eile sula dtéimid chun an bhaile, i.e. cuirfimid an eangach uair amháin eile sula dtéimid chun an bhaile.

Bhéarfaidh mé rás nó ruaig siar amárach, i.e. rachaidh mé siar amárach go ndéana mé cuairt ghairid thiar.

Bhéarfaidh Sean ár náire uilig má ghní sé sin, i.e. náireoidh sé uilig sinn.

Eoin Rua a bheirimidne ar an fhear sin, i.e. Eoin Rua an t-ainm atá againne air.

Is fada ó tugadh sin air an chéad uair, i.e. is fada ó fuair sé an t-ainm an chéad uair.

Thug an beathach suas, i.e. stad sé. Ní raibh sé ábalta a thuilleadh oibre a dhéanamh.

Tá Eoghan tugtha don ghloine, i.e. tá dúil san ól aige. (Rud ar bith a ndéan duine cleachtadh de bheith ag gabháil dó, deirtear go bhfuil sé tugtha don rud sin.)

Taca

Ní raibh mé ábalta siúl gan a bheith ag baint taca as an bhalla, i.e. b'éigean domh mo lámh a chur leis an bhalla le mé féin a choinneáil gan titim.

Chonaic mé dhá phéas ina seasamh agus a dtaca le balla acu, i.e. iad ag ligint a dtrom leis an bhalla in áit a bheith á ligint ar a gcosa féin.

Tachrán

Cad é tá ann ach tachrán go fóill? i.e. níl sé ach ina leanbh go fóill.

Tacúil

Fear iontach tacúil Brian, i.e. fear daingean nárbh fhurasta a chur chun talaimh.

Taghd

Ní hé sin an rud a bhí Micheál ag brath a dhéanamh inné. Níl a fhios agam cad é an taghd a bhuail anois é, i.e. cad é an t-athsmaointiú tobann is ciontach le hé a bheith ag déanamh an ruda atá sé a dhéanamh anois.

Is iomaí taghd san fhear chéanna, i.e. is iomaí rud a ghní sé gan mórán smaointe a dhéanamh roimh ré air.

Taghna

'Cad é do bharúil den obair seo?' 'Tá sí taghna,' i.e. tá sí ar fheabhas.

Taibhsigh

Bhíothas á thaibhsiú domh go raibh rud inteacht cearr, i.e. bhí rud inteacht ag inse domh, ag cur i mo cheann, nach raibh achan chineál mar ba cheart.

Tailm

Bhí achan tailm ag Donnchadh ar an doras, i.e. gach buille mór trom.

Táir

Nach sílfeá go ndéanfadh teach ba táire ná sin a ngnoithe? i.e. nach sílfeá nach bhfuil teach chomh mór nó chomh costasach sin de dhíth orthu?

Féadann tú cúig phunta ar scor ar bith a thabhairt leat. Chan a dhath is táire a ghní do ghnoithe, i.e. beidh na cúig phunta go hiomlán de dhíth ort.

Tairbhe

Tá an Ghaeilge ag Mánas de thairbhe na máthara, i.e. cionn is go dtug an mháthair dó í.

Tá eagla orm mar nár fhoghlaim tú mórán de mo thairbhese, i.e. tá eagla orm nach mise a chuidigh leat mórán a fhoghlaim.

Ní fhéadann sibh a bheith ag imeacht de mo thairbhese, i.e. ar mo shonsa, mar mhaithe liomsa.

Tá maith na bliana thart de thairbhe aimsire de, i.e. an chuid is fearr de aimsir na bliana, tá sí thart.

Tairéim

Chan a thabhairt tairéim ar an duine bhocht é ach níl mórán de ghnaoi na ndaoine air, i.e. ní le dímheas air atá mé á rá ach níl sé dóighiúil.

Tairngreacht

Cad é deir an tairngreacht fá sin? i.e. cad é tá ráite fán scéal sin sa tairngreacht?

Tháinig an tuar fán tairngreacht, i.e. an rud a dearnadh a thuar roimh ré, tháinig sé. Cuir i gcás, dúirt mé nach bhfanódh Séamas i bhfad i Meiriceá agus níor fhan.

Taisc

Taisc rud go ceann seacht mbliana agus mura bhfaighe tú úsáid dó caith amach é.

An rud a thaiscíos na cailleacha itheann na cait é, i.e. an t-airgead nó an luach airgid a shábhálann na seandaoine go crua críonna, is minic a chaitear go hamaideach i ndiaidh a mbáis é.

Taisce
Cuir an t-airgead sin i dtaisce, i.e. in áit shábháilte.

Cad é tá i dtaisce ansin agat? i.e. cad é tá i bhfolach ansin agat á shábháil?

Taise[1]
'Ní fhaca tú mise ansin inné, a Shéamais.' 'Bhál, a Sheáin, mura tú féin a bhí ann ba é do thaise é,' i.e. ba é do thaibhse é.

Taise[2]
'Bhí tú mall ag an Aifreann inniu, a Phádraig.' 'Bhí, a Shéamais, agus má ba taise leat féin é!' i.e. má bhí tú féin in am, is ann atá an cheist. Is é mo bharúil go raibh tú féin mall.

Bhí braon beag ólta ag Eoin agus, leoga, níor thaise le Dónall féin é, i.e. ní raibh Dónall gan braon a ól fosta.

Taisme
Bhain taisme do Éamann inniu. Thit sé agus leonadh a chos.

Bhain taisme don traein, i.e. bhris rud inteacht inti, nó rith sí in éadan rud inteacht, agus d'imigh sí de na línte, nó rud inteacht mar sin.

Bhí Niall amuigh ag scaoileadh inniu agus mharaigh sé giorria; ach má mharaigh féin de thaisme a rinne sé é ná níl urchar maith aige.

Taispeánadh
'D'imigh siad sin as gábh an lá deireanach a bhí siad amuigh ag iascaireacht.' 'D'imigh. B'fhéidir gur taispeánadh a fuair siad. Tá siad ródhána ar an fharraige,' i.e. b'fhéidir gur lig Dia iad a scanrú sa dóigh ina smaointeodh siad nár cheart dóibh a bheith chomh dána agus atá siad.

'Tá sé féin anois chomh bocht leis an fhear ar bhain sé an talamh de.' 'Tá. Nár aifrí Dia orm é ach shílfeá gur le taispeánadh a tháinig sin air,' i.e. gur lig Dia an bhoichtineacht a theacht air mar chomhartha dó féin agus do dhaoine eile nach ceart an éagóir a dhéanamh.

Taitneamh
Níl taitneamh ar bith agam ar an áit sin, i.e. ní maith liom a bheith san áit sin.

Níl an obair sin déanta i mo thaitneamh, i.e. níl sé déanta sa dóigh a shásódh mé.

Tálach
Bhí mé ag scríobh go dtí go dtáinig tálach ar mo láimh, i.e. go dtáinig pian i mo láimh, gur éirigh sí nimhneach leis an obair.

Tá tálach ar mo dhá ghiall ag gáire, i.e. tá an dúrud gáire déanta agam.

Talamh
Tá mé sa chéad talamh ar chuala mé iomrá air sin, i.e. níor chuala mé iomrá ar bith go dtí seo air.

Níl an fear sin ag déanamh talamh ar bith leis an Ghaeilge, i.e. níl sé á foghlaim go maith.

Is doiligh mórán talaimh a dhéanamh leis na clocha sin, i.e. is doiligh a mbriseadh nó oibriú leo.

Tá an bád mór ag déanamh talaimh ar an cheann bheag, i.e. tá an bád mór ag fágáil an bháid bhig ina diaidh.

Tógadh amach ón talamh mé leis an scanradh, i.e. bhain an scanradh léim mhór asam.

Shíl mé go slogfadh an talamh mé le náire, i.e. bhí a oiread náire orm is gur fágadh cineál gan mhothú mé.

Tallann

Tá drochthallann san fhear sin, i.e. cailleann sé a chiall nuair a thig fearg air.

Tig tallann oibre ar Pheadar corruair, i.e. tig fonn mór oibre go tobann air.

Mharódh Dónall thú nuair a bhíos an tallann ina cheann, i.e. nuair a bhíos an fhearg mhór air.

Tig sin air ina thallanna, i.e. tig sin air go tobann corruair.

Tamhach táisc

Ní raibh a fhios agam cad é an tamhach táisc a bhí ann, i.e. cad é an callán mór garbh caointe nó screadaí a bhí ann.

Cad é an tamhach táisc atá agaibh? i.e. cad é an callán garbh atá sibh a dhéanamh nó cad chuige a bhfuil sibh á dhéanamh?

Taobh

Bhí Pádraig agus Micheál ina suí ar dhá thaobh na tine, i.e. bhí duine acu ar thaobh agus an duine eile ar an taobh eile.

Beidh mise agus tusa ag imirt d'aon taobh, i.e. beidh muid ag imirt ar an taobh chéanna.

Caithfidh tú sin a chuartú de thaobh inteacht eile, i.e. in áit inteacht eile.

An méid a ghnóthóidh Seán air sin caillfidh sé de thaobh eile é, i.e. caillfidh sé le rud eile nó ar dhóigh eile é.

Níl sé i Micheál de thaobh na dtaobhann a bheith chomh santach sin, i.e. ní raibh aon duine ar thaobh an athara nó na máthara chomh santach sin.

Bhí an doras chomh cúng agus Ruairí chomh ramhar is gurbh éigean dó a ghabháil isteach ar lorg a thaoibhe, i.e. b'éigean do Ruairí a thaobh a thabhairt leis an doras in áit a aghaidhe ag gabháil isteach dó.

Char dhadaidh Brian le do thaobhsa, i.e. níorbh fhiú dadaidh Brian le feabhas, nó le holcas, i gcomórtas leatsa.

Bhí an t-airgead fairsing an uair sin le taobh mar atá sé anois, i.e. i gcomórtas leis an dóigh a bhfuil sé anois.

An teach a bhfuil na crainn thart fá dtaobh de, i.e. an teach a bhfuil na crainn ar gach taobh de.

Níl a fhios agam a dhath fá dtaobh de, i.e. níl a fhios agam a dhath dá mbaineann leis.

'Ar ndóigh, níl tusa muinteartha do Naos. Cad é an taobh togha atá agat leis?' i.e. cad chuige a bhfuil tú ina leith, ag gabháil ar a leithscéal chomh mór agus atá tú?

Taobhaigh

Is doiligh taobhú leis an fhear sin, i.e. is doiligh do dhuine muinín a bheith aige as an fhear sin. Ní bheadh a fhios agat nach bhfeallfadh sé ort.

Ní thaobhóinn mórán leis an fhear sin, i.e. ní fhágfainn mórán ina mhuinín.

Thaobhaigh mé le Dónall sin a dhéanamh ba chuma cad é mar a rachadh, i.e. d'iarr mé air a bheith cinnte go ndéanfadh sé sin ba chuma cad é eile a dhéanfadh sé nó nach ndéanfadh.

Taobhán

'Na taobháin' a bheirtear ar na maidí a bhíos sínte ó bhinn go binn an tí ar dhá thaobh an mhaide mhullaigh.

Dúirt Bríd nach bhfágfadh sí an seanteach a fhad agus a bheadh taobhán os a cionn, i.e. a fhad agus a bheadh díon ar bith ar an teach os a cionn.

Taogas
Níl aon duine ar fostú ag Nuala. Í féin a ghní an bhuachailleacht uilig. Ach má ghní, chan le taogas, i.e. ní mar gheall ar an airgead a shábháil.

Taom[1]
Tá an seanduine iontach lag. Chuaigh sé i dtaom aréir, i.e. chuaigh sé i laige. Chaill sé a mheabhair.

Tháinig taom mar sin roimhe air, i.e. chuaigh sé i laige mar sin roimhe.

Taom[2]
Bhí an t-uisce gann ag muintir an bhaile seo thiar agus tháinig siad aniar gur thaom siad an tobar orm, i.e. thug siad leo a oiread uisce agus gur thriomaigh siad an tobar agus gur fhág siad gan uisce mé.

Tapa
Níl tapa ar bith ag fanacht ionam, i.e. tá mé ag éirí creapalta. Níl maith nó gaisteacht ar bith ionam ag siúl.

Níl tapa ar bith fágtha i nDiarmaid, i.e. tá lúth na gcnámh caillte ar fad aige.

Tapóg
'Cad é na tapóga atá ort?' Déarfaí sin le duine a mbainfeadh tormán beag nó rud mar sin léim as. Duine ar furasta léim a bhaint as mar sin, deirtear go bhfuil sé 'lán tapóg'.

Níl a fhios agam anois cad chuige a dearn mé sin ach a oiread agus dá mbeadh tapóga ionam, i.e. tháinig sé i mo cheann a dhéanamh agus níor luaithe a tháinig ná bhí sé déanta agam. Bhí sé déanta agam sula bhfuair mé faill cheart smaointithe air.

Tar
Bhí Donnchadh lán chomh holc sin roimhe agus tháinig sé, i.e. fuair sé biseach.

Muise, ní raibh ann ach go dtáinig sé, i.e. má fuair sé biseach féin dhóbair nach bhfaigheadh.

Airgead nach dtáinig go hionraice, i.e. airgead a goideadh nó a fuarthas le sórt inteacht rógaireachta.

Bhuail sé amach a dtáinig is a dtiocfaidh, i.e. ní raibh a leithéid sin ann riamh agus ní bheidh choíche.

Ní thig sin a dhéanamh, i.e. ní féidir sin a dhéanamh. (Deirtear 'thiocfadh sin a dhéanamh,' agus fosta, 'thiocfaí sin a dhéanamh'.)

Tháinig orm imeacht i mbéal mo chinn nuair nach raibh ionam ach gasúr, i.e. b'éigean domh, bhí sé d'fhiacha orm imeacht mar sin.

Tháinig na péas ar na stileoirí, i.e. fuair na péas amach iad.

Thángthas orthu sa deireadh, i.e. fuarthas amach sa deireadh iad.

Tiocfar ort go fóill, i.e. gheofar amach go fóill thú.

Nach mór a tháinig as an éadach sin! i.e. nach mór a shín sé!

Tiocfaidh as an éadach sin, i.e. sínfidh sé.

Is fearr duit fuireacht go dtige as an lá, i.e. go raibh sé níos faide anonn sa mhaidin, go dtige níos mó de theas an lae ann.

Tiocfaidh as an lá amach anseo, i.e. biseoidh sé ar ball beag.

Bhí mé lag go maith an tseachtain seo chuaigh thart ach tá mé ag teacht chugam féin arís.

Tiocfaidh tú chugat féin teacht an tsamhraidh, i.e. gheobhaidh tú biseach ceart nuair a thiocfas an samhradh.

Tiocfaidh an Ghaeilge chun cinn go fóill, i.e. éireoidh sí láidir. Tiocfaidh sí i dtreis.

Neascóid nó rud mar sin a mbeadh barr silidh ag teacht uirthi, déarfaí go raibh sí 'ag teacht chun cinn'.

Nach deas a thig an hata sin do Nóra! i.e. nach deas a fhóireann sé di!

Ní shílim go dtiocfadh an dath sin duitse, i.e. ní shílim go bhfóirfeadh sé duit.

'B'fhéidir go dtiocfadh Úna anocht.' 'Thiocfadh di,' i.e. b'fhéidir go dtiocfadh. Ní dhéarfainn nach dtiocfadh.

Cad é a tháinig de sin? i.e. cad é a lean de? Cad é an toradh nó an deireadh a bhí air?

Cá háit a dtiocfaimid den traein? i.e. cá háit a mbeidh sí nuair is ceart dúinn theacht amach aisti?

Is doiligh theacht gan an t-airgead, i.e. is doiligh gnoithe a dhéanamh gan é.

Má imíonn Brian caithfear theacht gan é, i.e. caithfear gnoithe a dhéanamh gan é.

Thiocfainn gan cuidiú Aodha i gceart, i.e. dhéanfainn gnoithe maith go leor gan cuidiú Aodha.

Ní bhfuair aon duine riamh bás nach dtángthas gan é, i.e. ní bhfuair aon duine riamh bás nach dearnadh gnoithe gan é.

Do bharúil an dtiocfaidh an seanduine fríd? i.e. an síleann tú go bhfaighidh sé biseach?

'An bhfeiceann tú an dóigh a dtáinig sin fríd?' Déarfaí sin nuair a bheifí ag caint ar an dóigh ar bhris bua nó locht inteacht dúchasach fríd dhuine. Cuir i gcás, bhí ceol maith ag uncail Mháire agus an bhfeiceann tú an dóigh a dtáinig sé fríthi fosta? i.e. an bhfeiceann tú go bhfuil an ceol inti ó dhúchas?

'An bhfuil tuilleadh de dhíth ort?' 'Is cuma. Tiocfaidh mé leis an rud atá agam,' i.e. déanfaidh mé gnoithe leis an rud atá agam.

Caithfidh tú theacht leis anois, i.e. caithfidh tú gnoithe a dhéanamh leis anois.

Is doiligh theacht le Tomás, i.e. is doiligh gan titim amach leis.

Ní thig siad le chéile go maith, i.e. ní aontaíonn siad le chéile. Ní oibríonn siad as lámha a chéile go maith.

Thiocfainn féin agus Niall le chéile i gceart, i.e. ní thitfinn féin agus Niall amach le chéile ar chor ar bith.

Ní thig an áit seo liom ar chor ar bith, i.e. ní fhóireann an áit seo do mo shláinte ar chor ar bith.

Beidh Aoidín ina fhear mhaith nuair a thiocfas ann dó, i.e. nuair a éireos sé aníos mór.

Tá mé ag obair ó tháinig ionam obair ar bith a dhéanamh, i.e. ó d'éirigh mé ábalta obair ar bith a dhéanamh.

'Cad é tá ar Eoghan, a Néill? Tá sé cineál bacach.' 'Gortaíodh a chos cupla bliain ó shin, a Sheáin, agus sílim go dtáinig an seanghortú leis ar ais.'

Beidh Séamas maith go leor mura dtige an gortú sin leis ar ais, i.e. mura gcuire an gortú trioblóid air am inteacht eile san am atá le theacht.

Tá Niall faiteach ach tiocfaidh sé uaidh sin, i.e. caillfidh sé an faitíos.

An é seo do theacht? i.e. an anois go díreach atá tú ag teacht ar ais?

D'fhág siad an baile ar a seacht a chlog ar maidin le ghabháil chun an Chlocháin Léith agus seo a dteacht anois, i.e. níl siad ach ag teacht ar ais anois.

Tarlaigh

Is maith mar a tharla ar a chéile iad, i.e. casadh ar a chéile beirt a raibh duine acu chomh greannmhar, nó chomh cliste, nó chomh holc, etc. leis an duine eile nuair a casadh iadsan ar a chéile.

'Tharla ann mé agus níor tharla as mé.' Duine a bheadh ag caint ar anás ar bith ina raibh sé siocair é a bheith ina leithéid seo de áit agus gan gléas aige an áit a fhágáil leis an anás a sheachnadh, déarfadh sé sin.

Tarraing

Tá an fhuinneog nó an doras sin ag tarraingt gaoithe, i.e. tá sí ag ligint isteach na gaoithe.

Níl an simléar sin ag tarraingt mar is ceart, i.e. níl sé ag tabhairt ar shiúl na toite.

Tá tarraingt mar a bheadh súil áithe sa doras sin, i.e. tá an doras sin ag tarraingt na gaoithe mar a dhéanfadh súil (poll na tine) áithe.

Tharraing mé orm mo phíopa, leabhar, páipéar, etc. i.e. thoisigh mé a chaitheamh mo phíopa, a léamh leabhair, etc.

D'fhéad tú scéal inteacht eile a tharraingt ort féin, i.e. d'fhéad tú a ghabháil a chaint ar rud inteacht eile diomaite de sin.

Bhí mé ag tarraingt mhóna, choirce, phrátaí, i.e. ag iompar, nó ag tabhairt ar dhóigh inteacht, móna, coirce, etc. ón phortach nó ón chuibhreann go dtí an bealach mór, go dtí an garraí, etc.

Tá an balla sin ag tarraingt uisce, i.e. ag ól an uisce nó ag ligint an uisce isteach ann.

Tharraing siad dorn ar a chéile, i.e. bhuail siad buille ar a chéile.

Tharraing siad fuil a chéile, i.e. d'fhág achan duine acu fuil leis an duine eile.

Caithfimid a bheith ag tarraingt ar an bhaile, i.e. caithfimid ár n-aghaidh a thabhairt ar an bhaile.

Cé atá ag tarraingt orainn anois? i.e. cé atá ag teacht chugainn anois?

Tharraing Mánas cupla gloine uisce bheatha, i.e. d'ordaigh sé cupla gloine uisce bheatha i dteach leanna.

Tharraingeodh Brian Dónall as a chéile, i.e. thiocfadh le Brian a sháith a bhualadh ar Dhónall.

Tá mé tarraingthe as a chéile ag obair, i.e. níl brí ar bith fágtha ag an obair ionam.

Níor mhaith liom teanga Mháire a tharraingt orm, i.e. níor mhaith liom a dhath a dhéanamh a bhéarfadh leithscéal di drochtheanga a thabhairt domh.

Tarraingeoidh tú súile na ndaoine uilig ort má chuireann tú an hata sin ort, i.e. tá an hata sin chomh hiontach is go mbeidh achan duine ag stánadh ort má chuireann tú ort é.

Seo chugainn Donnchadh agus é ag tarraingt na gcos ina dhiaidh, i.e. é ag siúl go fadálach mar nach mbeadh sé ábalta a chosa a thógáil.

Tharraingeoinn an sceadamán as dá n-abródh sé sin liomsa, i.e. bhéarfainn greim sceadamáin air agus chroithfinn go maith é.

Tharraing siad dhá leadhb ar a chéile, i.e. bhuail achan duine acu buille ar an duine eile.

Duine a dtig stadanna sa chaint air, deirtear go bhfuil 'tarraingt ina chuid cainte'.

Tarrtháil
Chonaic siad an bád san anás agus chuaigh siad a tharrtháil uirthi, i.e. a chuidiú leis na daoine a bhí sa bhád — á dtabhairt as an chontúirt.

Tásc
Ní bhfuair mé tásc nó tuairisc ó Shéamas ó d'imigh sé, i.e. ní bhfuair mé scéala ar bith uaidh.

Níor chuala mé tásc nó tuairisc air, i.e. níor chuala mé scéala ag aon duine air.

Gortaíodh Micheál inné agus caithfidh mé a ghabháil fána thásc, i.e. caithfidh mé a ghabháil chuige nó chuig a mhuintir go bhfiafraí mé cad é mar atá sé.

Teach
Nach fearr dúinn a ghabháil fá theach? i.e. nach fearr dúinn a ghabháil isteach?

Is mór an trua dhá theach a chur amú leat féin is le Peadar, i.e. tá sibh chomh mór sin le chéile is gur in aontíos ba cheart daoibh a bheith.

Tháinig tonn a raibh cúig airde an tí inti, i.e. tonn a bhí cúig uaire chomh hard leis an teach.

Chan teach atá ag Micheál ach tithe, i.e. tá níos mó ná teach amháin aige.

As na tithe beaga a thig tithe móra, i.e. de réir a chéile a thig daoine chun tosaigh sa tsaol.

Tá Dónall ag teacht anois agus beidh an teach leis ina chosa, i.e. déanfaidh sé mar ba leis féin an teach, beidh sé chomh sotalach sin.

Teach cuideachta, faire, damhsa, etc., i.e. teach a mbíonn cuideachta, faire, damhsa, etc., ann.

Téagar
Níl téagar ar bith sa bhean sin, i.e. níl críonnacht nó déanamh gnoithe ar bith inti.

Níl teas nó téagar ar bith san éadach sin, i.e. níl sé te nó caitheamh maith ann ach oiread.

Níl teas nó téagar ar na páistí sin, i.e. níl éadach maith orthu agus níl cuma orthu go bhfaigheann siad bia rómhaith, nó a sáith de chineál ar bith bia.

Teaghrán
Tá tú ar teaghrán ag na daoine sin, i.e. tá tú sa dóigh ina ndéanfaidh tú cibé comhairle a bhéarfaidh siadsan duit agus gan aird a thabhairt ar chomhairle aon duine eile.

Teallachán
Bhí ocras orm agus chuir mé síos teallachán, i.e. chuir mé dornán prátaí á rósadh sa ghríosach.

Teanga
Níor chuir Máire a teanga sa tseanchas ar chor ar bith, i.e. níor labhair sí. Níor bhain sí leis an chomhrá ar chor ar bith.

'Shílfeá gur anois a cuireadh an teanga ionat,' a déarfaí le páiste a bheadh ag cur thairis ag caint san am chontráilte.

'Cad é a thug uirthi sin a inse dóibhsean?' 'Tá, fad na teanga,' i.e. í a bheith róthugtha don chaint.

Ná tarraing mo theangasa ort, i.e. ná tabhair ormsa a ghabháil do do bhearradh le caint ghéar nó beidh tú buartha.

Chuala mé an t-amhrán sin ach níl sé ar mo theanga agam, i.e. ní thiocfadh liom a rá.

Ní thabharfadh sé sin aird ort dá mbeifeá ag caint go dtitfeadh an teanga asat.

Tá na seacht dteangacha ag an fhear sin, i.e. tá eolas ar mhórán teangacha aige.

Ní thiocfadh liom mo theanga a chur thart ar an fhocal sin, i.e. ní thiocfadh liom an focal sin a rá, tá fuaim chomh deacair sin leis.

Fear teanga, i.e. duine, cuir i gcás, a chuideodh le Gaeilgeoir agus Béarloir comhrá a dhéanamh le chéile. Chuirfeadh sé Gaeilge ar an Bhéarla don Ghaeilgeoir agus Béarla ar an Ghaeilge don Bhéarlóir.

Teann
In áit a bheith ag éirí tuirseach is é an rud a bhí siad ag teannadh leis an obair, i.e. ag cur tuilleadh dúthrachta inti.

Teann ort is bí linn amach, i.e. déan réidh. Croith suas thú féin.

Bhí an bád eile ag teannadh linn, i.e. ag teacht ní ba deise dúinn.

Theann mé coiscéim i leataobh, i.e. chuaigh mé fad coiscéime i leataobh.

Tá fiacha mór airgid ag Niall ar Tharlach agus má theannann Niall na slisneacha air beidh Tarlach i gcruachás, i.e. má bheir Niall air an t-airgead a dhíol go gasta.

Teas
Fág na héanacha i gcuideachta a chéile agus beidh a dteas féin ag a chéile, i.e. coinneoidh siad a chéile te.

Bhí gnoithe Shinn Féin ina theas an uair sin, i.e. bhí sé i lár a láidreachta an uair sin.

Teaspach
Bainfidh sin an teaspach astu, i.e. bainfidh sin an bród, an gus, astu.

Níl ar an ghrian sin ach tuilleadh teaspaigh, i.e. an chuma atá ar an ghrian, níl sí ag tuar a dhath ar bith ach tuilleadh aimsire te.

Téigh[1]
Rachaidh mé siar amárach má théid agam ar chor ar bith, i.e. más féidir domh a ghabháil.

An síleann tú go rachaidh agat sin a dhéanamh? i.e. go mbeidh tú ábalta sin a dhéanamh?

Dá dtéadh agam sin a dhéanamh bheinn sásta, i.e. dá n-éiríodh liom sin a dhéanamh.

Is gairid a rachas an t-airgead sin, an bia sin, etc., orthu, i.e. is gairid a mhaireas sé dóibh. Ní bheidh baol ar a sáith uilig ann.

'An bhfuil an t-uisce sin domhain?' 'Níl. Ní rachadh sé go dtí na glúine ort,' i.e. ní rachadh sé ní b'airde ná do ghlúine.

Bhí geata ann a rachadh go dtí an muineál ar fhear, i.e. chomh hard le muineál fir.

Tá an tine ag gabháil as, i.e. tá sí ag fáil bháis.

Chuaigh an choinneal as, i.e. fuair solas na coinnle bás.

Chuaigh an t-athrach go maith duit, i.e. tháinig sé leat go maith. Rinne sé maith duit.

Níl a fhios agam cad é mar a rachas sin dóibh, i.e. cad é an t-athrach a chuirfidh sé orthu, cad é mar a thaitneoidh sé leo.

Ní hionann mar a théid gaoth na farraige do achan duine, i.e. ní hionann athrach a chuireann sí ar achan duine. Cuireann sé athrach ar fheabhas ar chuid de na daoine agus athrach ar olcas ar chuid eile acu.

Chuaigh an fear sin fríd chuid mhór breoiteachta, trioblóide, etc., i.e. fuair sé cuid mhór breoiteachta, trioblóide, etc.

Chuaigh siad fríd an airgead uilig,

i.e. chaith siad uilig é.

Chuaigh mé fríd an chuntas, i.e. chuaigh mé ar seachrán ann.

Cha deachaigh sin leo, i.e. níor ligeadh dóibh sin a dhéanamh gan sásamh a bhaint astu.

Ná déan sin arís nó ní rachaidh sé leat, i.e. ní ligfear leat in aisce é.

An deachaigh siad le chéile? i.e. an deachaigh siad a throid le chéile?

Bhí Mánas ag cur troda ar Fhearghal ach ní rachadh Fearghal leis, i.e. ní throidfeadh sé leis.

Chuaigh siad sna greamanna le chéile, i.e. chuaigh siad a choraíocht le chéile.

Níl dul agam thú a aithne, i.e. ní thig liom ar chor ar bith thú a aithne.

Ní raibh dul agam an casúr sin a fháil inné ar chor ar bith, i.e. ní raibh mé ábalta é a fháil ar chor ar bith.

Fuair an duine bocht fliuchadh agus chuaigh sé (an fliuchadh) chun breoiteachta, fiabhrais, créachta, etc. dó, i.e. tharraing sé breoiteacht, etc., air.

Fanóidh mé sa bhaile go dtéid an Fhéile Pádraig amach, i.e. go dtí go raibh an Fhéile Pádraig thart.

Ná mol agus ná cáin an barr go dté an Mhí Mheáin amach, i.e. go raibh an Mhí Mheáin caite.

Rachadh an bhó sin fiche punt ar an aonach, i.e. bhéarfaí fiche punt uirthi.

Chuaigh eallach bainne luach mór inniu, i.e. tugadh luach mór orthu.

Cha deachaigh leath a luach ar Eoin bhocht riamh, i.e. níor tuigeadh i gceart riamh cad é chomh maith agus a bhí sé.

Téigh[2]

Níor théigh mo chroí riamh leis an fhear sin, i.e. níor lig mo chroí domh taitneamh ar bith a thabhairt dó.

Chonaic mé an toirt dhubh romham ar an bhealach mhór agus théigh fá dtaobh díom, i.e. mhothaigh mé mé féin uilig ag éirí te agus an anáil do mo fhágáil le tréan eagla.

Teilg

Teilgeadh an fear sin chun a chrochta, i.e. tugadh breithiúnas a chrochta air.

Téirim

An bhfuil téirim ort? i.e. an bhfuil deifre ort?

Cad é an téirim atá ort?

Teith

Ní raibh gléas teite ar bith agam, i.e. ní raibh dóigh ar bith a dtiocfadh liom teitheadh.

Teocht

Dá theocht an lá inniu níl sé chomh te leis an lá inné, i.e. má tá sé te féin níl sé chomh te leis an lá inné.

Is fearr liomsa dá theocht dá mbíonn an aimsir, i.e. taitníonn an aimsir liom de réir mar a bhíos sí te.

Thall

Is doiligh a ghabháil taobh thall de na Sasanaigh, i.e. tá na Sasanaigh chomh rógánta is gur doiligh bob a bhualadh orthu.

Thar

Chuala mé sin ach lig mé thar mo chluais é, i.e. chuala mé é ach níor lig mé orm féin gur chuala; níor chuir mé suim ar bith ann.

Caithfidh mé an obair sin a dhéanamh. Níl dul thairis agam, i.e. ní thig liom í a sheachnadh.

Chuaigh an duine bocht thairis

féin, i.e. tháinig mearadh intinne air.

Bhí Eoghan agus Dónall ag gabháil thar a chéile sa tseanchas, i.e. ní raibh siad ag aontú le chéile. An rud a déarfadh duine acu, ní thabharfadh an duine eile isteach dó.

Nach bhfaca tú inniu mé? Chuaigh mé thart le do thaobh, i.e. shiúil mé thart fá ghiota bheag bhídeach duit.

Chuala mé Nuala ag cur thairsti sa chisteanaigh, i.e. chuala mé Nuala ag caint ar theann a díchill sa chisteanaigh.

Chonaic mé Eoin ag cur thairis ag obair, i.e. chonaic mé ag obair ar a dhícheall é.

Tá an pota ag cur thairis, i.e. tá an pota ag gail agus an t-uisce ag teacht amach as.

Tá an abhainn ag cur thairsti, i.e. tá an abhainn chomh líonta is go bhfuil an t-uisce ag teacht amach thar na bruacha.

Cé a rinne sin? Ní chuirfinn tharat féin é, i.e. ní dhéarfainn gur d'athrach féin a rinne é.

Tá Máire tinn go leor ach sílim go gcuirfidh sí thairsti é, i.e. sílim go bhfaighidh sí biseach.

Seo! Tá do sháith ráite, caointe, etc., agus cuir thart leis sin é, i.e. déanadh sin do ghnoithe. Ná lean níos faide de.

Cuir thart an deoch, an tobaca, na milseáin, etc., i.e. tabhair sciar den deoch, tobaca, etc., do na daoine atá i láthair.

Bhí an duine bocht marbh tuirseach agus thit sé thart, i.e. thit sé ina chodladh.

Tabhair thart an roth, i.e. bain casadh as.

Do bharúil an dtiocfaidh sé thart? i.e. an síleann tú go dtiocfaidh sé chuige féin?

Ní thug Micheál a dhath thar an cheart domh, i.e. ní thug sé a dhath ní ba mhó ná bhí de fhiacha air domh.

'Tá an t-am againn a bheith ag imeacht.' 'Tá, agus thar an am,' i.e. tá sé i ndiaidh an ama.

Níor cheart duitse, thar dhuine ar bith, sin a rá, i.e. is agatsa is lú atá ceart a leithéid a rá.

Thíos

Má ghní tú sin is tú féin a bheas thíos leis, i.e. is tú féin a chaillfeas lena linn.

Ní dhéanfaidh mé níos mó de sin. Tá mé thíos go mór leis, i.e. tá mo sháith caillte agam cheana féin leis.

Déanfaidh mé é, bím thíos nó thuas leis, i.e. déanfaidh mé é is cuma cé acu a chaillfidh mé leis nó ghnóthóidh mé air.

Is mó atá mé thíos ná thuas leis an obair sin, i.e. is mó a chaill mé leis an obair sin ná a ghnóthaigh mé uirthi.

Thuas

Shiúil Seán isteach agus drandán ceoil thuas aige, i.e. agus é ag gabháil cheoil.

Tchím go bhfuil an Fáinne thuas ag Dónall, i.e. tchím go bhfuil sé ag caitheamh an Fháinne.

Cad é an cineál duáin a bhí thuas agat? i.e. cad é an cineál baoite a bhí ar an duán agat?

An aithníonn tú an fear thuas? i.e. an aithníonn tú an fear atá thuas ansin?

Deamhan mórán a bheas tú thuas leis sin, i.e. is beag a ghnóthóidh tú air sin.

Tine

Cluinim go bhfuil Dónall agus Nuala ag caitheamh na tine ar a chéile, i.e. cluinim nach bhfuil siad ag teacht le chéile go maith ar chor ar bith.

Déan sin mar a bheadh tine ar do chraiceann, i.e. déan sin chomh gasta agus a bhogfá dá mbeadh tine ar do chraiceann.

Chuaigh an teach le thine, i.e. thosaigh sé a dhó.

'Thug tú léim ón tine chun na gríosaí,' a déarfaí le duine a d'fhágfadh áit nach mbeadh ag taitneamh leis agus a rachadh in áit a gheobhadh sé amach gan mhoill a bheith chomh holc leis an áit a d'fhág sé, nó b'fhéidir níos measa ná í.

'Cad é mar atá an seanduine?' 'Níl sé ach idir an tine agus an leaba,' i.e. tá sé in inmhe éirí ach níl sé in inmhe a ghabháil amach nó obair ar bith a dhéanamh — tamall ina luí agus tamall ina shuí.

Bhí duine acu ag iarraidh orm rud amháin a dhéanamh agus an duine eile ag iarraidh orm rud eile a dhéanamh, agus bhí mé idir an dá thine Bhealtaine acu, i.e. ní raibh a fhios agam cé acu rud ab fhearr domh a dhéanamh, nó níor mhaith liom ceachtar acu a dhéanamh.

Tiomna

Féadann sé a thiomna a dhéanamh am ar bith feasta, i.e. is gairid feasta a mhairfeas sé beo.

Tiomsú

Cad é an tiomsú atá agat ar na leabharthaí sin? i.e. cad chuige a bhfuil tú á gcur fríd a chéile, á gcruinniú ina gcnap mar a dhéanfá le féar nó rud mar sin?

Tiortáladh

Bhí na saighdiúirí ag cuartú i dtigh Phroinsias agus rinne siad tiortáladh ar fónamh ar an teach, i.e. d'fhág siad trioc an tí fríd a chéile, as a áit, agus ina chiolar chiot uilig.

Bíonn tiortáladh bocht le fáil ag an té a bhíos ag gabháil idir dhá dtír, i.e. cuirtear thar a dhóigh é agus ní fhaigheann sé scíste nó suaimhneas a fhad agus a bhíos sé ar an bhealach.

Tír

Tháinig an bád i dtír, i.e. tháinig sé isteach chun talaimh.

Tháinig an fear sin i dtír go maith, i.e. bhisigh sé go mór sa tsaol.

Is bocht an teacht i dtír é sin, i.e. is bocht an gléas beatha é.

Ní raibh siad sin ach ag iarraidh a bheith ag teacht i dtír ort, i.e. ag iarraidh a bheith ag magadh ort.

Adhmad a tháinig fá thír, i.e. adhmad a tháinig isteach leis an lán mhara.

Is trua duine ag imeacht idir dhá dtír, i.e. ag fágáil a bhaile nó a thíre féin.

Mhothaigh mé Eoghan ag cur i dtíortha fá na cearca a bheith sa choirce, i.e. ag tógáil callán mór cainte.

Tá an fharraige ag cur i dtíortha anocht, i.e. tá trup mór aici.

Cad é an madadh a mhothaigh mé ag cur i dtíortha aréir? i.e. ag tafann go hard.

Ba ghnách le Pádaí a bheith ina chónaí istigh ar an oileán ach tá sé amuigh ar tír mór anois.

Saighdiúir nach mbeadh culaith saighdiúra air, déarfaí gur in éide fir tíre a bhí sé.

Tirim

Rachfá anonn ansin de chosa tirime, i.e. gan do chosa a

fhliuchadh.

Tit

'Nuair a bhíos an cnó aibí titidh sí.' Deirtear sin nuair a bhítear ag caint ar rud nach bhfuil ach amaidí a bheith ag dúil leis go bhfaigheadh sé an t-am atá de dhíobháil air lena thabhairt chun cinn.

Bhí darna achan titim is éirí acu, i.e. níor luaithe a d'éiríodh siad ná a thiteadh siad ar ais — beirt a bheadh ar meisce, cuir i gcás.

Seanduine atá ag titim ar a bhata, i.e. é chomh haosta sin is nach dtig leis siúl gan bata a bheith leis.

Tá na focail ag titim as béal an fhir sin, i.e. níl aige ach caint mharbh fhadálach.

Tá Brian ag titim fríd a cheirteach le buaireamh, i.e. tá a chroí agus a uchtach caillte aige le tréan buartha.

Thit an mhórchuid den obair orm féin, i.e. b'éigean domh féin an mhórchuid di a dhéanamh.

Is mór a thit an fear sin le bliain, i.e. is mór a mheath sé faoin aois.

Tá mé ag titim as a chéile leis an chodladh, i.e. tá a oiread codlata orm agus nach bhfuil ann ach go dtig liom seasamh ar mo chosa.

Titfidh an talamh le Niall nuair a gheobhas an t-athair bás, i.e. gheobhaidh Niall an talamh mar oidhreacht.

Is mór a thit an fharraige ó bhí inné ann, i.e. is mór a shocair sí.

Bhí sé ag titim síos le trá san am, i.e. bhí cuid mhór den lán mhara tráite.

Tá sé ag titim chun ciúnais, i.e. tá an ghaoth ag ísliú go mór.

Tá an fear sin ag titim chun mearóige, i.e. tá bolg mór feola ag éirí aige.

Tá Brian ag titim isteach i gcruthaíocht an athara, i.e. ag éirí cosúil leis an athair ina chuma, ina shiúl agus ina iompar.

Tá mo chuid féir ag titim le heallach daoine eile, i.e. eallach daoine eile ag ithe mo chuid féir.

Níl a fhios agam cé acu a rachaidh mé ansin nó nach rachaidh — go díreach de réir mar a thitfeas, i.e. de réir mar a bheas faill agam nó fonn orm.

Thit an aicíd go leitheadach aréir, i.e. tháinig an aicíd ar chuid mhór de na prátaí in achan áit aréir.

Chuala mé gur thit na huibheacha, i.e. go dtáinig luach na na n-uibheacha anuas.

Tiubh

Imigh chomh tiubh agus a thig leat, i.e. chomh gasta is a thig leat. (Deirtear 'chomh tiubh téirimeach' le tuilleadh brí a chur ann.)

Bhí Séamas róthiubh agat, i.e. róghasta agat.

Tá an féar níos tibhe anseo, i.e. níos dlúithe, níos mó de ann.

Dá thibheacht dá dtiocfaidh sé is amhlaidh is fearr, i.e. is cuma cad é chomh gasta is a thiocfaidh sé is amhlaidh is fearr é.

Tnúth

Má fuair Cormac an t-airgead is iomaí duine a thnúth dó é, i.e. is iomaí duine arbh fhearr leis aige féin ná ag Cormac an t-airgead.

Is breá an barr prátaí atá agat, chan á thnúth duit é, i.e. chan á shantú atá mé.

Tnúth a threabhas, i.e. tnúth le chéile a bheir ar dhaoine obair a dhéanamh ag iarraidh a bheith chomh maith le chéile.

Tobainne

Ní chneasóidh sin i dtobainne, i.e.

ní chneasóidh sé go gasta.

Bhuail tinneas Séamas i dtobainne, i.e. tháinig sé air go tobann.

Tobar
Nuair a bhíos an tobar lán cuiridh sé thairis, i.e. nuair a bhíos duine líonta, de fhearg, cuir i gcás, caithfidh sé a ligint amach.

Tocht
Tháinig tocht uirthi, i.e. ní raibh sí ábalta labhairt le tréan bróin.

Tóg
Ar thóg an bád uisce ar bith? i.e. an dtáinig uisce ar bith isteach ar a béal?

Ní raibh a cheann le tógáil ag Peadar inné, i.e. ní raibh sé ábalta a cheann a thógáil, bhí sé chomh tinn sin.

Bhí an Ghaeilge chóir a bheith marbh ach tá sí ag tógáil cinn arís, i.e. ag éirí níos beoga.

Sin an áit ar tógadh mé, i.e. sin an áit inar éirigh mé aníos.

Tógadh le Gaeilge mé, i.e. ba í an Ghaeilge a labhrainn ag éirí aníos domh.

Ná tóg mé go dtite mé, i.e. ná tabhair achasán domh as siocair an rud nach dearn mé go fóill.

Tá an bhó ar tógáil, i.e. ní thig léi éirí ina seasamh. Caitear í a thógáil.

Ní bhfuair mé áit suí. Bhí na háiteacha uilig tógtha, i.e. bhí duine in achan áit suí dá raibh ann.

Níor thóg an t-éadach an dath, i.e. níor ghlac sé chuige an dath a bhíothas ag iarraidh a chur air nó a chur ann.

An dtig leat an soitheach úd amuigh ar an fharraige a thógáil leis na gloiní sin? i.e. an dtig leat í a fheiceáil go maith leo?

Nach mór a thóg an madadh sin leis na páistí! i.e. nach mór an dúil a d'éirigh aige a bheith i gcuideachta na bpáistí!

Ní fhágfadh an searrach sin an mháthair roimhe seo ar chor ar bith ach thóg sé di le tamall, i.e. chaill sé an dúil a bhí aige a bheith ina cuideachta.

Chuaigh Eoghan chun an tsiopa gur thóg sé cupla mála plúir, i.e. gur ordaigh sé agus go bhfuair sé iad.

Níl mé do do thógáilse astu ach a oiread le duine eile, i.e. níl mé ag rá nach raibh tusa chomh holc, nó chomh maith, leis an chuid eile acu.

Bhí Seán chomh tógtha is nach raibh a fhios aige cad é a bhí sé a dhéanamh, i.e. bhí an oiread sin lúcháire, feirge, buartha, etc., air.

Thóg Máire an focal chuici féin, i.e. shíl sí gur uirthi féin a bhíothas ag caint nuair a dúradh an focal.

Tá an gasúr sin géar go maith. Ní bheidh sé i bhfad ag tógáil an léinn, i.e. foghlaimeoidh sé an léann go gasta.

Thóg Séamas beag an triuch ó ghasúr bheag eile, i.e. bhí an triuch ar ghasúr eile agus fuair Séamas beag uaidhsean é.

Ní furasta an mhala seo a thógáil, i.e. ní furasta siúl suas an mhala.

Tógálach
Caithfidh sé go bhfuil an galar sin tógálach, i.e. go bhfaigheann duine ó dhuine eile é.

Togh
Ag toghadh prátaí, i.e. ag tógáil prátaí i ndiaidh na spáide.

Togha
Ní raibh togha is rogha ar bith eallaigh ar an aonach inniu, i.e. ní raibh a oiread eallaigh ann is go

raibh achan chineál acu go fairsing ann.

Toil

Déan é más toil leat é, i.e. déan é más maith leat a dhéanamh.

An bhfuil toil agat don damhsa? i.e. an bhfuil dúil agat sa damhsa?

Thug Brian toil mhór don fhidil le gairid, i.e. d'éirigh dúil mhór san fhidil aige.

Sin an rud atá in aice le do thoil, i.e. sin an rud is maith leat a dhéanamh.

Bhí mé fá thoil Dé ag an déideadh, i.e. bhí mé i bpian mhór ag an déideadh.

Tá sé ar do thoil féin agat cé acu a rachaidh tú nó nach rachaidh, i.e. thig leat a ghabháil nó gan a ghabháil, de réir mar a thoileos tú féin.

Tóin

Chuir an siopa tóin i muintir Dhiarmada, i.e. bhisigh siad sa tsaol le linn an siopa a bheith acu.

'Tá eagla orm gur thit an tóin as an spéir,' a deirtear nuair a mhaireas an fliuchlach i bhfad.

Shuigh na prátaí ar a dtóin, i.e. stad siad de fhás sular cheart dóibh stad.

Throid siad leo go tóin, i.e. go dtí an deireadh.

Chuaigh Naos ar a thóin ann nuair a fiafraíodh de ar dhúirt sé sin, i.e. shéan sé gur dhúirt sé é gí go raibh a fhios gur dhúirt sé é.

Chuaigh an rógaireacht ina dtóin dóibh, i.e. in áit an rógaireacht éirí leo is é an rud a rinne sé dochar dóibh. (Cuir i gcás fear a leagfadh nimh fá choinne mhadadh a chomharsan agus a bhfaigheadh a mhadadh féin an nimh.)

Dhá theach as tóin a chéile, i.e. tóin tí acu le tóin an tí eile.

Beidh do thóin i bhfad siar sula bhfeice tú sin, i.e. beidh tú crom go maith leis an aois.

Tóinghealach

Bhí mé i mo shuí leis an tóinghealaigh, i.e. bhí mé i mo shuí sular imigh solas na gealaí roimh an lá.

Tóir

Bhí an tóir inár ndiaidh, i.e. bhíthear dár leanstan ag iarraidh breith orainn.

Cuireadh an tóir orthu, i.e. tugadh orthu teitheadh.

Bhí na tonnta móra sa tóir ar a chéile, i.e. bhí siad ag teacht go tiubh i ndiaidh a chéile.

Toirt

Chonaic mé an toirt mhór dhubh, i.e. an rud mór dubh nach dtiocfadh liom a dhéanamh amach cad é a bhí ann.

Fear a raibh toirt beirte ann, i.e. fear a bhí chomh mór le beirt fhear.

'Toirt gan tairbhe,' a deirtear a bheith i nduine a mbíonn méid mhór ann agus gan mórán maithe ann ag obair, etc.

Toisc

Thug mé isteach toisc uisce, móna, i.e. thug mé isteach buicéad nó cupla buicéad uisce, bachóg nó cliabh móna, nó an méid de chineál ar bith a bhéarfadh duine leis de aon iarraidh amháin.

Toiseach

Gabh thusa isteach ar toiseach, i.e. gabh isteach romhamsa.

Bhí mé i mo shuí i dtoiseach an bháid, i.e. sa cheann tosaigh den bhád.

Toit

'Caith toit,' a deir duine nuair a

shíneann sé a phíopa chuig duine eile.

Tá toit againn, i.e. tá an simléar ag cur anuas na toite.

'D'éirigh an gleann toite,' nó 'amharc an gleann toite atá ann!' a deir duine a bhíos ag caint ar néal mhór toite.

'Tá an fhearthainn ag baint toite as an talamh,' a deirtear nuair a bhíos bailc throm fhearthainne ann.

Tolgán
Bhuail tolgán tinnis mé, i.e. tinneas beag nár mhair i bhfad.

Tomhas
Níl trua ar bith agam do Mhánas. Níl sé ag fáil a dhath amháin ó Shéamas ach tomhas a láimhe féin, i.e. an rud atá Séamas a dhéanamh ar Mhánas, rinne Mánas an rud céanna airsean roimhe seo.

Tonn
Tá tonn bheag san fharraige inniu, i.e. tá sí cineál beag tógtha.

Tá tonn gharbh san fhear sin, i.e. tig drochfhearg go tobann air corruair.

Bhí an bád i mbéal na toinne, i.e. bhí sí in imeall an uisce.

Ní fheicfeá an bád eile nuair a thitfeadh sí ó thonn, i.e. nuair a rachadh sí síos i gcúl toinne.

Níor mhothaigh mé a leithéid ó chuaigh an tonn bhaiste orm, i.e. ó baisteadh mé.

Toradh
Níl mórán toraidh agam ar an chruach sin, i.e. níl mórán coirce agam aisti nuair atá sí buailte agam.

Is annamh a gheibh duine bocht mórán toraidh, i.e. is annamh a bheirtear aird ar chaint an té atá bocht.

Tormas
Dá mbeadh ocras ort ní bhfaighfeá tormas ar bith ar do chuid, i.e. ní bhfaighfeá locht ar bith ar do chuid bia.

Tórramh
An bhfuil tórramh ort? i.e. an bhfuil sé de fhiacha ort a ghabháil chun an tórraimh? (Dá mbeadh duine marbh i dteaghlach as a dtáinig duine chuig tórramh duine de do theaghlachsa bheadh tórramh ort, i.e. oibleagáid ort a ghabháil chun an tórraimh.)

Tost
Órú, bí i do thost liom leo! i.e. órú, ná labhair liom ar chor ar bith orthu! Tá samhnas orm leo!

Tá na fir ina dtost inniu, i.e. níl siad ag obair.

Trá
Ní bheidh trá mhór ann inniu, i.e. ní rachaidh an lán mara i bhfad síos.

An bhfuil béal trá ar bith anseo? i.e. an bhfuil áit chothrom ar bith fán chladach seo a n-imíonn an t-uisce uilig di le linn na trá?

Thugamar rith trá don bhád, i.e. thugamar a tosach ar an trá agus lig di reáchtáil isteach ar an talamh.

Níor imigh trá agus timpeall ar aon duine riamh, i.e. d'fhéadfadh duine gan a bheith ábalta a ghabháil aicearra na trá as siocair an lán mara a bheith istigh ach bheadh an bealach thart timpeall fágtha ar fad aige. (Ní raibh a dhath riamh nach raibh níos mó ná aon dóigh amháin lena dhéanamh nó lena fháil agus dá sáródh dóigh acu ar dhuine bheadh dóigh eile fágtha aige.)

Tá sé ina lag trá, i.e. tá an lán mara chomh híseal agus a bheas sé; rachaidh sé a líonadh gan mhoill.

(Deirtear 'lom trá' fosta.)

Fágadh ar an trá fholamh mé, i.e. fágadh gan airgead nó a luach mé.

Beidh siad ar an trá fholamh nuair a bheas deireadh na bprátaí ite acu, i.e. beidh siad folamh ar fad.

Tráigh
An deachaigh sé a thrá go fóill? i.e. ar thoisigh an lán mara a ghabháil síos go fóill?

Tá cupla troigh tráite aige, i.e. tá sé níos ísle fá chupla troigh ná a bhí sé nuair a bhí sé barr láin.

Traoith
Bhí mo mhéar ata inné ach thraoith sé ó shin, i.e. d'imigh an t-at as.

Tráth
Ní dhéanaim féin ach na trí thráth sa lá, i.e. ní dhéanaim mo chuid ach trí huaire sa lá.

Tráthach
Is é Eoghan atá tráthach, i.e. is leis a thig an focal ceart a rá san am cheart.

Tráthas
Ní raibh Niall istigh ag gabháil chun tí domsa ach tháinig sé isteach idir sin agus tráthas, i.e. i gceann tamaill ó chuaigh mise isteach.

Tráthnóna
Ardtráthnóna, i.e. go luath sa tráthnóna.

Tráthnóna beag, i.e. go mall sa tráthnóna.

Tráthnóna beag dubh, i.e. titim na hoíche.

Treall
'Tá Pádraig ag obair go dícheallach inniu.' 'Tá. Tig sin ina threallanna air,' i.e. buaileann fonn mór oibre anois agus arís é.

Tháinig an toirneach ina threallanna, i.e. tháinig dornán roisteacha di i ndiaidh a chéile, tháinig faoiseamh inti go ceann tamaill bhig, thoisigh sí athuair, agus dá réir sin.

Treallanna i gcuibhreann prátaí, i.e. áiteanna thall agus abhus ar mheath na prátaí iontu.

Treallanna i stocaí, i.e. gach dara giota cleiteáilte go héagothrom — crua agus bog.

Tréan
Tá tréan Gaeilge ag Seoirse, i.e. tá neart, nó a sháith, Gaeilge aige.

Rinne siad sin le tréan lúcháire, cineáltais, buartha, droch-chroí, etc., i.e. méid na lúcháire, an chineáltais, an bhuartha, an droch-chroí, ba chiontach le hiad sin a dhéanamh.

Bhí an teach á chroitheadh le tréan na gaoithe, i.e. bhí an ghaoth chomh láidir agus go raibh sí ag croitheadh an tí.

Tréas
Tá na mná ag gabháil i dtréas ar na saolta deireanacha seo, i.e. ag imeacht leo gan aird acu ar Dhia nó ar dhuine.

Treis
Tiocfaidh an Ghaeilge i dtreis arís, i.e. éireoidh sí láidir arís.

Do bharúil an bhfaighidh sí treis ar an Bhéarla? i.e. an mbuafaidh sí ar an Bhéarla?

Ní bheadh an Ghaeilge mar atá sí ach go bé gur cuireadh síos le treise lámh í, i.e. leis an láimh láidir.

Tá eagla orm gur threise leo oraibh, i.e. gur bhuail siad sibh.

Tréith
Síleann sé go dearn sé tréithe, i.e. go bhfuil obair mhór nó gaisciúlacht déanta aige.

Trí
(Baintear úsáid mhór as an fhocal seo le tuilleadh brí a chur i rá.)

Mo thrí thrua thú, i.e. tá trua an domhain agam duit.

Fuair mé trí bhás ón bhuaireamh, i.e. bhí mé as cuimse buartha.

Chuir sí trí dhath di féin, i.e. tháinig athrú mór datha uirthi (le fearg, le heagla, etc.).

Trian
Bhíomar inár suí go raibh an trian deireanach den oíche ann, i.e. go raibh sé de chóir an lae.

Dhá dtrian cuidithe toiseacht, i.e. tús maith leath na hoibre.

Trioc
Ní raibh aon bhall trioc faoi chreataí an tí, i.e. ní raibh leaba, tábla, cathaoir, stól — a dhath ar bith ann.

Triosc
Níl aon am dá labhraim nach dtrioscann sé sin an focal i mo bhéal, i.e. ní luaithe a bheirim iarraidh a dhath a rá nach gcuireann sé sin i m'éadan ag rá nach bhfuil an ceart agam, etc.

Troigh
Ní rachainn ón troigh go dtí an tsáil a dh'éisteacht leo, i.e. ní bhogfainn mé féin as áit na mbonn mar mhaithe le hiad a chluinstin.

Troimide
Ní troimide do aon duine an léann, i.e. ní ualach ar aon duine an fhoghlaim a bheith aige.

Trom
Níl a dhath trom ag Peadar, i.e. níl rud ar bith nach ndéanfadh sé. (Deirtear fosta 'níl sé trom nó te an rud nach ndéanfadh sé'.)

Tá Micheál lán trom agat, i.e. chomh hábalta leat, mura bhfuil sé níos ábalta.

Tá tú iontach trom ar an tobaca, ar an tsiúcra, etc. i.e. caitheann tú cuid mhór tobaca, siúcra, etc.

Tá Máire róthrom ar na páistí, i.e. coinníonn sí barraíocht smachta orthu.

Ní dhearnadh trom pionna ar Dhónall, i.e. ní dhearnadh rud ar bith air a dhéanfadh dochar dá laghad dó.

Dheamhan trom an tsifín a bhí le feiceáil againn, i.e. ní raibh a dhath ar bith le feiceáil againn ar chor ar bith.

Níor labhair mé aon fhocal riamh leis ba troime ná an t-am de lá a bheannú dó, i.e. ní dheachaigh mé ní ba doimhne ná sin sa chomhrá leis.

Chan ag cur trom orthu atá mise ach chuala mé go dearn siad sin, i.e. ní le holc orthu nó le droch-chlú a chur leo atá mé á rá ach chuala mé go dearn siad an rud atá mé a rá.

Tuairim
Tugadh tuairim is céad punta ar an teach sin, i.e. céad punta, nó beagán faoi nó thairis.

Cad é an tuairim áite ar fhág tú iad? i.e. cad é an áit, chomh deas is a thig leat barúil a thabhairt dó, ar fhág tú iad.

Ní thiocfadh liom ach buille fá thuairim a thabhairt dó, i.e. ní thiocfadh liom a inse go beacht. Ní bheinn ach a thomhas.

Fear fá mo thuairim féin aoise, i.e. fán aois amháin liom féin.

Tuar[1]
Tá mise á thuar sin duit le fada, i.e. tá mise le fada ag rá go n-éireodh sin duit.

'An mbeidh cruinniú mór daoine ann?' 'Tá mé ag tuar go mbeidh,' i.e. déarfaidh mé, tá mé ag déanamh, go mbeidh.

Tuar[2]
Tá an t-éadach sin amuigh ar tuar, i.e. á ghealú.

'Is deas a bheith ag obair amuigh faoin spéir, a Thomáis.' 'Muise, tá muidne tuartha leis,' i.e. tá ár sáith nó b'fhéidir níos mó ná ár sáith cleachta againne air sin. (Rud ar bith a mbíonn a oiread cleachta ag duine air is go mbíonn sé cineál tuirseach de, deir sé go bhfuil sé 'tuartha leis'.)

Tubaiste
'Ár dtubaiste leis,' a deirtear nuair a chailltear nó a bhristear rud inteacht nach caill mhór amach é. Is ionann é agus guí go n-imeodh an mí-ádh uilig leis an rud a cailleadh sa dóigh nach gcailltear a thuilleadh.

Tuig
Níor dúradh mar ba cheart é ach, ina dhiaidh sin, thuigfí as, i.e. mar sin féin, thuigfí cad é a bhíthear ag iarraidh a rá.

Ní mar sin a déarfaimidne sin ach thuigfimis as, i.e. thuigfimis cad é an chiall a bhí leis.

Níl tuigbheáil ar bith ar an chineál sin oibre ag Diarmaid, i.e. níl eolas ar bith aige uirthi nó ciall ar bith aige di.

Thug mise le tuigbheáil dóibh nach bhfaigheadh siad cead sin a dhéanamh arís, i.e. dúirt mé a oiread leo is gur thuig siad nach bhfaigheadh siad an cead sin.

Dúirt Micheál nach mbeadh faill aige theacht inniu. Ar scor ar bith, sin an rud a thuig mise uaidh, i.e. ba í sin an tuigbheáil a bhain mise as an rud a dúirt sé.

D'aithin mé go maith air nach raibh sé do mo thuigbheáil, i.e. nach raibh sé ag tuigbheáil mo chuid cainte.

Tuile
Bhí an tuile shí as a béal ar fad, i.e. níor stad sí ach ag cur thairsti ag caint ar fad.

Tuilleadh
'Tá do sháith le déanamh agat.' 'Tá leoga, tuilleadh is mo sháith.'

Tá an t-amhrán sin ag Máire agus tuilleadh mór lena chois, i.e. tá sé sin agus neart amhrán eile aici.

Tuirseach
Níor thuirseach le Niall riamh tamall a chaitheamh i dteach an óil, i.e. níorbh fhada leis an t-am a chaitheadh sé i dteach an óil.

Tá mé dúthuirseach den obair seo, i.e. tuirseach amach is amach.

Tuirsigh
Ní rabhthas i bhfad do do thuirsiú den obair sin, i.e. ba ghairid gur éirigh tú tuirseach di.

Tuisle
Bhain tuisle domh, i.e. chuaigh mé thar mo choiscéim agus dhóbair go dtitfinn.

Turadh
Déanfaidh sé turadh ar ball, i.e. stadfaidh an fhearthainn ar ball.

Tá sé ina thuradh anois, i.e. níl sé ag cur fearthainne anois.

Tús
Cuirfimid tús ar an obair amárach, i.e. toiseoidh muid uirthi amárach.

Níl an iaróg ach ina tús, i.e. níl an t-eascairdeas ach ag toiseacht.

Tá tús an tslaghdáin orm, i.e. mothaím an slaghdán ag teacht orm.

D'inis sé an scéal ó thús deireadh, i.e. d'inis sé an scéal go hiomlán.

Ní raibh ciall leis an obair sin ó thús deireadh, i.e. ní raibh ciall léi in am ar bith.

Cad chuige nár dhúirt tú sin ó thús? i.e. an chéad uair, i dtús an scéil.

'An bhfuil na daoine ag teacht ón Aifreann go fóill?' 'Tá. Seo a dtús ag teacht anois,' i.e. an chéad chuid acu.

Bhí Tomás ar dheireadh na ndaoine ag gabháil siar chun an Aifrinn ach tá sé aniar ar a dtús.

Gnoithe eallaigh tús agus deireadh chomhrá Liam, i.e. ní labhrann Liam ar chineál ar bith ach ar ghnoithe eallaigh.

Bhí na stócaigh ag cruinniú airgid le gléasraí ceoil a cheannacht agus chuir Donnchadh punta ina thús, i.e. thug sé punta uaidh le tús a chur ar an chruinniú.

Dhíol Nóra cúig phunta i dtús na bhfiach, i.e. mar thús ar ghlanadh na bhfiach.

Níl pingin ar a thús nó ar a dheireadh, i.e. níl airgead ar bith ar chor ar bith aige.

Tútach
'Nach tútach a d'éirigh do Chormac inné! Dhearg sé a phíopa le nóta chúig bpunta, ag déanamh nach raibh ann ach giota de sheanpháipéar.' Mífhortún ar bith a d'éireodh do dhuine go simplí, go háirid de thairbhe shimplíocht nó mhaolintinneacht an duine féin, déarfaí gur tútach a d'éirigh sin dó.

U

Uachtar
Fuair siad lámh in uachtar orainn an iarraidh seo, i.e. bhuaigh siad orainn.

Bhí seál fána huachtar aici, i.e. thart ar a cuid guaillí.

Tá uachtar maith go leor sna bróga sin go fóill ach tá na boinn de chóir a bheith caite.

Tá a oiread dúile ag Naos san uisce bheatha agus atá ag an chat san uachtar (uachtar bainne).

Uaigh
Seanduine a bhfuil cos san uaigh aige, i.e. seanduine a bhfuil a shaol de chóir a bheith caite aige.

Uaigneach
Ní duine uaigneach Pádraig, i.e. ní bhíonn uaigneas air — eagla air a bheith leis féin i ndiaidh na hoíche.

Uaigneas
An mbeidh uaigneas ort leat féin? i.e. an mbeidh eagla ort cionn is tú a bheith leat féin?

Chuirfeadh an áit udaí uaigneas ar dhuine ar bith, i.e. bhéarfadh an áit udaí ar dhuine ar bith smaointiú ar thaibhsí, etc.

Uaill
Lig Séamas uaill as a chluinfeá sa domhan thoir, i.e. béic mhór.

Níl i Seán ach uaill gan chéill de dhuine, i.e. duine cainteach callánach gan mórán céille aige.

Uaineadh
Ná gabh amach go foill. B'fhéidir go ndéanfadh sé uaineadh ar ball, i.e. b'fhéidir go dtiocfadh éadromú beag gairid ar an fhearthainn.

'Creidim gur fliuchadh go craiceann thú, a Mháire.' 'Níor fliuchadh, a Bhríd. D'fhan mé i dtigh Néill go dtáinig uaineadh beag agus bhain mé an baile amach an uair sin.'

Uair
Cad chuige nár dhúirt tú sin an chéad uair? i.e. i dtús ama, i dtús an scéil.

Tá teach Mhánais uair eile chomh mór leis an teach sin, i.e. tá teach Mhánais chomh mór le dhá theach den chineál sin — nó, mar a deirtear go minic, dhá uair chomh mór leis.

Bhí Donnchadh i mBéal Feirste fiche uair, i.e. bhí sé ann go minic.

'An raibh tú riamh ar an Chlochán Liath?' 'Bhí, leoga, céad uair,' i.e. go mion minic.

Nach bocht an uair í! i.e. nach bocht an aimsir í!

Níl uaireanta ar bith le coimhéad ag Niall, i.e. thig le Niall a am féin a ghlacadh lena chuid oibre. Níl sé de fhiacha air a ghabháil i gceann oibre in am ar bith ar leith nó an oiread seo uaireanta a chur isteach i gceann na hoibre.

'Síleadh go raibh Conall ag fáil bháis, a Phádraig, ach fuair sé biseach ina dhiaidh sin.' 'Fuair, a Néill. Is cosúil nach dtáinig a uair,' i.e. uair a bháis — an uair a bhí leagtha amach ag Dia fána choinne.

Uafás
Bhí an t-uafás daoine ar an aonach inniu, i.e. slua mór daoine.

Tá an t-uafás airgid acu sin, i.e. tá siad iontach saibhir.

Na tonnta a bhí ann, chuirfeadh siad uafás ort, i.e. chuirfeadh siad ar crith le heagla thú.

Uallán
Chuaigh bean isteach sa reilig agus thóg sí uallán caointe ar an uaigh, i.e. chrom sí os cionn na huaighe agus thoisigh a chaoineadh os ard.

Uascán
Is tú an t-uascán ceart a lig dóibh sin a dhéanamh, i.e. is tú a bhí bog leamh nuair a lig tú dóibh sin a dhéanamh gan cur ina n-éadan.

Ubh
Shílfeá gur ag siúl ar uibheacha a bhí sé, i.e. bhí sé ag siúl go hiontach fáilí suaimhneach fadálach.

Uibheacha éillín, i.e. uibheacha a leagfaí faoi chearc ghoir.

Ní 'uibheacha' ach 'uibhe' a deirtear nuair a bhíthear á gcuntas. 'Ceithre huibhe, cúig uibhe,' etc.

Ba bhreá na huibheacha iad; bhí achan cheann acu chomh mór le práta bocstaí.

Bhí achan súil i gceann Phádraig chomh mór le huibh chirce ar mhéad agus a bhí de iontas air.

Ucht
Bhí leanbh ina hucht aici, i.e. ina suí ar a glúin aici.

Bhí batáil mhór fhéir idir a ucht agus a ascaillí leis, i.e. idir a chorp agus a dhá sciathán.

Thosaigh sé a chur agus chruinnigh Máire an gealadh (an t-éadach a bhí amuigh ar triomú) idir a hucht agus a hascaillí agus thug isteach é.

Uchtach
'Cad é mar atá Donnchadh, a Nóra?' 'Tá uchtach maith inniu aige, a Mháire,' i.e. tá sé ag déanamh go bhfuil sé ag bisiú.

Thug an dochtúir uchtach maith dó fosta, i.e. dúirt an dochtúir leis go mbiseodh sé.

An chuma a bhí air, chuirfeadh sí beaguchtach ar dhuine ar bith, i.e. bhéarfadh sí ar dhuine ar bith gan mórán uchtaigh a bheith aige as.

Gheobhainn uchtach a ghabháil a chaoineadh nuair a chonaic mé an traein ag imeacht orm, i.e. bhí mé chomh buartha agus go dtiocfadh liom caoineadh.

Údar
Is fíor gurbh é Pádraig a rinne sin ach is í Méabha ab údar dó, i.e. is í Méabha a chuir i gceann Phádraig é a dhéanamh.

An bhfuil a fhios agat cad é an t-údar atá leis an amhrán sin? i.e.

an bhfuil a fhios agat cad chuige ar cumadh é?

Úil

Is furasta rud a chur in úil do Ghráinne, i.e. is furasta tabhairt uirthi rud ar bith a chreidbheáil.

Níor chuala na páistí mé ag scairtigh orthu. Bhí a n-úil uilig ar an ghreann a bhí acu féin, i.e. bhí an n-intinn chomh leagtha sin ar an ghreann agus nár chuala siad mé.

Chan ar do chuid oibre atá d'úil ar chor ar bith, i.e. níl tú ag smaointiú ar do chuid oibre nó ag tabhairt aire ar bith di.

Bhí rún agam an strainséir a choimhéad go bhfeicinn cá háit a rachadh sé ach scairteadh isteach orm agus thóg sin m'úil de, i.e. chuir sin smaointiú ar an strainséir as mo cheann.

Uillinn

Tá eagla orm nach mbeadh Diarmaid chomh seasmhach sin dá dtéadh an chúis go cnámh na huillinne, i.e. dá dtéadh féacháil cheart ar Dhiarmaid.

Úimléideach

Níor shíl mé go raibh seisean ina fhear chomh húimléideach sin, i.e. chomh mórluachach sin.

Úire

B'éigean do Nóra na stocaí a dhéanamh as úire, i.e. b'éigean di iad a roiseadh agus toiseacht á ndéanamh athuair.

Uisce

Bhí an bád idir dhá uisce, i.e. bhí sí faoin uisce ach ní dheachaigh sí go tóin. Bhí an t-uisce fúithi agus os a cionn.

Bhí mé ag gáire go raibh an t-uisce le mo shúile, i.e. líon mo shúile de uisce ar mhéad agus rinne mé de gháire.

Tá eagla orm go bhfuil an bád ag déanamh uisce, i.e. go bhfuil an bád ag ligint an uisce fríthi.

Tabhair domh cuid de na milseáin sin. Tá uisce le mo chár ag amharc oraibh á n-ithe, i.e. tá sibh ag cur cíocrais orm.

Bhí an bád beag in uisce stiúrach an bháid mhóir, i.e. ag leanstan den chúrsa chéanna a raibh an bád mór air.

Uiscealach

Uiscealach sú, bracháin, tae, etc., i.e. sú, brachán, tae, etc., uisciúil gan bhrí.

Ula

Ulacha, i.e. na háiteacha ina seasann daoine nó a dtéid siad ar a nglúine iontu a rá urnaithe agus iad ag déanamh turais.

Chaith Sean fiche bliain i Meiriceá ach má chaith féin ní dhearn sé dearmad de na seanulacha, i.e. na háiteacha a raibh sé eolach orthu agus a mbíodh sé iontu sula deachaigh sé go Meiriceá.

Ulpóg

Tá drochulpóg ag gabháil thart, i.e. slaghdán tógálach nó a leithéid.

Ultach

Tháinig siad isteach agus ultach uisce ina gceirteach, i.e. a gcuid éadaigh fliuch báite.

Bhí bogultach maith air, i.e. ualach measartha mór.

Bhí mo sheanultach orm, i.e. ualach chomh trom agus a tháinig liom a iompar.

Urchar

Tá scoith urchair agat, i.e. is maith a thig leat aimsiú le gunna, le cloch, etc.

Níl a fhios cá fhad a chaith Séamas uaidh an casúr leis an urchar a chuir sé leis, i.e. chuir sé teann chomh mór sin le is, chaith sé uaidh chomh láidir sin é.

Urchóid
Níl urchóid ar bith in Art, i.e. duine Art nach ndéanfadh dochar do aon duine.

Urra
Tá urra maith agam leis an scéal, i.e. chuala mé an scéal ag duine eolach nach n-inseodh bréag ar bith domh.

An bhfuil urra ar bith agat leis an scéal sin? i.e. ar chuala tú an scéal ag duine a dtiocfadh leat é a chreidbheáil?

Urradh
Tá urradh mór san fhear sin, i.e. tá sé iontach láidir.

Tá an dubhurradh ann, i.e. tá sé as cuimse láidir.

Shíl Brian go bhfosclódh sé an doras le tréan urraidh, i.e. shíl sé go raibh sé chomh láidir sin agus go bhfosclódh sé an doras dá mbrúfadh sé nó dá mbuailfeadh sé ar theann a dhíchill é.

Tarraing go réidh an rópa. Ná lig do chuid urraidh uilig amach air, i.e. ná tarraing ar do dhícheall é.

Urraim
Caithfimid urraim strainséara a thabhairt do Liam, i.e. caithfimid déanamh leis mar is ceart dúinn a dhéanamh le strainséir — tús áite a thabhairt dó ag tine agus ag tábla, etc.

Urróg
Chuaigh an marcach ar dhroim beathaigh de urróg, i.e. de léim.

Ursain
Bhí Seán ina sheasamh sa doras agus a dhá láimh sna hursaineacha, i.e. lámh ar gach ursain aige.

D'imigh Fearghal ar an saighdiúirí ach má d'imigh, idir cliath agus ursain a d'imigh sé, i.e. má d'imigh féin ní raibh ann ach gur imigh.

Úsáid
Tá an spád sin as úsáid, i.e. tá sí ó mhaith.

Tá úsáid agatsa le fidil! i.e. cad chuige a bhfuil tusa de fhidil? Ar ndóigh, ní thiocfadh leat úsáid ar bith a bhaint aisti.

Cheannaigh mé spád úr an tseachtain seo a chuaigh thart ach níor bhain mé úsáid ar bith aisti go fóill, i.e. ní dhearn mé obair ar bith léi.

Cá bhfuil mar a chuirtear an focal sin in úsáid? i.e. cá leis a n-abrófaí an focal sin nó cad é mar a chuirtear i gcuideachta na bhfocal eile é?

Útamáil
'Cad é a bhí tú a dhéanamh inniu?' 'Dheamhan a raibh mé a dhéanamh ach ag útamáil fán gharraí,' i.e. ag déanamh obair bheag éadrom fán gharraí — obair nach raibh mórán riachtanais léi, b'fhéidir.

Úthairt
Cad é an úthairt atá ort? i.e. cad é an obair chiotach atá tú á dhéanamh?

Dá bhfeicfeá an dóigh a raibh an bád á húthairt ag na tonnta, i.e. an dóigh ina raibh an fharraige á caitheamh anonn agus anall mar nach mbeadh inti ach fód móna.